基层
中国
CHINA

大国县治

THE COUNTY GOVERNANCE OF A GREAT NATION

杨华 著

人民东方出版传媒
People's Oriental Publishing & Media
東方出版社
The Oriental Press

序言　县级治理的灵魂

1956年，毛主席在《论十大关系》中指出："我们的国家这样大，人口这样多，情况这样复杂，有中央和地方两个积极性，比只有一个积极性好得多。"县级是中国十分重要的治理单位，县级政权是一级完备政权，具备很强的统筹能力。郡县治，天下安。如果能够调动县级治理的积极性，那全国地方治理就可以因地制宜，中央政策就可以有效落地，中国现代化建设就可以少走弯路。

截至2019年，中国大陆有2000多个县，不同地区情况不同，十分复杂，每一个县都有独特县情，每一项政策自上而下都要经由县级才能落地。政策落地效果如何，前提在于政策必须符合当地实际。中央政策只可能是一般性的对全国的要求，落地实施就需要县级政权因地制宜地进行细化和调整。唯其如此，国家政策才可以既保持全国统一性，又适合地区特殊性。

县级政权因地制宜实施政策有两个前提：一是县级政权有因地制宜的权力空间，二是县级政权不将因地制宜变成应付中央政策的借口。如果地方都找借口来应付国家政策，对地方有利的政策就积极执行，对地方不利的政策就不执行，那这样地方积极性是调动起来了，中央积极性就存在问题了，因为“政令不出中南海”了。

在以经济发展为中心的政策目标下，经济发展状况成为上级考评县级政权最重要的指标，而且几乎是唯一指标。以 GDP 论英雄，只要经济发展上去了，地方治理就有很大的自由度和自主权。因此出现了两个后果，一是地方经济具有很强活力，以 GDP 增长为核心的锦标赛体制为中国经济持续高速发展提供了强大助力；二是地方治理中出现了很多乱象，不仅出现了比较普遍的官员贪污腐化、违法乱纪，而且出现了地方主义倾向。

党的十八大以来，中央不仅通过“八项规定”严肃了党纪政纪，而且通过“拍蝇打虎”，对阳奉阴违、腐化变质分子进行了持续打击。党风政风彻底好转，干群关系大幅度改善。

党的十八大以后，中央加强了对地方的管理，也改变了唯 GDP 论英雄的评价标准，开始有越来越多“一票否决”任务下到地方，扶贫、环保、安全生产、信访、党建这些过去相对边缘的工作任务也都变成了“一票否决”工作。

过去，只要地方政府取得了好的经济发展成绩，其他工作差一点不要紧。党的十八大以后，任何一项工作没有做好都可能被追责，地方因此会受到巨大压力。以经济发展为中心的时期，县级政权围绕经济发展调配各种资源，县级所属职能部门服务于县级经济发展的中心工作。这个时候，县级是有灵魂的，具有独立决策权，可以调整资源完成中心任务。

党的十八大以后，发展经济仍然是地方最重要的工作，差异在于其他工作也变得重要、“一票否决化”。之前中央各个部委通过“条条”安排下来的工作，地方都有讨价还价的空间以及变通执行的可能，这就是比较典型的“政令不出中南海”，现在严肃党纪政纪，地方变通执行“条条”工作的风险越来越大，且中央部委也越来越倾向于将部门工作通过“两办”文件变成中心工作，到了地方，就有了越来越多自上而下的中心工作，所有这些工作都是“一票否决”的。

自上而下的中心工作到了县一级，落实工作时就要有相应的组织形态，这个组织形态一般是在县级设立领导小组，由县委主要领导任组长，由相关职能部门负责人任领导小组办公室主任。这样的领导小组，一个县有十几个甚至几十个，每个领导小组下设办公室，办公室设在职能部门。结果，之前全县负责具体工作的各个职能部门越来越多地成为协调部门，主要协调全县其他部门配合完成本部门的中心工作。这样一来，在上级一票否决的压力下，县级政权不得不为了完成上级安排的各项中心工作来配置资源，全县资源优先用于完成自上而下的各项中心任务，甚至为了完成中心任务而不得不寅吃卯粮。

随着越来越多自上而下的中心任务到了县级，县级不得不将主要工作转变为完成上级安排下来的部门工作，不得不将资源优先用于完成部门工作。结果，县级其他工作包括经济工作反而变得次要起来。县级主要工作变成通过优先配置资源完成上级部门中心工作以免责，只要能完成上级工作，不被一票否决就好。反过来，经济发展等工作能做好就做，做不好就算了。县级资源有限，大量自上而下的部门工作已经耗尽县级资源，县级政权就既无积极性也无能力来做上级安排工作以外的工作了。县级治理丧失了灵魂，即丧失了依据地方实际需要进行优先建设排序的主体性和积极性。

缺乏县级的主体性和积极性，中央与地方两个积极性就不存在了。从这个意义上看，当前应当中央给地方放权，以增加地方积极性。

贺雪峰

2020 年 3 月 19 日晚

目录

第五篇　县域治理事务与工作激励

第一篇

构建高效简约的县域治理体制

县域治理中的党政体制

县域是最基本的治理单元。从改革开放四十多年的经验看，我国县域治理是成功和有效的，它推动了基层经济社会面貌的重大改变，实现了发展经济、保障民生、维护稳定、促进国家长治久安的功能和目标。这些目标是在以下条件下实现的：一是时间比较短，二是资源比较欠缺，三是社会急剧变动。这些条件对于实现任何单一目标都不利，但县域治理在短时间内、低成本下实现了整体有效治理。显然，我国县域治理的经验不符合成本与收益的经济学常识，需要政治学从治理的体制机制上予以总结和概括。

科层体制与党政体制

行政科层制是现代国家的基本治理体制，是行政组织内部职位分层、权力分等、分科设层、各司其职的组织体系和管理方式。县域科层制是县域治理主体。县域治理是对县域公共事务的治理，治理主体既有政府，也包括企业、社会组织和公民个人。但由于历史和现实原因，政府承担了较多的公共事务，其他主体承担较少，所以县级政府部门是县域治理最主要的主体。县级政府部门是按照科层制的基本原则设立的，主要表现为不同的政府部门有不同的专业分工，部门内部也有不同的职能科室，不同部门及科室有履行职能的法定职权及相关的人财物配套。职能部门按照规章制度调动本部门资源履行其法定职责，而不管职责之外的事情。除专业分工外，县域职能部门具备科层制的法定主义、技术主义、去人性化、事本主义等特点和优势，很好地履行了法定职责，完成了不同的专业事务，维持和推动了县域经济社会的正常运转。可以说，县域治理中大部分日常性、分工明确的治理事务都由科层体制完成了。

县域职能部门也明显带有科层体制的弱点和缺陷，这使得县域治理中有些事务它无法完成。譬如，科层体制只在乎行使职权的过程是否合法，而不在乎行政效果，更不追求在短时间内治理面貌的改变，对职权行使之后的社会变化不敏感。科层体制中不同部门的职能和利益是相互独立或相互竞争的，难以形成跨部门协作，无法满足复杂多变的治理事务对协同治理提出的功能需求，不能在协同治理中形成治理面貌的整体改变。一般来说，在部门内部的“事财责权利”是相互匹配的，有多少事情配备多少责权利，给多少钱办多少事情，要实现多大的治理目标，就要投入多大量的资源。科层体制还偏好少做事不做事，容易放任小事小问题长大，而一旦成了大问题它们又解决不了。同时，县一级的许多职能部门并没有延伸到乡村地区，那么乡村的相关事务就无法通过科层体制来解决。总之，科层体制不追求短期治理效果，无法完成具有整体性、系统性的治理事务，而且治理成本很高。在资源条件有限的情况下，那些需要在短时间内完成而单一部门又不能完成的具有整体性的治理事务，就无法交由科层体制去完成。那么，在县域范围内还有其他的治理主体可以承接这些治理事务吗？

在县域范围内，较科层体制有更高权威的是党政体制。党政体制即中国共产党领导的政治体制，其核心要义是中国共产党对政治体制的全面领导，包括对政府及其部门、人大、政协、公检法、人民团体、企事业单位等，发挥党委对这些组织的领导核心作用，发挥这些组织中党组的领导核心作用。党对政治体制的全面领导包括政治、思想、组织三个方面，政治领导是对方向的领导，就是制定路线、方针、政策，确立奋斗目标；思想领导是用科学的思想武装人；组织领导则是发挥党员和各级党组织的作用，搞好干部建设。三者是统一的，政治领导是根本，思想领导是灵魂，组织领导是保证。就县域党对科层体制的领导来说，就是要发挥县级党委对政府及其职能部门的领导核心作用，发挥职能部门内部党组的领导核心作用。

坚持党对一切工作的领导是当代中国的最高政治原则，县域治理也要坚持党的领导，主要有两种实现方式：一种是县级党委制定路线、方针、政策，职能部门党组予以贯彻到业务工作之中，其业务工作体现县级党委的意志；一种是党委制定政策，经同级人大开会通过成为政府及其职能部门要完成的法定行政事务。从本质上说，党政体制是领导体制，而不是治理体制，它不具备专业化治理职权、资源和工具，理论上不介入具体治理事务。

但是在县域治理实际中，党政体制将行政科层体制无法完成的治理事务承担了下来，它通过县域内党的组织体系将完成任务所需要的治理主体、治理资源动员起来，集中力量在短时期内完成治理任务，实现县域经济社会的跨越式发展和超常规治理。由于党在政治体系中具有最高权威性，县级党委所承担的治理任务就是政治任务，党委通过党的组织系统将政治任务分配给下级党组织，后者就得无条件接受并调动资源完成。不同的政治任务由不同的下级党组织来承接。如果某项治理事务涉及多个职能部门，该治理事务就由县级党委分配给这些职能部门的党组，由这些部门的党组相互配合共同完成。若某项治理事务需要所有职能部门、乡镇来完成，就给所有这些单位的党组织下达任务。政治任务有刚性、无条件性、时限性的特点，必须在规定的时间内保质保量地完成。党政体制的治理化转变是其积极回应县域治理需求的制度后果，也因此县域党政体制既是领导体制，也是治理体制。

由此看来，县域内就存在两套主要治理体制，分别是科层体制和党政体制。科层体制要完成的是部门专业性、日常性的治理事务，也就是常规性的行政事务。党政体制承担的是那些单个部门无法解决、要在短时间内解决的整体性治理事务，也必然是重要的乃至严重的、涉及面广且影响力大的事务。党政体制的权威性是稀缺资源，自然要好钢用在刀刃上，不能什么事都交由党政体制去解决，只有那些真正重要的治理事务才能上升为党委的政治任务。因此，科层体制能解决的问题，尽量由科层体制去解决，实在解决不了又确实十分重要的问题，才能由党政体制去解决。如此，在县域治理实践中，科层体制完成了县域治理中的绝大部分事务，党政体制承担的是少数重要的事务。

县域治理中的党政体制何以特殊

党政体制的结构是指党政体制推动治理事务完成所需要的组织架构和制度载体，它由一体三元构成，一体是指党委（组）制，三元分别是归口管理制、常委分管制和临时机构制，它们是党委（组）制的三种特殊实现形式。

党委（组）制是党在国家机关、军队、人民团体和企事业单位内部普遍建立的组织，其根本职能是发挥党的领导核心作用。党委和党组都是党在所在单位的领导机构，在职能上没有区别，在产生方式上党委是由同级党的代表大会或全体党员选举产生，党组则是同级党的委员会在所在单位的派出机构。县域内的国家机构包括政府部门都设有党组，在乡镇村组、企事业单位则设立了党委或总支（支部、党小组），党委（组）书记和委员一般兼任所在单位行政班子主要负责人和成员。党委（组）有讨论决定所在单位“三重一大”事项的权力。在治理中，县级党委将治理事务分配给下级单位党委（组），再由该单位党委（组）动员所在单位的党员、行政资源或下属党组织完成任务。县级党委给下级单位党委（组）下达的工作任务是政治任务，下级党委（组）会感受到较强的政治压力，他们有责任和动力调动资源予以完成。

基本结构是“县级党委—下级党委（组）”，工作任务和政治压力的传输图式是“县级党委—下级单位党委（组）—党员”，或“县级党委—下级单位党委（组）—再下级单位总支（支部）—党员”。

归口管理是指以党的某个直属工作部门为主导，整合职能属性相同的政府机构、企事业单位所构成的局部性的党政统合体，统称为“口”或“系统”。归口管理是党通过自己的工作部门加强和实现对某些重要职能事务及相关部门领导的一种方式，诸如政法事务及其相关部门、宣传事务及其相关部门、农业农村事务及相关部门、统战及相关部门等。在县域治理中，县级党委可以将相关的治理事务通过这种领导体制传输到相关部门，由这些部门调动资源统一协调完成。进行归口管理的党的工作部门在归口管理中主要有三重任务：一是协调系统内各部门的工作，二是下达任务和监督任务完成，三是制定本系统内的政策法规。其主要负责人一般由县委常委兼任，该工作部门又称“常委部门”。归口管理制的工作任务和政治压力的传输图式是“县级党委—县委常委—归口工作部门—归口部门党组”。

与归口管理制类似的是临时机构制。归口管理的工作部门是党的常设部门。在县域治理中，有些常规性或时限较长的重要事务涉及多个部门，相关职能部门无法自行协调配合解决，就需要县委出面，由县委主要领导牵头组建临时性的协调治理机构。它们一般被冠之“领导小组”“委员会”的名号，委员会设有办公室，一般放在相关重要部门，该部门被称为牵头部门。这些委员会代表县委有制定相关规范、出台文件的权力。譬如某县成立“涉农资金整合领导小组”，由县委副书记牵头，办公室设在农办，成员包括农办、发改委、财政局、农业局、林业局、水利局、建设局、交通局等，县委副书记任领导小组组长，农办是牵头单位，日常管理和相关协调工作主要由农办来完成。临时机构制的工作任务和政治压力的传输图式是“县级党委—县委主要领导—临时机构—相关部门党组”。

常委分管制是指，县委常委按照常委会成员分工来对相关工作及其负责部门进行管理的一种制度。不同的常委分管不同的工作（领域）及相关部门，并对分管工作（领域）及其部门负主要领导责任，该常委被相关领域和部门称为分管领导。分管领导与所分管的单位有直接的领导和被领导的权威关系，并在工作中与所分管单位领导建立较为密切的关系。因而当县委有重要的相关治理事务时，一般由相关分管常委承担下来，再通过分管常委布置、督促、整合相关部门资源解决。如县委希望某重点企业尽快落户县工业园区，需要“特事特办”走相关程序，那么该工作就由分管工商、税收、国土、环保等部门的常委包干。常委包干某些重要事务，解决起来既有效率又有质量。常委分管制的工作和压力的传输图式是“县级党委—分管常委—分管部门党组”。

党政体制通过“县级党委—下级党委（组）”的基本结构，将治理任务和压力布置给下级党组织，形成下级党组织的治理责任，下级党组织再配置资源完成任务。相对于科层体制，党政体制及其组织结构有四大显著特点。

一是整体性。党政体制不以专业分工为基础设置组织结构，而是在所有的党政机关、企事业单位都有自己的组织体系，这样就使得县级党委能够统一调动、配置和整合不同性质的资源，使治理资源具有整体和聚集效应。科层体制的资源具有单一性和专业性，无法应对整体性较强的治理事务。

二是灵活性。党政体制的基本结构是"县级党委—下级党委（组）"，但它在实践中会视具体治理事务而采取或变换不同的结构形态。科层体制的结构较为固定，难以适应变动的治理事务。

三是配置性。组织结构的灵活性决定了其权力结构的非固定性，它可以根据不同的治理事务调动和配置不同的资源形成不同的治理权力。科层体制的职能、职权是法定和有边界的。

四是全能性。凡科层体制不能解决的问题最终都可能到党政体制中来，党政体制就必须有全能式的行动能力和资源配置能力，这一点在乡镇一级更明显。科层体制只能解决本领域内的专业问题。

县域治理中的党政体制如何运行

党政体制在治理实践中形成的具有规律性的运行方式和轨迹就是运行机制，主要包括三个层次：一是设定中心工作确定目标；二是整合部门资源开展治理；三是实施督促检查验收评比。

县域治理事务很多，而县级党委的权威资源又是有限的，因而不能所有治理事务都由党政体制来推动。这就需要县级党委从诸多治理事务中遴选出重要的治理事务作为某段时期内全县工作重点，而未被遴选的治理事务则仍由职能部门完成。在中国县域治理中，不同时期有不同的中心工作，不同区域县域有不同的中心工作，有长期性中心工作，也有年内阶段性中心工作，如税费收取、计划生育、招商引资等都是某一时期内的中心工作，经济建设是改革开放以来长期性中心工作，精准扶贫、环境整治、乡村振兴、安全生产、信访维稳、项目落地、小城镇建设等是当前的中心工作，黑摩整治、抗震救灾、秸秆焚烧、抗旱保苗、棚户区改造等是区域性、阶段性中心工作。

中心工作的议程设定就是县级党委对治理事务的取舍过程，反映出县级党委及其主要领导的注意力及施政偏好。中心工作设定既受宏观政治环境、社会问题的影响，也与县级党委政府主要领导的关注重点、执政理念和政治智慧密切相关。设定中心工作既是在党政部门中实现党的领导的重要方式，也是县级党政主要领导实现其个人领导意志的重要方式。中心工作一般由县级主要领导主抓，进行高位推动。

在县域治理中，县级主要领导也是稀缺资源，很难事事都抓，不同的中心工作由不同的领导来抓，这是对领导资源的组织分配。领导的级别和位置决定了他在地方权力体系中所具有的话语资源、权威资源与物质资源的整合与调动能力。在中心工作的安排中，会充分利用领导在权力生态中的优势，将重要的中心工作分配给主要领导，从而将其地位优势转变为协调各个部门的组织能力。因此，在设置中心工作议程中，会视中心工作的重要程度而交由不同领导主抓。有些中心工作由县委书记亲自抓，号称“一把手工程”。

中心工作与职能部门的专业事务不同，它具有整体性和系统性，不以部门的职能和权限为边界，单一的职能部门做不了，需要调动不同部门资源。中心工作设定之后，除了安排县级领导主抓，还要将中心工作分解为不同的指标体系，以目标责任制的方式分配给不同的党政部门，调动和整合它们的资源完成任务。这种中心工作落地的机制被称为包干制，它将中心工作的任务、责任和权力包干给党政部门或领导个人，充分发挥他们的责任心、主动性和创造性来完成任务。在包干制中，县级党委是发包方，县级党政部门或领导个人是承包方，包干任务是作为政治任务的中心工作。县级党委将中心工作发包后，既不给予承包方完成任务的配套条件，也不再关注承包方完成任务的过程，只对承包方完成任务的结果进行控制。这既给了承包方完成任务的自主权和剩余索取权，同时也造成了基层治理中“责权利”不匹配的问题。

依据中心工作的类型差异，包干制有三种主要形式，一是机构包干制。这种包干制将县域内那些具备全域性、全局性的中心工作包干给同级和下级党组织，主要承包方是政府职能部门和乡镇街道。这种形式的包干制一般是在年初时通过年度目标责任制的方式发包下去，并与承包方签订责任状。包干任务既有综合性的，包括多个中心工作，也有专项性的，主要是某些重要的专门性中心工作，如经济发展目标、安全生产等。

二是领导包干，主要是将辖区内一些重点的企业、项目、村组、案子、贫困户、维稳对象等包干给领导个人，落实具体的责任人，由领导调动资源解决问题。

三是临时机构包干，这是为了解决那些阶段性、局部性但政治社会影响又较大的问题而采取的一种包干方式。临时机构一般由县委一个主要领导牵头、相关单位主要领导参与，遵循事本主义逻辑，通过统一组织、调度、协调相关部门的专业资源，责任明确到单位、人、岗位，以高强度、突击式的方式在短时期内解决问题。临时机构包干制被学界称为“运动式治理”。

县级党委作为发包方在中心工作发包之后，对任务结果控制的方式包括对工作完成的进度和结果进行督导和考核。对年度中心工作的结果控制，一般有季度、半年督导检查，对检查结果进行量化排名，排名结果影响年终验收考核，年终的验收考核结果要上全县大会给予奖惩。对阶段性中心工作的结果控制有进度督导和结果验收两种方式，也有相应的奖惩措施并与评优评先及调动晋升挂钩。对领导包干的中心工作，主要是以包干领导接受县委书记询问和向县委常委会汇报的形式来控制结果。由于中心工作的包干需要承包方自行调动和配置资源完成，其结果就会因不同承包方的资源禀赋、主要领导的能力及重视程度等差异而有差别。包干制对结果的控制与激励制度会激发承包方之间的竞争。

党政体制为什么能发挥其他主体没有的功能

党政体制在县域治理中扮演着很重要的角色，发挥了其他治理主体所没有的功能，推动县域经济社会的跨越式发展和超常规治理。

党政体制弥补了科层体制的不足。这些不足包括，科层体制讲究程序和按章办事，限制了县域治理在短期内出效果；科层体制固有的部门分割和部门竞争也使得县域治理碎片化，无法形成整体面貌的改变；科层体制在财政上专款专用和事财权匹配的原则无法降低治理成本；等等。除了这些问题之外，县域内的科层部门还存在职权不足、人员不足、激励不足、回应性不足等困境，使得它们无法满足县域治理的需求。党政体制所具备的权威性使得它能够调动和协调部门资源进行整体性治理，集中力量办大事，同时它讲求特事特办，极大地提高了治理效率，使治理面貌在短时期得到改观。党政体制对部门资源的调动首先是最大限度地调动了部门的人力资源，尤其是领导干部的人力资源，以人力资源的最大限度利用和消耗抵消了其他资源的不足，才使得县域治理在低成本下运行。党政体制向党政部门布置的任务属于政治任务，对于部门主要领导而言是硬任务和强激励。中国共产党的执政基础在于人民的认同与支持，因而党政体制对群众需求和社会问题的回应性较强。

党政体制能够应对复杂的基层事务。基层事务的复杂性体现在以下方面，一是乡村社会的不规整性。与城市社会生活相比，农村社会的程式化、模式化、标准化程度很低，缺少一成不变的正式程序和正式规则。一些重要问题的解决往往采取非正式的方式或随机处理的弹性手段，而科层化、规则化的治理方式却难以发挥作用。包干制恰好能够根据不同问题、不同对象调用不同资源、采取不同策略解决问题，能够适应农村社会的不规整性。

二是基层事务的整体性和综合性。农村基层社会本身的整体性和相互关联性，决定了基层治理事务和问题具有拓展性、延伸性和盘根错节的特点，专业化、技术化的治理路线过于简单粗暴，难以切中要害。而党政体制有综合性、全局性的思维，有各种治理资源和政策工具，能够对治理事务进行通盘考虑、对症下药。

三是基层社会的变动性。基层社会正在快速变动，新事物新问题层出不穷，新的利益关系和矛盾体系不断涌现，使得许多新兴治理事务和问题无法找到对应的职能部门，只能由党政体制兜底解决。社会变动带来的不稳定性和不确定性也非追求确定性的科层体制所能承受的，具有灵活性和机动性的党政体制却可以从容应对之。

党政体制能够履行党的政治使命。中国共产党是一个有使命感和紧迫感的政党，一方面她的历史使命体现为带领中国人民实现中华民族伟大复兴，另一方面她又有强烈的时不我待、只争朝夕的紧迫感。从县域治理的角度来讲，党的使命感和紧迫感包括以下几个方面：一是在较短时期内实现对基层社会的现代化改造，二是在较短时期内推动经济社会的跨越式发展，三是在较短时期内改善基层群众的生活生产条件，四是在较短时期内实现经济社会的超常规治理。

这几个方面的治理带有全局性、系统性、整体性、协同性及时限性，皆非科层体制能胜任和担当。党政体制以政治任务的形式布置工作，能够极大地激发党政机关及其工作人员的积极性和主动性，创造性地开展工作，最大限度地调动一切可以调动的资源集中到中心工作上，从而能够在较短时期内一件接一件地把工作完成，推动经济社会面貌的整体改观。

党政体制是中国县域治理的优势和特色

党政体制在县域治理中扮演着举足轻重的角色，它与科层体制一道构成县域治理的两大主体。党政体制与科层体制是相互区别的，最大的区别是它们是两套性质不同的治理体系，科层体制是以条线为主依法进行专业事务治理，以实现专门领域的局部量变，而党政体制则是通过党的组织系统的政治动员整合部门资源进行整体性治理，以实现总体性、结构性质变。二者又相互联系、相互支持和相互转化，党政体制没有专业化的技术和人力资源，它需要借助部门的资源才能展开治理。职能部门在推动工作的过程中有时也要借助党委的权威性资源，尤其是一些职能部门分内的事情发展到较为严重、影响面较广的程度之后，通过部门自身的力量又无法实现有效治理时，就需要通过党委会议将行政事务转变为党委的中心工作，由党政体制作为政治任务来完成。一些专项工作在党政体制进行运动式治理之后，实现了治理面貌的根本好转，再交由职能部门进行日常化治理。对于一些新出现的治理事务和问题，在经过党政体制的治理之后，有利于将它们纳入科层化治理。当然二者也会有张力：一是职能部门有自身的独立利益，不太愿意做本职工作之外的事情，因此对党政体制的资源动员有惰性；二是一些重要职能部门的垂直管理趋势加强，同级党委政府对它们的动员能力减弱。但总体来说，二者相互分工相互配合，共同解决了县域治理中的大部分问题，推动了县域经济社会发展，实现了改革、发展与稳定的辩证统一。

党政体制是一种高效节约的治理体制，在县域治理中很好地发挥了它的制度功能，但同时也带来了一些问题。由于党政体制发包任务之后不监控过程，承包方为了完成任务很可能只追求治理手段的有效性，将工具理性发挥到极致，而不注重治理的规范性和价值理性。党政体制作为治理工具在攻坚克难方面效果好见效快，但一旦频繁使用就可能导致其制度功能弱化，促发组织紊乱和制度冲突。县域治理过于依赖党政体制的治理绩效，可能延缓治理的制度化和规范化，使得临时机构泛滥，浪费主要领导和部门的资源，不利于科层化治理。

党政体制过于频繁地直接介入治理实践，一方面可能弱化县级党委对党政机关的政治、思想和组织领导，另一方面党政体制直接触碰利益和矛盾，使其角色和身份的超越性不够，乃至成为矛盾问题的焦点。党政体制对治理事务的遴选仰赖于上级政治任务和主要领导的注意力，使得辖区内有些重要的治理事务被忽视。

总之，党政体制是中国县域治理的优势和特色，是过去、现阶段及未来很长一段时间内无可替代的治理工具，需要在实践中不断改革创新，加强和改善县域党的领导，推动党政体制的治理结构和治理方式的现代化和法治化转型，推进县域治理体系和治理能力现代化。

条块关系何以重要

在京郊县调查，县生态环境局、规划和自然资源局都是垂管单位，机构改革后的工商局也划归市管。这几个单位的工作主要由三部分构成：一是上级部门下达的年度任务，如十大专项整治任务，属于部门要做的规定动作；二是本部门根据辖区实际制定的专项任务，这是自选动作；三是配合同级党委政府完成多部门联合的事务。前两块工作是部门内部的专业性事务，后一项是属地党委政府交办的社会面事务。社会面事务既有专业范畴的事务，也包括专业以外的事务。那么，垂管单位何以会有动力去做属地的非专业性事务？

从性质上讲，县直部门、垂管部门、中央单位与地方党委政府的关系有差异。县直部门是县政府直属部门，属于内设机构。垂管部门虽有垂直程度差异，但都可称为“双管单位”，垂直程度差异主要与党务、财务、人事归谁管有关。或上级部门管业务和财务，同级党委政府管党务和人事；或上级部门管业务，同级党委政府管党务、财务和人事；或上级部门管业务、财务和人事，同级党委政府管党务；或者一把手由上级部门管，其余班子成员由同级党委政府任免。中央单位独立性最强，其党务、业务、财务、人事都归上级单位管，属地党委政府与其关系只限于“联系”。职能部门垂直程度不同，与属地党委政府的关系也有差异。

中国体制中存在一个条块体制，实践中表现为条块关系。在县域治理一线，条块关系的处理尤为重要，它是形塑县域治理体系、治理形态的重要因素。县域治理中的许多治理现象都与条块关系有联系。

条块关系的两个基本面向

在中国体制中，“条条”是指各级政府业务内容性质相同的职能部门，“块块”是不同职能部门组合而成的各个层级政府，就是通常所说的党委政府。条块关系就是不同的政府组织在条块结构基础上形成的各种交互关系，具体包括上级职能部门与下级党委政府之间的关系、上级职能部门与下级职能部门之间的关系和同级党委政府与职能部门之间的关系。前二者的关系最终都会反映为第三者的关系，所以同级党委政府与职能部门之间的关系是条块关系中最重要的关系。对于职能部门来说，除了要接受上级对口部门的业务指导之外，还要接受本级党委政府的领导，执行它的决策。这就使得许多职能部门具有双重属性，接受双重领导。

从职能上讲，职能部门代表的是上级尤其是中央或省市的统一意志，其政策具有大一统性质，需要构造的是一个以下级服从上级为基础的权威结构。从层级上讲，地方党委政府代表的是地方利益，它最了解地方的实际情况，可以较好地实现自下而上的权力的集中，做出符合地方实际的决策。条块关系在很大程度上反映的是中央与地方之间的关系。

在县域治理中，条块关系最突出的表现是如何将职能部门的统一政策与党委政府的地方决策实现有效结合。如果结合不好，就会出现条块矛盾，表现为条条的政策不符合本地实际，政策执行不利于本地经济社会发展，或者职能部门滥用权力，地方党委政府要对其进行纠偏和监督。或者块块为了地方利益，忽略国家大局和长远利益或法律法规的权威，职能部门此时可以利用职权对地方党委政府的权力予以限制。条块矛盾最大的表现和影响是“一放就乱，一收就死”。条块结合得较好时，就会体现中央和地方两个积极性，条条能够在块块的协助下实现中央或省市权威，块块也能够利用条条的资源激发地方活力。

从权力性质来看，党委政府的权力属于政治权力，是一种整体性、综合性的块状权力，具有较高的权威性。政治权力使得党委政府对辖区内的职能部门有领导和指导的权力。政治权力既来源于国家法律对地方政府的授予，也来源于地方党委对下级党组织的权威。党委的权力可以通过党组织渗透进职能部门，实现对职能部门的政治、思想和组织领导。党委政府的政治权力是一种“创制”的权力，它在辖区内具有最高的创制权，可以制定地方政策和规章制度。然而，党委政府本身并不直接掌握执行政策和决定的相关资源，这些资源分布在各职能部门，因此它无法直接进行治理。

职能部门掌握着真正的治理资源，包括人员、经费、物质、权力、政策等。职能部门的权力是与政治权力不同性质的权力，它是一种专门性的行政权力，只能在自己职能范围内行使，对其他政府组织不具备领导效力。制定专门政策是部门行政权力的重要体现。职能部门的经费是依据职能而设定，干多少事就预算多少经费，职能部门的经费一般都较为充裕。人员既包括职能部门内部的行政人员，也包括专业技术人员。物质是指支撑职能行使所需要的物资设备，包括专业技术设备。在县一级，职能部门是直接面对治理事务的一线部门。

从条块各自掌握的资源来看，块块的优势是掌握领导其他党政部门的政治权力，能够制定地方经济社会发展的政策，缺点是它不直接掌握执行政策的资源。党委政府要执行落实自己的政策，有两个渠道。一个是将政策转变为各部门的行政业务，形式是在制定政策时规定某项事务具体由哪个（些）部门来落实，然后部门在自己的工作计划中再具体化，或者是部门参照党委政府的相关文件依据制定工作计划，将党委政府的原则性目标操作化为自己的具体工作目标。另一个是一些综合性的治理事务需要组织调动不同部门协同攻关，这些治理事务就是党委政府给相关职能部门下达的政治任务，党委政府需要配置和利用职能部门的各项资源来完成政治任务。

职能部门的优势是掌握大量的行政资源，而缺点一方面是各职能部门相互分割，甚至是相互竞争的，它们在完成各自职能时不可避免地缺少合力与合作。有些职能需要其他部门的配合才能更好地完成，但它们又无法调动其他部门的资源。这个时候它们就需要借助党委政府的政治权力，以协调相关部门统一行动。另一方面是职能部门的工作仅仅通过自己的条线组织往下推动，落实力度往往不够，表现为得不到下级党委政府及相关部门的支持和配合。比如县级司法局要推动普法宣传，光靠乡镇司法所、村司法员，难以组织动员群众，达不到应有的效果。此时，若司法局能够借助县级党委政府的权威推动普法宣传，其工作就会得到乡镇党委政府和村两委的支持，从而使工作推动力度倍增。据此，职能部门也有着较大的借力党委政府权威推动工作的冲动。

归结起来，在县域治理中，条块关系有两个基本的关系面向。

一是党委政府主动调动职能部门资源的面向。辖区内的一些重要治理事务会被提上党委政府的议事日程，成为党委政府的政治任务。党委政府需要调动职能部门的相关行政资源来完成这些政治任务。这些行政资源分散在不同的职能部门，要调动它们就需要进行机制创新，通过具体的治理机制或工作机制将分散的资源整合起来，以完成政治任务。图 1 中的“Ⅰ路径”表达的就是党委政府通过政治权力整合职能部门的行政资源，以完成政治任务的过程。

二是职能部门主动借力党委政府权威的面向。职能部门要增加自己推动工作的力度，就需要借助党委政府的权威，方式是将自身的行政业务转变为党委政府的政治任务，使得下级党委政府及相关部门不是在完成职能部门的行政业务，而是在完成上级党委政府的政治任务，从而加大工作的推动力度。这实质上是行政业务的政治任务化。图 1 中的“Ⅱ路径”描述的就是职能部门通过党委政府的政治权力，将行政业务转化为党委政府的政治任务的过程。

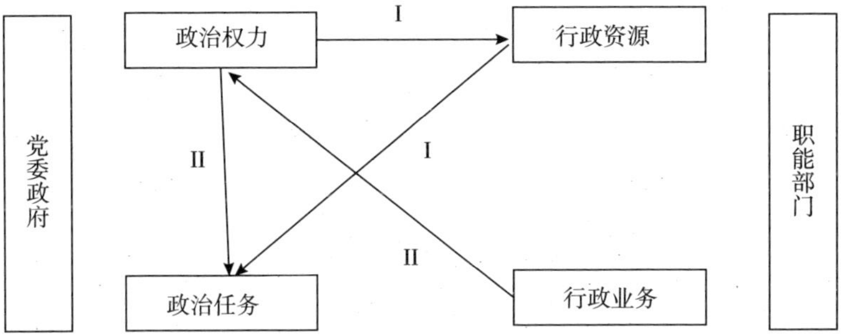

I 路径：机制创新　　II 路径：行政业务政治任务化

图 1　县域治理中条块关系的两个面向

党委政府如何调动职能部门资源

党委政府在属地管理中，会有自下而上的属地治理事务。党委政府会从中挑选一些重要的、紧迫的治理事务作为某一时间段要完成的政治任务，比如年度十大任务、十件实事。党委政府把其中一些专业化比较强的任务分解给相关的职能部门，转变成它们的行政业务。还有一部分是综合性、整体性较强的治理事务，它们难以被分解到单个的职能部门，需要相关职能部门合力才能完成，比如砂石盗采问题治理，就需要联合多部门的执法力量进行综合执法。再如为民服务的办事窗口都分散在各部门，办一件事需要跑不同的部门，极大地消耗了办事效率。如果能够将这些办事窗口集中起来，成立行政服务中心，进行一条龙服务，就可以减少中间消耗。又如县域涉农资金分散在各涉农部门，资金分散，撒胡椒面，难以起到应有的治理效果。如果能够将这些资金整合到一个盘子里，进行统筹、综合和集中使用，那么同样的钱就可以办更多的事情，起到整体治理效果。在乡镇治理一线，不同工作人员有不同的特点，适合或擅长做不同的事务，如果能够把他们的个性特点、偏好与治理事务结合起来，达到人与事的有机匹配，就可以较好地调动干部的积极性和主动性，起到事半功倍的效果。

无论是对行政权力的整合行使，还是相关资金的统筹使用，抑或工作人员的优化组合，打的都是职能部门的相关资源的主意，在一定程度上需要改变相关资源流动的轨迹、程序、速度和方向。这就需要进行机制创新，通过机制创新来使这些资源向着有利于创新发动者所预想的方向流动，以实现其治理目标。各职能部门的行政资源有自己固有的流动轨迹、程序和方向，机制创新就是要改变其流动轨迹、程序和方向。那么，所谓机制创新，就是在不改变行政资源职能部门所有权、不改变行政资源的法定用途、不变更行政资源的使用规范等前提下，通过制定相关制度和规范，以变革行政资源具体流动的轨迹、程序和方向。机制是制度和规范排列组合而成的有机整体，机制创新是对体制资源的创造性使用，是对体制具体的运行方式的变革，而不是对体制的改变。

比如乡镇人员与事务的优化组合，前提是不改变工作人员的“三定”性质，不改变其所属科室，其绩效和工资仍出自该科室，但对其具体工作进行调整，让他去做擅长的工作，发挥其特点和优势。再如农村小水利资金整合，并不改变该资金用于水利建设的用途，而是将多个小水利（50 万元 / 个）的资金整合起来，用于一个中型水利建设（250 万元 / 个），这样就能发挥小水利所不能发挥的效果。因为 50 万元建设的小水利，资金严重不足，只能建成烂尾工程，而 250 万元则可以建设得较完整，可以发挥作用。又如执法权力整合，也不改变各执法单位的执法权力归属和执法程序，而是将它们整合在一起进行综合执法、相互配合执法，虽然还是各自行使各自的执法权，但是因为相互配合，所以都能够更好地行使执法权。比如交管部门扣车，公安部门扣人，交通部门治超，协调配合起来使各自的执法都能够执得下去。若交通部门治超单独执法，那么它不能扣车，也不能扣人，许多证据就难以获得，执法效果就难以呈现。

机制创新不是要完全改变职能部门既有的运行轨迹和规则，而是改变其少部分资源的流动轨迹和方向。职能部门大部分工作依然按照惯性和既定规则展开，这源于机制创新本身不是要对体制进行打破重整，而是针对具体治理任务对体制运行方式进行微调，以更好地实现体制资源与治理事务的有效对接。针对不同的治理事务，会有不同的机制创新。针对行政窗口服务，创新了行政服务中心、“最多跑一次”等机制创新。乡镇针对农村群众工作、重点工程工作等，创新了“片线结合”的机制，使人与事得到匹配。京郊县针对乡镇综合治理的任务，创新了“吹哨报到”的机制，使得乡镇能够调动县级执法部门下乡联合执法。

当然，并不是每一件治理事务都需要机制创新。如果治理事务是一次性的，那么通过相关领导的协调就能够实现各职能部门行政资源的整合，从而把事情办好，这就是所谓“特事特办”。比如某个重点企业要落地，县级某常委出面协调各相关职能部门，为其更快落地提供方便。再如乡镇党委书记觉得民政办某个人更适合做重点工程的群众工作，就把他调到重点工程协调小组工作。又如，某项水利工程资金有缺口，需要协调其他的水利资金投入，分管副县长负责协调该事项。还如乡镇要进行一次砂石盗采执法，就由乡镇党委书记协调县相关职能部门下乡。如果乡镇党委书记权威有限，则还需要县级领导出面协调。这些“特事特办”的工作，都不需要专门创设一种机制。

“特事特办”的事情多了，成规模了，有规律性了，如果每次都还是“特事特办”，那么就会耗费相关领导太多的时间、精力、注意力及权威等资源，成本太高，办事不经济。此时就需要创设一种机制，将“特事特办”的运行方式固定下来，也就是将领导的注意力和权威固定下来，成为职能部门办同类事情的固定轨迹。如“吹哨报到”的机制创新，就是因为乡镇的综合执法事务多了，每次都要党委书记去协调，成本太高，这样县里就创设机制，建立相关制度，规定只要乡镇需要相关职能部门下乡执法，这些部门就必须在规定的时间内派人到规定的地点，否则就会被县委县政府处罚。

如果某件事情是特例，通过“特事特办”可以较好地解决，就不需要机制创新。机制创新的成本很高，为一件或几件事情进行机制创新，成本和收益就不成比例，创立的制度就落不了地。许多地方为了创新而创新，创新就成了一次性的行动，徒耗大量成本。治理事务一旦有了规模，制度创新就会有规模效益，有众多事务来分担创制成本，每一件事情分担的成本就相对较低，机制创新的收益便会远高于成本，机制创新就有必要。

机制创新的主体是属地的党委政府，只有党委政府才有足够高的权威对职能部门的行政资源进行统筹整合和优化组合。机制创新的目的是通过整合行政资源以完成党委政府的政治任务。

党委政府在机制创新中也会遭遇到一些矛盾和阻碍。

一是政治任务对于职能部门来说是其行政业务之外的治理事务，属于它的额外事务，它就必须付出额外的行政资源。职能部门自然不愿意干额外的事情、付出额外的成本。党委政府通过政治权力的方式让职能部门干活，因为有政治压力，职能部门不敢公开反对和违抗，但可以出工不出力。这就需要在机制创新中有配套的监督和奖惩机制。

二是机制创新往往会改变权力结构，削弱职能部门的权力，会遭遇权力掌握者的反对。机制创新改变了行政资源既定的流动轨迹、规则和方向，而资源背后是资源分配的权力，机制创新也就会改变既定的权力结构，产生新的权力结构。比如涉农资金，过去涉农资金以项目的形式向乡村分配，能够批项目的科室就掌握了分配的权力，乡村就得向它来“寻租”。一旦涉农资金整合之后，批项目的权力就从相关科室、部门转移到了党委政府手中，前者自然有权力、利益受损的感觉，也就不太容易支持党委政府的机制创新。

三是职能部门的资源还受到上级对口部门的管辖，下级部门要向上级对口部门负责。下级部门是上级对口部门任务和政策的执行者，它们要向上级对口部门汇报任务完成、政策执行情况，上级部门依据反馈结果对它们进行奖惩。而党委政府的机制创新往往会改变上级对口部门定下来的资源流动方向和目标，这样下级职能部门就无法对标向上级对口部门交差，也就可能遭到上级对口部门的惩罚。比如市级水利局给县级水利局下达的是100口小水库的建设任务，下拨经费是5000万元。而县级党委政府进行资金整合后，只建设了20口中型水库，每口耗费250万元。虽然资金都用在了水利上，也没有贪腐行为，但是县级水利局无法向市级水利局交100口小水库的差。

四是党委政府的机制创新在某些规定上可能会违反职能部门行使权力的法律法规。职能部门行使职权有法定的程序和范围，机制创新在整合和调动职能部门的职权时可能突破这些程序和范围。比如，“吹哨报到”整合执法部门拆除乡村的违章建筑，但是违章建筑拆除需要有法律的裁决，而法律裁决需要等待三个月。县乡两级政府都等不了这么长时间，需要尽快拆除，那么职能部门就只能“违法”拆除，其行政行为很容易被行政复议。

这样，在党委政府的机制创新面前，职能部门就容易陷入两难境地。一方面党委政府下达的政治任务不能不完成，否则就会被政治问责。党委政府推动的许多机制创新背后都有纪委监委的影子，甚至许多创新工作、制度建设都由纪委监委牵头推动。另一方面法律法规必须遵守，上级对口部门政策必须执行，否则也会被追责。所以，有时候职能部门需要在机制创新和法律政策之间走钢丝，既要完成党委政府的政治任务，又要不违反法律政策规定；既要监督和防范党委政府违法违规，又要为党委政府的违法违规“摆平理顺”。

现实中，垂直程度越高的职能部门，如人事、编制、财务、业务、党务等权力都在上级对口部门，县级党委政府对其行政资源的调动就越难，职能部门对党委政府的监督权就越大。反之，垂直程度越弱，调动起来就越容易，职能部门越难以反过来监督党委政府。

职能部门如何借力党委政府权威

党委政府拥有的最大资源是政治权力，它能够将一般的治理事务转化为政治任务，给治理事务附着上一层政治色彩，被分配任务单位的主要领导的注意力会集中到这些任务上，从而有利于这些任务的推动落实。如果某部门的一项治理事务受到了县级主要领导的关注和重视，与落实该治理事务相关的部门或乡镇的主要领导就会把该事务当作政治任务不折不扣地完成。政治任务附着了政治激励，单位一把手必须高度重视。对于县级职能部门来讲，有了落实单位一把手的高度重视，其工作在这些单位就容易落实或落实得较好。

县级职能部门的治理事务在没有转化为县级党委政府的政治任务的时候，它们的落实渠道是职能部门在下面的“腿”，也就是乡镇的职能科室。由于这是一般性的工作，乡镇党委书记没有高度重视，职能科室只能依靠自己有限的力量加以落实，那么落实的力度和质量就会打折扣。比如国土所严禁占用耕地建房，没有乡村两级力量支持，国土所两三个人只能完成建房审批等服务业务，根本无法下乡巡查违建情况。在京郊县，因为职能部门有钱，它们在村里都设有拿补贴的联络员，这样有利于信息搜集和工作推动。县级职能部门要在乡镇有力地推动自己的工作，也会通过分管领导的权威给乡镇党委书记压力，让后者重视。还有的情况是，职能部门领导跟某些乡镇党委书记相熟，会让他们更多地支持自己的工作，上级对口部门来监督检查也多带到这些乡镇来。还有些职能部门的工作是以项目形式下来的，项目中附着了一些能够自主支配的工作经费，这也会激发乡村两级推动工作的积极性。

但是，这些让乡镇（村）重视的方式毕竟不是常规性的，具有较大的偶然性，没有普遍性。那么，职能部门要想全县各乡镇的党委书记都重视自己的工作，比较稳妥的方式是将部门的业务工作转化为党委政府的政治任务。对于县级党委政府来说，一方面，职能部门的行政业务是全县治理事务的一部分，也在自己的职责范畴，县级主要领导也要重视起来。但是另一方面，县级主要领导不能事事都关心，否则就等于没关心，而要有轻重缓急，要把注意力集中在少数重要的事情上。所以，县级主要领导只能关注少数治理事务，大部分职能部门的事务无法受到主要领导的“垂青”，而难以成为县级党委政府的政治任务。

从调查来看，职能部门的行政业务要上升为党委政府的政治任务，有以下几个主要渠道。

一是中央省市领导关注的事情，县级领导也必须高度重视。计划生育、精准扶贫等部门业务，都是因为中央领导高度重视而成为全国性的政治任务，才会有“计生是国策”“五级书记抓扶贫”

的说法做法。近年环保问题、安全生产问题都是中央重视了，才成为下面各级党委政府的政治任务。在湖南某县，“创国卫”是县委书记推动的工作，下面乡镇党委书记需要把该项工作当作头等重要的大事来抓。

二是某些领域的问题影响足够大，引起了县级主要领导的高度重视。

三是职能部门主要领导推动的工作或制度创新，成功吸引了县级主要领导的注意力，后者通过党委政府文件的形式将该工作上升为县级层面的工作，这样下面各乡镇党委书记就必须予以重视。吸引县级主要领导注意力的方式有多种，比如职能部门领导经常向县委书记、县长汇报工作，阐述上级党委政府、部门如何重视，畅想推动之后所能产生的治理效能及不重视的后果，并说服领导到现场调研、视察，再辅以重要媒体的宣传造势、上级领导的批示、学者的调查研究等，从而让主要领导感到“兹事体大”，必须给予高度重视和大力支持。

四是县级一些重要政治任务的推动，都会成立类似“委员会”“领导小组”之类的机构，这些机构有以县委县政府名义制定相关政策、出台相关文件的权力，相关的职能部门是其成员单位。如县生态环保委员会，领导小组组长为县委书记，副组长为县长、副县长等，办公室设在生态环境局，局长兼任办公室主任，成员单位包括发改局、农业农村局、交通局、商务局、气象局、建设局、城管局、水利局、畜牧局等。这些成员单位在“委员会”制定相关文件的时候，将部门的业务工作塞进文件内容里，再以县委县政府名义下发后就成了县级党委政府的政治任务，乡镇就有政治压力和责任予以完成。而职能部门在乡镇的业务工作就等于交给了乡镇党委政府去完成，乡镇从协助、配合完成任务的角色转变为责任的担当者，职能部门则从一线治理者变成协调、监督和考核者。

行政业务政治任务化增强了下级党委政府对工作的重视程度，势必强化工作推动力度，增加做工作的资源，使工作更好地落实。但是政治任务化过于泛滥也会造成一些问题。当越来越多的职能部门将行政业务转变成政治任务之后，到乡镇一级大部分治理事务就成了重要事务，工作就没有轻重缓急之分了。乡镇一级又没有那么多的人财物权等资源去完成这些任务，许多事情就只能认真地去应付，而非实质性地完成。在县一级，行政业务政治任务化越多，综合协调的机构或单位就越多，县级党政领导分担政治任务的协调工作也就越多，但是领导的数量和精力是有限的，他们就得奔波于各种协调机构及相关事务。

条块间的整合与借力

综上所述，现实中条块关系非常复杂，交互关系的形式也很多，但主要有块块对条条的整合和条条对块块的借力两个面向。在条块体制中，块块和条条都有自己的优势资源和各自要做的事情，双方都想依赖对方的资源做自己的事情。块块有创制的权力，可以通过机制创新配置和调动条条的资源完成自己的政治任务。机制创新的好处是能够实现行政资源与治理事务之间的精确匹配，最大化地发挥行政资源的效能。但是，若政治任务过多、过泛，职能部门就会被频繁调动起来，使其大量的资源耗费在政治任务之中，从而影响行政业务。

条条则利用其行政业务也就是党委政府辖区事情的属性，通过行政业务政治任务化的方式将本职工作转化为党委政府要做的事情，借此让下级党委政府或其他部门出力推动自己的行政业务。这样做可以极大地增加工作的推动力度，更好地使工作落地，真正做到工作件件有回应，事事有落实。但是，如果行政业务政治任务化多了，也会造成下级党委政府及其他部门任务过多、过重，分不清重点，抓不住主要矛盾，眉毛胡子一把抓就可能什么都抓不住、抓不好。

在县域，党委政府的政治任务要控制在一定数量内，它只能是重要的、关键的少数和个别。党委政府还要严控职能部门的行政业务政治任务化，要防止滥用，只有真正重要的，涉及全局、大局的行政业务，才能转化为政治任务。县域的大部分治理事务应该交由职能部门自己去完成，党委政府主要扮演的是督促、检查和考核的角色。这样党委政府才能将真正重要的治理事务抓好、落实好，职能部门也才有精力做好自己的本职工作。

条块关系反映的是央地关系。如果在中央层面上就将行政业务转变成了政治任务，地方和基层党委政府在这些事情上的自主权就小，也就必须将它们设置为政治任务。那么，这些职能部门就会成为强势部门、权势部门，成为高高在上的指挥者、发号施令者。中央重视的行政业务越多，下面的政治任务就越多，自主权就越小，地方和基层党委政府就成了职能部门的木偶与筹码，地方和基层的积极性就发挥不出来，它们的特殊性也反馈不上去。因此，中央及省市重视的事情不能太多，规定不能太死，要求也不能太严，要给予地方和基层自主设置辖区内重要事情的空间。

基层政府副职分工的逻辑与规律

基层政府副职分工是一个很重要的政治现象，它是单位一把手的一项基本权力。基层政府副职的分工既有隐秘的逻辑，也有一般的规律，揭示出来有助于理解基层政府的权力运作、工作推动和干部动员问题。

分工的故事

京郊县的刘局长是机构改革后新成立的直属局的一把手，接受我们访谈时刚上任，他给我们讲了他在乡镇担任副职时分工的故事。他是北京某研究机构的博士后，挂职到京郊县担任卫计局副局长。两年后考核优秀留下来成为正式的副处级干部——同等职务直辖市要高其他省区一个级别，并调该县某偏远农业乡镇任副镇长。他报到没几天，该镇就在他缺席的情况下进行了一次分工，将常务副镇长及其他副职分管的环保、大气、安全生产三项工作转给了他。有趣的是，4 月 29 日分工，5 月 5 日县里对环保进行大督察。很显然，分工是在大家都得知有大督察后仓促进行的，常务副镇长为了不受到环保督察处分而一手操纵了此事，他将烫手的山芋成功地塞给了刘局长。刘局长纵有百般能耐，也无法在短短几天内扭转局面，无奈工作还没开展就先背了处分。

刘局长不仅分管了几项风险较大的工作，还承担了数项工作量特别大的活。他成了该镇活最多、坐在火山上烤的领导。刘局长也是哑巴吃黄连，有苦说不出。因为，在基层政府里，他的遭遇虽然有些特殊，但也符合一般操作。新官到任，本来就要视情况重新分工；年轻人新提拔，多干活、干累活、干危险的活，既是锻炼需要，也是担当表现，活分配下来不好推掉；作为外来者初来乍到，进入既定权力结构，没人给他说公道话，无论多坏的结果他只能默默承受。等到刘局长调任县局之后，该镇又对班子分工进行调整，刘局长之前的工作由三个班子成员分别承担下来。

分工的原则

党政副职分工体现的是一把手的意志。一把手对单位负总责，单位各项工作能否理顺，不出问题，还有出彩的地方，与一把手如何配置和调动干部有关系。将不同的干部配置到不同的岗位，是调动干部的前提。班子成员已经有了相应的职务，关键就看如何给他们分工。工分好了，各岗位上的人各司其职、各尽其责，一把手才能把单位的一盘棋下好。

乡镇班子成员一般在 11 人左右，除去党委书记、乡镇长，剩下 9 名副职。县市部门的副职在两三名到五六名，省厅副职普遍是 10 名左右。除了少数工作职责紧跟职务之外，副职具体负责的工作需要在任职之后再分配，任职中途也可能重新调整。从调查来看，副职分工有一些普遍化的规律，主要遵循以下原则。

一是任职岗位原则。本职岗位、原主管岗位、“常务”岗位都对副职分工有影响。在乡镇，班子成员属于副职的，有人大主席、政协工委主任、副书记、纪委书记、组织委员、武装部长和副镇长等。其中，除三四名副镇长外，其余副职都有岗位本职工作，这些工作不参与全镇工作分配。与县市及以上层级不同，乡镇这些既定岗位的副职还参与其他工作分工。

由于乡镇工作专业性不强，乡镇副职分工与其担任过的中层岗位负责的工作关系不大。在乡镇，一般只有办公室主任、组织干事或过去的计生办主任容易被提拔为乡镇副职。除办公室主任上来的副职外，这些中层岗位上来的干部不一定分管他们之前所干的活。但是到县市及厅局层级，副职的分工则有不少是与他们之前主管的工作有关系的。从主管部门上来的副职，要么在乡镇或县市干过，要么在多个科室任职过，他们都主管过多项工作，那么他们任副职后就更可能分管相关、相近的工作。比如，担任过地税局长、财政局长、发改委主任的副职，更可能分管与财政收支相关的工作；之前主管过单位人事的副厅局长，更可能分管人事，主管过办公室的副厅局长分管办公室的可能性更大。这样的安排，一个是在业务上有专攻，能够避免“外行领导内行”。专业性越强的部门及其工作，越可能由之前主管过的副职领导来分管，如财政、金融、医卫、城建等。另一个是主管过相关部门的副职在这些部门任职期间积累了一定的人脉关系，磨合、沟通、协调成本较低，便于开展工作。

在县乡及厅局，有个副职的分工特别有趣，那就是“常务”副职。有的地方乡镇设常务副镇长，有的地方不设常务副镇长，但由党委委员兼任副镇长，称“委员副镇长”，相当于常务副镇长。常务副镇长的地位比较高，排名一般在副书记之后。在县里有常务副县长，在厅局里有常务副厅长，或是党组副书记副厅长。常务副县长由县委常委兼任，再往上升就是县委副书记，常务副厅局长是厅局的二把手。

所谓常务副职，就是当一把手不在岗的时候代行一把手职责的副职。对该岗位的分工没有明确规定，一般是分管比较重要的事务，比如财政工作、编制工作或安全工作，或者是单位里分配不下去的工作、其他副职不愿意负责的工作以及上级交办的新工作。所以，常务副职分管的工作多、杂、乱，别人不管的他都得管起来。邵阳某城关镇，常务副镇长是一位资深的女副镇长，镇里多数能够被上级一票否决的工作，如环保、安全、创卫等，都集中到她头上来了。她所理解的“常务”，就是常务脏活、累活、风险很大的活。分工的时候，因为自己是“常务”，很多活不情愿也不好意思推出去。

二是个体禀赋原则。副职分工中，常常出现多少不均衡，重要性、风险性不均衡的现象。有的副职只分管一项重要的活，有的副职一项重要的活都没有。这与副职个人的个性、能力、诉求、特征、偏好等有关系。

首先是年龄差异，年轻副职与中年副职在分工上有较大区别。到乡镇，四十五岁以上的副职就算高龄，进入了“组织不考虑不谈话”范畴。中年副职在职务上没有想法，有劲往上冲也冲不上去，索性就不冲了。他们担任中层正职和副职领导多年，有功劳也有苦劳，可以在年轻干部面前摆资格了，个人的责任心就弱了。所以，他们一般不愿意多干活，更不愿意干有风险的活。快退休的副职也不希望背个处分退休。如果不背处分，他们退休前或许能调一调职级，或者到某个小局退休。在分工的时候，单位一把手会考虑这些人的状况，不会在他们面前找没趣。

三十多岁的年轻副职则刚好相反，他们还有较大往上冲的想法，资格也摆不过老干部，加上文化素质相对较高，责任心也要强一些。他们不能像老干部那样挑肥拣瘦，更容易被分配更多、更复杂的任务。资历越浅的班子成员，在分工干活问题上就越老实。所以，京郊县刘局长的遭遇，在刚提上来的年轻干部中具有普遍性。很多活分不下去了，常务副职也推掉了，一把手就会“让刚提拔的人分管”，美其名曰给他们压担子。

其次是性别差异。在乡镇工作，女性干部有些“劣势”，比如脾气上不来，一些场合把控不住。乡镇是治理的一线，治理的事务复杂艰巨，打交道的对象都是村民，一些工作要用粗糙粗暴的方式方法，女性干部就不太适应。因此在分工的时候一般不会将直面矛盾的工作分给女性干部。再如女性干部更多地要照顾家庭和小孩，她们的工作时间需要更加宽松。但是乡镇许多工作是不定时的，要加班加点的，因此，分工时会把那些相对清闲、工作量不大、工作时间灵活机动的工作交给她们，如妇联、老龄、团委、文化等工作。一些攻坚克难的工作则交给男性副职分管。

再次是能力差异。对于一把手来说，分工的关键在于能够把事情办好，把问题解决，那么副职个人能力禀赋与所分配工作的匹配程度就很重要，分工时就要根据不同人的能力分配不同的工作。有的人原则性较强，比较适合做纪检工作或涉及利益分配的活。有的人对做群众工作在行，就适合去做征地拆迁的工作。有的人擅长文字工作，分管办公室或党建工作比较合适。治理能力是一个相对概念，没有绝对的能力高低之分。不同能力禀赋的人，只有与治理事务相匹配，才能人尽其才、事尽其功。

最后是其他差异。比如党派的差异，在县市一级或厅局里，有个别副职是民主党派或无党派人士，他们分到的都是事务性或专业性的活，一般不会涉及党务、保密、急难险重等事务。还有下派挂职锻炼的副职，也不会承担风险大、复杂疑难的问题。例如，某省政策研究室一处长下派到该县挂职副县长，给他分工时，县委书记刚好到国外考察，县长就把大家都不愿意管的安全生产工作交给了他。县委书记回来了解情况，认为安全生产容易出问题，分管副职要受处分。人家下来挂职锻炼，有省领导关照，出了问题处理他不行，不处理也不行。为了不让人家两年后背个处分回省里，县委书记将安全生产工作硬塞给了常务副县长。两个星期之后，该县就出现了重大安全生产事故，常务副县长受了处分。后来该常务副县长被提名为该县政协主席候选人，有人举报他受过这个处分，最终主席没能当上，只当了个副主席。

三是关键事务原则。单位一把手不会面面俱到地抓工作，他要抓的是关键性事务。关键性事务与一把手的核心利益紧密相关，牵涉单位全局工作和一把手乌纱帽，可谓牵一发而动全身。做好了能突出政绩，出了问题就是大问题。这些事务只有交给有能力完成又值得信赖的副职，一把手才放心。这是少数人，既可以是领导心腹，也可能是领导较为容易把控的人，或是领导直接提拔上来的人。基层的说法是“把最不放心的事，交给最放心的人”。在乡镇，关键性事务包括办公室事务、财政、党建、中心工作及涉及较大利益的事务，在厅局里还包括组织人事、后勤基建等，相关事务所涉及的部门、科室由一把手最放心的人分管。

比如办公室，直接服务领导，跟领导打交道，掌握领导行程，对全单位工作进行统筹、协调和调度，起到上传下达的作用。同时，办公室起草大大小小的文件，组织召开包括党委会、扩大会、党政联席会等会议，办公室主任一般是会议记录者，参与班子会议。在乡镇经费这一块，合规预算主要以办公经费的方式体现出来。办公经费是一个筐，不同性质的钱都可以往里装，许多开支都从办公经费中出。因此，分管办公室的副职要绝对可靠，能领会领导意思在前，在单位有一定威信，有较强沟通协调能力和保密意识。

再如财政。有钱才能办事，钱好用才好办事，能够摆平理顺不合规的用钱才能不出问题。所以单位财政的主管和分管这两个职位很重要，要安排信得过的人。在乡镇，财政所是垂管单位，党委书记要与财政局长协调，决定财政所长人选。乡镇党委书记对乡镇财政说了算，但他不直接管财政，乡镇长管财政，但不最终签字，他只是中间环节。一般的程序是这样：部门经办人员填写报销单据、表格—部门分管领导审核签字—财政所进行业务合规审查、所长签字—乡镇长审核签字—分管财政的副职签字同意列支。分管业务的领导只是走过场，他只知道分管业务这一块的经费，乡镇长要知道全乡镇的开支情况，但没有决定权。而分管财政的副职不仅有最终签字权，而且还掌握单位所有经费的使用情况，包括合规与不合规。单位基建一般在财务里面，其中有较大的利益，要管好基建不出问题，需要信得过的人。所以，单位一把手通过选好财政分管副职来管财政。

又如党建。单位一把手担负组织建设的主体责任，这也是他的本职工作。党的内部建设都抓不好，意味着不称职，所以党建也要由能力突出、靠得住的人来抓。

还如人事。县市以上层级和厅局部门，还有科级或处级干部的考察任免权，一把手要贯彻自己的人事意志，牢牢地抓住人事权，关键就是要做好人事分工。人事分管副职是单位人事的具体操刀者，如果他与一把手一条心，就会不折不扣地贯彻一把手的意志。如果他与一把手不对付，单位里的人事就会被搁浅，谁都动不了人事。所以，单位分管人事的副职一般是一把手最信得过的人之一。如果一把手暂时没有找到这样的人，那么他也不会让资历老的副职管人事，这样很难把控得住，而是会选择让最新提上来的副职分管。

最后如其他重要的事情，包括重要的部门事务、上级主要领导重视和推动的工作及上级领导交办的事情。

中部省份某乡镇的申主任是党委书记最信任最器重的副职领导，刚考入乡镇，党委书记就相中了他，很快将他提拔为办公室主任，几年后提任副镇长，主要分管党政办、规范建房、危房改造、民政、民生改造、空心房整治等，以及协助管理宣传，主要涉及的站办有办公室、国土所、规划办、民政办和危改办。申主任分管的这些事务都是该乡镇的重点事务，有些还是中心工作，如国土事务，近年国家正在推行城乡建设用地增减挂钩政策，这是乡镇的一项重要工作，每年通过指标置换可以给乡镇增加上百万元的收入，这对于一个中西部农业型乡镇来说是一笔巨额收入。因此该项工作需要有能力又能拼命干活的人来承担。

国家现在对民政救助很重视，该镇每年用来安排应急、临时救助的资金就有一百多万元，如果把关不严，这笔钱很容易出问题，比如通过造虚假名单套取救助资金。据估计，这笔钱可以套十几万元出来。民政上出了问题，党委书记要受处分。危房改造也是钱的问题。只要涉及乡镇重大资金问题，党委书记就都需要由信得过的人来把关。空心房整治是县里的中心工作，县里只下任务，没有补贴和工作经费，干部群众都没有积极性干这个活。党委书记要完成任务，只能交给“身边的人”去办。

分工的时机

调整分工是推动工作的重要方式，没有分好，承担者不胜任，或者积极性不高，工作就开展不了。分工是单位一把手的一项基本权力，理论上他可以适时调整副职分工。但是分工的背后还涉及工作的延续问题、绩效问题，以及干部的利益问题、尊严问题。所以副职的分工，既是政治，也是技术，不会随便或随时调整。

从调查来看，分工调整的时机有两个，分别是干部调整时和年初工作布置时，前者为大调整，后者为小调整或者微调。

年初每个单位都会根据往年的情况、上级的工作任务和单位一把手的工作思路，制定一年的工作计划和工作目标。为了进一步加强单位重点工作布局，创新工作机制，加快推动工作落地，更好地实现工作目标，各单位都会根据新的工作计划和工作目标调整单位内部工作机构和人员分工。年初的分工调整主要是“因工作需要”，这是各单位的惯例，一把手可以利用这个契机对分工进行调整，不会遭来非议。一把手通过这个年度分工调整，可以做到以下几件事：一是调整上一年工作不力或不胜任的副职分工，以达到对不称职副职的轻微惩戒；二是加强新年度重点工作的人员配置，以达到人事的有效结合；三是趁机将关键且重要的事务分配给信任的人，牢牢把握对单位人和事的控制权。但是一般来说，年度分工调整属于小调整，不会将所有副职的分工打破重整，更多考虑的是工作的延续性。

大调整一般发生在党政一把手调整或两个及以上副职调进调出之后。如果调出一个副职干部，那么填补进来的副职既可以直接承担调出副职的分工，也可以进行小调整，将调出副职的分工分配到其他副职身上，再从其他副职的分工中调出一些工作给调进的副职，变动性都不大。但当有两个副职调进调出时，副职的分工就要做大调整。原因是，两个及以上副职的变动，因人员变动较大，使得调出的工作较多，要对这些事情与人员进行重新匹配，而调进的人也因能力、禀赋、经验等差异，需要匹配相关的事务。这样就很可能要对副职的分工进行重新排列组合，以达到人事的最佳匹配。所以，大调整时会注明“因人事变动和工作需要”。最大的分工调整是一把手新上任之后的工作调整，普遍的规律是，一把手调整的同时，或一把手上任之后，会有其他副职的调进调出；一把手也会主动运作班子成员的人事调整，这样一把手就可以按照自己的意志对副职分工进行大调整。在不同性质的单位也有不同程度的做法，如在治理一线的乡镇，大调整一般会打破重整，而在厅局等部门，大调整是相对于年初的小调整而言的，调整的力度相对要大一些，但是总体还是保持稳定。

一般来说，若不是年初或人事变动，中途分工调整是罕见现象。如果不是副职自己提出，一把手也不会随便在年中时调整分工。副职如果不是非常特别的缘故实在难以胜任，也不会在年中时提出调整他的分工，再困难他也要“硬着头皮做下去”，撑到次年初，否则单位舆论对他不利。一把手也可能会在平时调整个别分工，这主要与一把手的个人想法或要推动的工作有关系，比如某段时间县委书记要推动教育改革或想插手教育领域资源分配，需要将教育调整给能够贯彻意志的可靠的人，他就会对分管教育的副县长说：你管得多，教育部门正在搞基建，需要钱，就把教育这一块给管财政的某某管了。

分工的过程

在乡镇，副职分工首先源于一把手酝酿，他再跟被调整的对象谈话、征求意见，看对方愿不愿意分担。谈话是例行程序，副职即便有不同想法，一般也会接受党委书记的意见。谈话之后，党委书记会与乡镇长通气，再在党政联席会议上定下来。

在谈话征求意见的时候，也会有“推的”，主要是那些难以胜任现有工作的副职，或是不想再分担以前工作的副职，或是习惯于挑肥拣瘦的副职。要推掉分工，必须拿出理由。党委书记通常情况下会尊重副职意见，毕竟强扭的瓜不甜。比如一段时间森林防火工作很受重视，烧山要受处分、不能提拔。分管林业多年的副职就提出来，说“书记，我分管林业五六年了，所有责任都让我承担了，要换一换工作”。再如，过去乡镇纪检工作不实，纪委书记分管很多其他的工作。现在要求主职主业，纪委书记就跟党委书记提出来，监督不能分管，既当裁判员又当运动员是要出问题的。一些老资格副职常以身体条件、给年轻人锻炼机会为由推掉一些分工，还有些正在提拔当口的副职，对分管一些有较大风险的工作也不那么心甘情愿，也可能找理由推出去。

有些工作分不下去了，可以扔给常务副职，也可以分给一把手的心腹副职。前者是基于“常务”责任而担当，后者则基于个人忠诚而接受分工。党委书记也可能会在不征求本人意见的情况下把某些工作硬塞给某些副职，也有很会“推”的常务副职，分工时很会找理由，说这个不是他的工作、那个不是他的工作。本来在班子成员中“常务”分管最多，最后搞得他分管最少。但是也对其不利，组织谈话时班子成员会说他不担当。

将副职已有分工调走也会产生一些意见。一是该副职可能会认为自己工作没做好，或是一把手对自己不信任，所以才调走自己的分工，这会给他带来一些心理压力和困惑。二是副职对该项工作已经轻车熟路，跟上级部门和下面科室的人都很熟悉了，不愿意放弃原来的工作。三是基层一线工作多“看人干活，看感情干活”，换了分管领导，下面的人不一定听从调动。四是有些分管工作涉及一些利益，调整分工会触及和损害一些副职的利益，比如分管工矿企业的副职，或多或少会有些利益在里面，他们自然不情愿调出相关分工。

分管领导的一项重要职能是协调、调度。为了更好地使单位的工作协调开展，就会将相近、相似的工作，或是需要协调配合才能完成的工作，及其站办科室分到一块，由一个副职分管。比如，安全、环保分给一个副职，因为主要涉及工矿企业，一起上企业督导检查，既可以相互利用对方的执法权，也可以不过多地打搅企业；再如，农业、林业、水利安排给一个副职，国土、规范建房、危房改造等分给一个副职，这样就可以在副职分管的权限范围内对相关站办科室进行统筹调配，而不需要协调分管领导，可以节省行政成本，提高工作效率。同一分管领导下的活，很可能被认为是大家“分内的事”，分工不分家，较易于调动不同站办科室的人一起干活。一些综合性的工作多半是分配给常务副职，由他来协调其他副职或部门开展工作。

分工的方式

在乡镇，分管领导主要通过以下方式开展工作。

一是指导。分管领导如果不是从专业部门上来的，那首先就要熟悉所分管的业务。分管领导不需要精通各项分管业务，但是基本情况需要了解，这样才不至于被中层领导牵着鼻子走，被他们糊弄，或者让他们安排自己的工作，也才能站在领导角度对站办工作进行指导。在治理一线，工作人员看的是领导的能力，而不是领导头上的光环。只有有能力指导他们，他们才会服气。所以，分管领导既要有几把做事的刷子，又要有宏观把握能力。

二是调度。不是每个站办主任都能按照领导的意思，负责任地把工作做好。这就需要分管领导给予及时督促。督促的前提是分管领导要掌握工作的进度，信息来源于站办主任的定期汇报，或者是分管领导的定期调度。分管领导要经常亲临站办或现场，掌握一线工作情况，这样才能有针对性地给予督促和指导。

三是协调。协调工作是分管领导很重要的一项职能，包括：给村里协调不同站办之间的资源，这需要与其他分管领导协调；协调所分管站办之间的事务；协调分管站办与非分管站办之间的关系，这也涉及与其他分管领导的沟通协调；协调站办与上级部门之间的关系和资源，有些工作还可能需要动用主要领导的权威及关系资源。

四是激励。许多中层领导既是专业能手，又是老资格，而分管领导则可能是年轻辈、新手。这可能会导致权威倒置，分管领导指挥不动站办主任。遇到这种情况，分管领导首先要尊重他们，伸手不打笑脸人，其次要给分管的站办科室争取利益，包括资金、待遇等。比如在推动的工作中，向领导申请设定专项奖励，或者申请列支单独的工作经费。再如在单位为站办争取荣誉称号的名额，有学习锻炼的机会将他们推荐上去。甚至不是站办的活，也帮他们争取相应待遇。最后是私下里、日常生活中的交流，包括哪里有玩的、吃的，能带就将他们带上，或者有出差机会也把他们捎上。总之，既要给站办科室争取利益，又要与他们搞好私人关系，能够深交、成为兄弟姐妹关系，工作就更好开展。

五是干活。与县市或厅局分管领导指挥干活不同，乡镇的分管领导不仅要带头干活，还要单独干活。带头干活是指分管领导带领站办工作人员一起干活，比如对企业的安全生产检查督促工作，分管领导要带头走在一线；拆除违章建筑、私搭乱建，领导要战斗在最前线。这些工作领导不带头，下面的人就不会卖力。还有些分管的活是领导交办的，没有具体的站办来承接，分管领导就得自己把事情做好。

分工的逻辑

分工是单位一把手推动工作的重要政策工具，也是单位干部人事管理的重要内容。分工好，有利于推动工作。省市县一级，分工更多的是分管，有自己的一亩三分地。在乡镇和部门，分工更多的是协管、辅佐，一亩三分地的性质不强，一把手直接管理较多。

县域晋升锦标赛体制何以有效

晋升锦标赛体制是否发挥作用

县域锦标赛体制的运行方式是，县级党委政府通过目标责任、考核排名的方式对乡镇进行激励，乡镇主要领导的评优、奖励、晋升与排名挂钩。

学界对晋升锦标赛体制是否发挥作用持不同看法，一种观点认为锦标赛体制在地方经济发展、选任官员上扮演着积极正面的角色，推动了地方经济发展，选拔了有能力、有干劲的官员，缺点是长官意志横行、社会缺乏参与、政策选择性执行、地方保护主义盛行。另一种观点则强调锦标赛体制是选任官员的表面制度，官员晋升要比锦标赛复杂得多，其他因素如庇护关系、私人关系、忠诚度、跑官买官等发挥更大作用。

笔者在各地调研，发现了锦标赛体制存在的事实，但是它之所以发挥作用、如何发挥作用却有着不同的逻辑，还存在明显的东部和中西部地区的差别。

乡镇主官选任：锦标赛与“任人唯亲”

无论是表面还是实质性地发挥作用，锦标赛体制在县域党政体制中运行要面对两个前提，一是上级政府掌握着锦标赛的标的、规则和评价的权力，二是上级党委政府主要官员在任命下级官员时不可避免地会有“任人唯亲”的现象。前一个指的是锦标赛体制能够发挥作用的组织载体，只有在中国特有的政治体制下，才会形成带有较强锦标赛特征的政治激励模式。后一个是指在具体的选人用人过程中，除了组织原则和锦标赛之外，主要领导的个人偏好也会发挥较大作用。

就锦标赛发挥作用的组织载体而言，中国政治体制与西方官僚制最大的不同，是中国共产党作为全面领导的政党，其组织原则渗透并整合进政府体制之中，改造和重塑了政治体制及其精神。中国共产党的一个重要组织原则是党员服从党组织、下级组织服从上级组织、全党服从党中央。这种服从是无条件的、不能讨价还价的服从。在党政体制中，上级党组织可以通过组织体系以政治任务的形式，给下级部门下达工作指标，下级组织将无条件完成。

在县域，县级党委政府会给乡镇党委政府下达具有竞争性的指标任务，即锦标赛的“标的”，由各乡镇党委政府通过相互竞争来完成。县级党委政府一般不对下级完成任务给予配套，更不对下级完成任务的具体过程、方式和方法进行监控，它只对结果感兴趣。下级党委政府需要自己调动资源去完成任务，这些资源既可以是本单位内部的资源，也可以是外部资源。下级党委政府主要按照上级下达的任务指标来调动资源，对任务之外的事务较少投入资源。最终，县级党委政府会通过考核对下级单位完成任务的情况进行排名，对排名靠前的给予表彰，对落后者进行批评。在下级单位主要官员的晋升中，前面两三年的排名情况会作为主要的参考指标。调查也发现，大部分得以晋升的官员在其任期的前两三年的考核排名中亦确实靠前，或有较大进步。这表明，锦标赛至少在考核上是有效的。

在调查中，基层干部普遍表示，如果排名靠前的或者进步较大的乡镇主要领导得不到晋升，而靠后的或退步的得到了晋升，在县域范围内也没有合理性，起不到正向激励的导向作用。事实上，大部分乡镇主要领导干劲十足，对晋升锦标赛的排名十分看重，说明晋升锦标赛在基层确实发挥了作用。

就个人偏好而言，县级主要领导要贯彻自己的意志、施行自己的政策，也会有“一个好汉三个帮，一个篱笆三个桩”的思想。最能够帮他的人就是最能理解他意图和想法，跟他在思想、路线、政策乃至情感上一致的人，也就是所谓的“自己人”。那么，在县域一些重要岗位上，如重要乡镇和委办局的主要负责人，就得安排这样的人。在官员晋升中，也要首先将这些人升到重要岗位上，占据某些重要位置。同时要将那些反对自己或对立面的人调到不重要的岗位上，以免成为自己施政的绊脚石。在这个意义上，基层官员的晋升主要是看是不是主要领导的“自己人”。于是乎，在基层官员晋升中锦标赛不起作用，官员个人的能力似乎也不重要了。在调研中，确实看到提拔自己人、边缘化对立面的情况普遍存在。

在党政体制下，意味着官员的晋升要将锦标赛的结果作为主要参照，这是一个基本原则。一旦有悖于这个原则，锦标赛体制就很难运行下去。而“任人唯亲”恰好与这个原则有冲突，但是它既符合人性标准，在现行体制中又属于常态。

锦标赛与“任人唯亲”互有张力，呈现出此消彼长的状态。当锦标赛体制运行畅通时，“任人唯亲”逻辑就不那么张扬。当锦标赛体制较为形式化时，“任人唯亲”逻辑就可能大行其道。但是，既然二者能够统一于体制内，就必然有调和的余地。其中之一是“任人唯亲”之“亲”须在锦标赛中胜出，否则也服不了众。也就是说，在现有体制下，即便是那些被认为与主要领导有关系的人，也不能随随便便就占据某些重要岗位，他们也要在锦标赛中历练。那些即便与主要领导有关系，却未能在锦标赛中胜出的人也得不到晋升，即便晋升也不会占据重要岗位。

基层调查还发现，在不同地区基层虽然都存在这两种现象，但是有不同的侧重。在中西部地区，锦标赛的运行会更具有实质性，而在东部地区，“任人唯亲”要明显些。之所以如此，与这两个地方不同的经济发展水平有关系。

中西部县域发展潜力与锦标赛体制实质性运行

在中西部地区，县级主要领导也需要首先把自己的人安排到重要单位和重要岗位上，这样既便于施政，对跟随他的人也是重要激励。安排好自己人是官场潜规则。对于一些重要的如经济发展活跃、地理位置优越、矿产资源丰富的乡镇的党委书记岗位来说，县里主要领导一定会把自己的人安排上去。占据这些岗位，意味着掌握住了在县里执政的大部分政治资源和经济资源，稳定和发展了这些乡镇，县域就差不多稳定和发展了。

这些乡镇本来政治或经济基础就相对较好，能够动员的相关资源丰富，再加上有县里主要领导的支持，在这些乡镇担任主要领导，能够动用的资源就较多，在锦标赛中胜出的概率就较大。在县域官场中，对这些乡镇的主要领导的去留会有较高的预期，如认为他们要升为副县级领导，或调到更重要的乡镇或委办局任职。该乡镇的主要领导对自己的晋升也会有明确的期待。如果最后的晋升结果没有达到官场的普遍预期，对县级主要领导的声誉及其施政就会有负面影响。因此，在锦标赛中获胜的官员的去留一般会满足官场中的普遍预期。如果是这样的话，得到晋升的乡镇主要领导就会是与县级主要领导较为亲近的人，尤其是县委书记的“自己人”。那么晋升锦标赛就成了掩盖私人关系的华丽衣裳。

但是，笔者在中西部乡镇调研的情况是，大部分乡镇党委书记的晋升参照了锦标赛标准，锦标赛起了实质性作用。根源在于，中西部地区的县域发展较为缓慢，县域内乡镇之间经济方面的差别，一定程度上会影响锦标赛的结果，但是这些差别不会太大，各乡镇的可塑性强。这就为乡镇党委书记们“八仙过海，各显神通”提供了舞台。一个经济落后、底子薄的乡镇，或一个矛盾复杂、上访集中的乡镇，如果其乡镇党委书记有足够的能力调动相关资源进行经济发展和社会治理，也可以在短时间内推动乡镇经济较快增长和社会治安明显好转，促使辖区风气为之一新。那么，该乡镇在锦标赛中尽管不可能在短时间内名列前茅，但是其进步速度快，排位提升明显，也会得到县委县政府的肯定，在县域内让人刮目相看。这样，乡镇党委书记即便与县委书记、县长的关系不那么亲密，他们在晋升过程中也会有较好的岗位安排。

笔者在鄂北一个乡镇调查了解到，该乡镇有两任党委书记的晋升就是在锦标赛中胜出的典型。该乡镇原是大别山边缘的一个纯农业乡镇，土地贫瘠，生产效率低，工商业发展缓慢，在县域乡镇排名中垫底，即便是在农业乡镇排名中也属于落后乡镇，农民到乡镇、县市上访较多。县乡官员一提到该乡镇就头疼，有关系、有晋升前途的官员都不愿意到该乡镇来任职。

2007 年左右该乡镇来了一位余姓党委书记，此人为人大胆有魄力，在小城镇建设、农村稳定上花了大工夫，几年内改变了乡镇面貌，在竞争排名中不仅占据了农业乡镇龙头，而且在全县排名中也有不俗的表现。由于该镇进步抢眼，余姓书记被提任为城关镇党委书记，五年后升为副县长，而与之搭班子的镇长则直接晋升为党委书记。在此之前，该乡镇就没有镇长直接晋升为党委书记的先例，年轻的镇长一般都会运作到其他乡镇任党委书记，都认为在该镇任党委书记等于头顶天花板上了。该县的共识是，干部可以在该镇任镇长，但千万不要在该镇任党委书记。新任吴姓书记继续在小城镇、农村稳定和农村经济建设上使力，进一步稳固和提升了乡镇在县域范围内的排名，成绩也有目共睹。五年任期届满后，被任命为县财政局长，而接任党委书记的也是与其搭班子的镇长，说明在该乡镇任党委书记有前途。

该案例中，在余姓党委书记之前，一般认为调任到该乡镇任党委书记是没有前途的，说明余姓党委书记与县级主要领导的关系并不密切。吴姓党委书记是前任县委书记的秘书，一般来说不会是后任县委书记的人。因此，他们得以晋升并在县域官场有话语权，主要来源于他们在锦标赛中脱颖而出。尤其是余姓党委书记，本来县域官员及其个人都认为他在官场已经到头了，不料却来了个咸鱼翻身，这缘于他改变了落后乡镇的面貌，折服了整个县域官场。

中西部乡镇发展尚未定型，一方面是短板和缺点，发展没有基础，一切从零开始；另一方面也是长处和优势，就像一张白纸，等待优秀画家来挥毫泼墨。因此，中西部乡镇差别不大，给有能力的党委书记自主发挥、施展才华、实现抱负的空间较大。即便是相对落后的乡镇，只要去一个有能力的乡镇党委书记，通过调度足够多的资源，就能够在一定时间内将乡镇治理好。因为乡镇的可塑性强，进步空间就大，锦标赛排名当中，排名的跨度也就大，前后对比鲜明，足以展现主要领导的能力。在晋升竞争中，即便有排名靠前、与县级主要领导有关系的人会得到晋升，那些带领乡镇排名进步很大的乡镇党委书记、镇长也会被列入晋升的行列。当然，同样由于乡镇差别不大，也有换了主官之后，排名落后了的情况，这样即便是县委书记的“红人”，也不可能在排名退步的情况下得以晋升。

总之，由于中西部乡镇差别不大、可塑性强，锦标赛排名不太固定，进步与退步都有较大可能，同一乡镇前后对比可以很强烈，这使得锦标赛的晋升竞争更具有实质性。

东部县域发展定型与锦标赛体制形式化运行

在东部发达地区，锦标赛体制运行情况与中西部有一定差异。东部地区发展较早较快，不同乡镇由于条件、基础和历史发展的轨迹不同，逐渐有了自己的发展特色，很多地方都形成了“一镇一品”的态势。以工业为主业的乡镇，不同乡镇又有不同的工业产品，像诸暨市D镇的五金加工、上虞区盖北镇的化工、诸暨市大唐镇的袜业等；以农业为主的乡镇也形成了有自己品牌特色的农业，像上虞区章镇的猕猴桃；还有以旅游为主导产业的乡镇、以矿产为资源的乡镇等。县里在对乡镇进行竞争排名时，不会把所有乡镇凑在一起排名，而是把县域内的乡镇分成几种主要类型，比如中心镇、工业乡镇、山区农业旅游业乡镇，区县只对同一类型的乡镇进行综合排名。

东部地区大部分县市的乡镇经济发展水平相对固化，乡镇之间的等级序列相对稳定，很难再有较大改变。如工业乡镇，排名靠前的就主要是那几个乡镇，它们的工业已成体系，市场发育齐全，形成了完整产业链。这些乡镇的主要官员无论能耐有多大的差别，其所在乡镇的排名也只是微调。排名靠尾的乡镇主要领导无论怎么努力、能耐有多大，也无法在其任期内使排名得到跃升。农业乡镇、旅游乡镇的情况也差不多。

从完成上级项目落地情况来看，越是发达的、有基础的乡镇，上级下来的项目越会相对容易在农村落地。这些乡镇有群众基础，群众做钉子户、上访户的情况较少。而在落后的、基础较差的乡镇，乡镇干部积极性较差，跟群众打交道较少，群众的大局意识不够，会做钉子户，从而拖延项目落地时间，甚至使项目难以落地。这样在完成上级任务排名中，这些乡镇就会相对落后，短时间内难以改变这种状况。

因此，在东部地区，乡镇主要官员拼命干活不是为了大幅度提升自己的排名，而是保持排名并尽量提升排名。即便提升排名，前后的差距也不会那么显眼，更不会在县域官场中有较大显示度，给人以明确的晋升预期。在晋升锦标赛中，县域内那些重要乡镇总是排名靠前，而其乡镇主要官员也确实得到了提拔重用。表面上这看似锦标赛的结果，实质上是背后安排这些主要官员到这些乡镇任职的推手在起作用，也就是“任人唯亲”逻辑在起作用。

当然，这并不意味着在“任人唯亲”逻辑下，这些重要乡镇主要官员就不需要有能力，不需要拼命干活。同样地，即便是那些非重要乡镇的主要官员，也不会因为预期不能流动到更重要的岗位上就消极怠工。重要乡镇的主要领导要想得到晋升就得干出业绩来，也就是不能使自己的排名滑落，他们还要更加拼命地将县委县政府安排的任务完成。一般乡镇的主要领导也不能使自己的排名落后得太厉害，落后意味着能力不够，会给县级主要领导留下不好的印象，甚至会留下添堵的坏印象，这会给自己的工作安排带来麻烦。尤其是那些年轻有前途的干部，即便在落后乡镇任职，在排名中并没有明显的进步，只要不后退，工作表现踏实，人家也会体谅说本来乡镇就没有基础，能够做到这个程度已属不易，因此在后面的晋升中也不会落人口实。

晋升锦标赛体制总体有效

从调查来看，晋升锦标赛体制有其缺点，使基层主要领导唯上不唯下，按照上面考核的指挥棒走，对基层社会的需求敏感度和回应性不足。但是总体而言，它发挥积极正面的作用大于负面影响，总体上是有效的。晋升锦标赛体制激活了基层体制，调动了主要官员的积极性，发挥了他们的才能和智慧，利用了他们的资源，推动了县域经济社会的发展。

县级监督下沉和制度化

政治巡察与业务督查

在我调查的南方某县，巡察工作领导小组（简称巡察组）是一个独立的单位，有独立的行政、财政、党组等，但是其一把手是县纪委书记，与县纪委合署办公。巡察组和纪委的工作对象、工作性质相近，在同一地点合署办公，有利于在县纪委书记的统一指挥下，视工作需要灵活调动两个机构的人员和资源。

该县巡察组是一个小单位，一共只有十几个编制，主要机构包括巡察领导小组、巡察办和巡察小组。县纪委书记兼任领导小组组长，组织部长兼任副组长。巡察办是县巡察领导小组办公室的简称，设主任、副主任各一名，下面有一到两名工作人员。巡察办负责巡察组的日常行政、协调工作。巡察组设有四个巡察小组，每个巡察小组设组长、副组长各一名，外加一到两名巡察员。主要巡察力量由从各单位抽调的相关人员充实，条件是年轻、专业化、能干活，有巡察经验者优先，巡察时各巡察小组工作人员一般会达到十三四人。巡察办公室主任、巡察小组组长是正科级干部，副主任、副组长则为副科级干部，一般工作人员为普通科员。

县级巡察工作属于政治巡察，非业务督查。从巡察对象来讲，县级巡察的不是各乡镇、部门和单位的行政机构，而是这些机构的党组织和党员领导干部。在巡察内容上，巡察是要从政治上看问题，聚焦党的领导、党的建设、全面从严治党、党风廉政建设和反腐败、选人用人等问题。比如，党组织的领导核心作用发挥得够不够、领导班子凝聚力强不强、四个意识有没有、在管党治党上严不严。巡察报告、谈话情况报告、问题线索报告等，都集中反映被巡察单位党组织在坚持党的领导、加强党的建设、贯彻执行党的路线方针政策方面的情况。

业务督查是指县委县政府督查办或相关部门，针对县委县政府的相关工作或部门业务工作，对相关单位工作完成情况进行督促检查，以促进任务落实，推动目标实现。督查的对象是党政机关，督查的内容是检查党政机关承担的业务工作落实情况，督查的目标是督促监督党政机关按照专业化、技术化、目标化、规范化的标准完成业务工作。

政治巡察与业务督查有较大的区别，但二者也有联系。一方面，政治巡察可以通过对业务的督查来找到政治问题的线索，在业务问题上透视政治问题。各机构党组织的政治意识强不强、政治站位高不高，可以体现在对具体业务工作的落实情况上。越是中心工作或重要、敏感的工作，就越能体现政治意识，比如重大项目、财经工作、扶贫工作等。在巡察准备工作阶段，巡察组一般会以封闭函询方式向纪检监察、组织人事、法院、检察、信访、公安、审计等专业部门，提出应由其提供的被巡察对象“六大纪律”“四个着力”“两个责任”方面的有关情况、反映和举报信息清单，以从中找到问题线索。比如被巡察单位的审计报告、督查室对被巡察单位的督查报告等。在有的县市，政治巡察会与审计巡察一起同时巡察某单位，独立开展工作但相互沟通情报和利用对方资源。而在有的县市，巡察组会从审计、财政等专业性较强的单位专门抽调相关专业人员参与巡察，以从相关业务中发现问题线索。

在巡察中，如果发现中央或县委书记多次强调的工作，乡镇或县级部门没有做，或者做得不到位，那说明“四个意识”不强。业务督查要督查的是这些工作在规定时间内的进度问题、质量问题，有没有完成进度，或者有没有按照要求予以完成，在技术上、专业上有什么问题，属于对工作的量化评价。通过业务督查督工作进度、督对标程度，如果有问题，就会约谈相关责任人或下达整改通知。如果没有按要求整改，或整改后工作依然如故，甚或没有整改动静，那么这些工作上的问题就会转变为巡察的内容，表明该单位问题的性质不再是业务工作本身的问题，而是政治上出了问题，是政治站位和政治意识问题，这是将对工作的评价提到定性的高度。

另一方面，巡察工作强化了被巡察单位的政治意识，有利于强化被巡察单位推动相关业务工作的力度，使业务工作按时保质保量完成。

在南方某县，每年会组织三次巡察工作，包括两次常规巡察和一次专项巡察。常规巡察是对某个单位在政治上的全面体检，涉及的问题和领域较多较全面。全面巡察既包括基本的规定动作，比如学习态度、党的政治建设、党的组织建设、党的作风建设、党的纪律建设、全面从严治党等，也包括巡察小组根据被巡察单位的实际所定的自选动作。自选动作既可以作为某个小方面纳入某个规定动作里面，也可以自成一个大的方面。在常规巡察中，县委书记重点关注的问题和单位，巡察小组会倾注更多的力量和精力。

专项巡察是对某项工作或某个领域的专项体检，主要围绕中央、上级和县委的中心工作或主要领导重视的重点领域、社会关注的重大事项及突发问题开展巡察。因为越是中心工作、重点领域的工作，就越能体现被巡察单位的政治意识和政治问题，同时也越需要给予督导督促落实完成。在县一级，专项巡察更能体现县委及县委书记的政治意志，由县委统一布置，巡察领导小组和巡察办不自主设立项目。

县级巡察小组的工作

在巡察准备阶段，由县巡察办筹备召开巡察工作动员培训会，传达上级关于巡视巡察工作精神，部署任务，提出要求。组织有关业务培训，熟悉巡察工作流程和规范性文件，掌握政策，准确把握巡察内容、工作重点和方式方法。各巡察小组对组内人员进行再动员再培训。巡察小组除了通过向相关单位函询相关信息外，还可直接同县纪委相关领导和纪检监察负责人、县委组织部相关领导和干部监督室副主任同志会商，深入了解被巡察单位领导班子及其成员有关情况，也可以通过媒体、网络等渠道广泛收集被巡察单位的舆情信息。巡察小组会提前向巡察单位调取领导干部名册、领导干部述职述廉等材料。一般会通过县巡察办协调，调阅有关县管干部任免审批表。

县巡察办会提前 5 日向被巡察单位下发巡察通知书，以让被巡察单位做好相关准备工作。在特殊情况下，经巡察领导小组批准，也可以临时通知或不予通知。

巡察小组开展工作的方式有召开巡察动员会、听取汇报、列席相关会议、召开座谈会、接受信访举报、组织个别谈话、了解重点问题等。巡察组会根据巡察内容将工作人员分成不同的小组，每个小组两名成员，他们负责某一特定方面的巡察，搜集相关信息，最终形成巡察分报告。其中组织个别谈话是最重要的问题线索渠道，包括班子成员个别谈话和其他了解情况干部个别谈话。个别谈话一般有两名巡察工作人员参加，只有涉及重要问题需单独约谈的，才可以在经巡察组组长批准后“一对一”谈话。每个专门小组都可以找特定的人个别谈话。

班子成员个别谈话具有很强的针对性。与党政主要负责人谈话重点了解的是，领导班子及其成员执行政治纪律、政治规矩、落实“两个责任”、落实中央八项规定、廉洁自律、干部选拔任用等方面存在的突出问题，以及举报、反映较多的人。与班子副职谈话重点是要了解主要负责人的情况、党委（党组）和纪委（纪检组）落实“两个责任”的情况、群众议论较多的领导干部情况、班子成员自身情况、分管范围内举报或反映较多的人和事等。个别谈话只谈问题，不谈成绩，既有“自画像”，也要有“他画像”。

跟班子成员个别谈话，每个人在说主要领导和其他成员的问题时，一般会说得较为隐晦，甚至可能轻描淡写，但是如果多个班子成员都指出某个（些）领导同样的问题，那么巡察组就可以判断背后是共性问题，就会给予关注。比如多人都谈及党委书记有些霸道和独断专行，这些在外人看来是性格问题和行事风格问题，但巡察组从中看到的是背后的领导决策问题，即在“三重一大”问题上，一把手有专行的可能。这个时候巡察组就要重点调查该单位工程招标、干部任免的情况，如果一把手有问题，就会在这些涉及重大利益的问题上表现出来。比如某单位，十个工程有八个施工方是某领导叫过来的，那么这里面就肯定存在违反工程招标程序、利益输送等问题，顺着线索就要找相关重要岗位的干部、施工方、财务等谈话。

“其他了解情况干部”既有重要岗位干部，也有普通干部。重要岗位干部个别谈话，是在有了对相关问题的判断或线索之后，有针对性地搜集相关信息。跟普通干部的个别谈话则是为了寻找问题线索。

从调查来看，被个别谈话的普通干部主要有三类。

一是年纪大的干部。这类干部一般接近退休年龄，如五十多岁的“老乡镇”。他们一辈子在单位待着，了解单位各方面情况，信息渠道很多，对单位权力结构、利益分配结构掌握较深。由于他们没有政治前途的考虑，在工作上不太积极，因此不会去巴结领导，也不是领导笼络的对象。他们在单位工作时间长，对单位有感情，也希望单位能搞好，有一定的责任心和主体性。因此，当他们有渠道反映单位问题时，不会畏首畏尾，会较积极主动地反映真实问题。

二是长期得不到提拔的干部。这些人有抱负，自认为有能力，在一些岗位上做出了成绩，理应获得很好的发展，但长期得不到提拔重用，有种“千里马常有，而伯乐不常有”的感觉，有一肚子的怨气。比如在多个中层岗位干过，但没有被提拔重用的人。这些人刚好可以在巡察组面前发泄对现任领导的不满，抖搂单位各方面的问题。

三是被边缘化的干部。这些人是现任领导的对立面，他们可能是前任领导重用的人，现任领导上台后被“靠边站”，退出了单位权力中心，有较大失落感和失败感。他们中有些人可能因为新任领导上台而失去了晋升机会，耽搁了政治前途。他们之前在重要岗位上待过，有渠道了解新任领导的问题，也熟悉领导办事的隐秘套路。因此，这些人不仅会在平常的工作中给新任领导制造麻烦，在单位里制造矛盾，巡察组进驻之后，他们还会积极主动地找巡察组反映问题。

在有些单位，党委书记与行政首长有矛盾，平时闹得再厉害，尚能维持表面平衡，但巡察组来了之后，双方都怕对方占了先机，纷纷指使人去告对方的状。单位内部矛盾越大，巡察组搜集信息就越容易。巡察组的进驻打破了单位原来相对平衡的权力格局，使各方都没有安全感，皆蠢蠢欲动，认为唯有借势巡察组、告对方的状才能占先机。那些领导层铁板一块的单位，巡察组就较难从内部攻破寻找问题线索。

县级巡察领导小组的工作

县委巡察领导小组由县委书记、纪委书记、组织部长、组织部常务副部长、纪委副书记和巡察办主任组成，纪委书记兼任领导小组组长。县委巡察领导小组是县级巡察的最高领导机构，由巡察办负责巡察领导小组的日常工作。巡察结束后，巡察小组要向领导小组汇报巡察工作。

每次巡察一般是两个月，巡察结束后，巡察小组首先撰写分报告，比如意识形态报告、党建报告、履职报告、财务报告、审计报告等，然后在分报告基础上整合一个综合报告。分报告可以将问题写得详尽，包括问题表现、原因、故事等。综合报告则要高度凝练。每个巡察小组由组长、副组长向巡察领导小组汇报工作，递交综合报告。领导小组对每个小组的综合报告进行审查，对报告中提到的问题予以审阅，对要整改的地方进行评阅。然后巡察小组再按照领导小组的意见和精神对综合报告进行修改，修改完成后由巡察办将各个小组修改后的综合报告整合成一个总报告，并向最高“五人小组”汇报。

县委最高“五人小组”就是过去的书记办公会，现在的成员包括县委书记、县长、副书记、纪委书记、组织部长。“五人小组”对总报告进行审阅后，巡察办再向被巡察单位反馈问题，并提出整改意见和建议。被巡察单位根据意见和建议逐一对问题进行整改。被巡察单位一般有三个月的整改时间，整改完成后要向巡察领导小组汇报整改情况，并公布整改进展情况。之后，巡察小组会抽查被巡察单位的整改情况。抽查不会像巡察那样全面，而是主要针对重点整改的问题。也可能会有“回头看”，这也不会是全面体检，也是针对相关重点问题进行深入巡察。

县委书记在巡察中扮演至关重要的角色。可以说，巡察主要是执行县委书记的意志，巡察小组直接对县委书记负责。县委书记要通过巡察解决某些问题或某个单位的问题，他就会在巡察动员大会作动员时强调一些问题，一般会比较原则性、倾向性地点到为止，不会细讲，更不会漫无边际地谈。对于县委书记来讲，巡察是自己执政的“利剑”，他要用好这把剑，解决某些重要问题或某些单位的问题。这些问题可能是他之前听到的，或者在施政中遇到的，他要通过解决这些问题来达到畅通政令或以点带面、以儆效尤的目的。县委书记可以用很多政策工具来解决这些问题，比如纪委、督查室等，但是问题可能还没有到动用纪委的程度，而督查室又主要是针对具体问题的，因此，政治巡察就是一个比较好的选择。

巡察小组的最大压力不在于要在巡察中发现问题，而是如何领会县委书记的意思，然后在巡察中发现这些问题，找到症结，提出解决办法。如果巡察到某个单位，县委书记之前提到了某些问题，但是巡察没有查到这些问题，县委书记肯定不满意。或者查到的问题跟县委书记了解的层次差不多，县委书记也会不高兴。如果巡察正好点中了县委书记的关注点，给他打开了问题的盲区，县委书记大悦，巡察小组就会被“点赞”。

这是县委书记出题，巡察组答题。县委书记还要对巡察组提交的报告作出判断和指示，包括决定有些问题是否移交纪监委或司法机关。

县级巡察工作的功能

从调查来看，县级巡察主要有以下三大功能。

一是净化政治生态。县级巡察的目的是发现下面单位的问题，向县委负责，使问题能够及时得到整改。巡察的预设是有问题，若没有发现问题，是巡察失职。巡察一旦下去就不能无功而返，一轮巡察之后必然会揪出一些单位或某些领域的大问题，并处分一些干部，以此达到震慑效果。中央省市巡视更不会漫无目的，而是带着问题线索下去，巡视之后会有一批官员移交纪检、司法机关。县级巡察不一定在每个单位都发现违纪违法的线索，但是对单位列出问题清单，对某些个人进行约谈，要求限期整改，对于严肃政治规矩、树立政治意识、强化政治责任等有较大促进作用，有利于将问题解决在萌芽状态，让一些人及时收敛收手，净化单位政治生态，形成风清气正的政治氛围。

巡察小组进驻单位，打破了既定权力结构的平衡，给了过去一些不能说话的人说话的机会，能够暴露单位及相关个人的一些问题，使单位及其主要领导、主要岗位的权力能够在监督之下运行。巡察常态化、制度化，每届党委任期内完成一次巡察，有利于在单位形成新的权力格局。在过去，单位权力的天平在掌权者一边，其他人对掌权者难以监督。巡察常态化之后，等于在单位内部树立了一个理直气壮的“反对派”，其他人有了监督工具，单位权力的天平就会变得相对平衡。

二是保护基层干部。对于领导干部而言，纪委是出了问题之后的救济工作。而巡察则是将问题前置，在问题尚未出现或还在萌芽状态时，就给予提醒或整改，使问题不发生或小问题不长大。只有真正的违纪违法问题发生时才会把线索移交给纪委。巡察的前置就是打预防针，让基层干部不走上违法乱纪的道路，从而起到保护干部的作用。

巡察小组的领导干部也是从基层各单位走出来的，他们在巡察中也会从保护干部的角度思考和处理问题。巡察小组的组长有决定是否将问题呈报给领导小组的权力。有没有问题、问题的轻重程度，由他们把握。有问题写不写进报告中，也由他们决定。当然，如果被巡察单位有违纪违法问题，巡察小组是不会隐瞒的。即便是再铁的私人关系，他们也要如实上报。因为如果巡察到了这些问题，巡察小组没有揭露出来，而后面这些问题从其他途径暴露出来，追责时就会倒查到巡察小组身上。站在保护自己的角度，巡察小组也会将违纪违法问题如实上交。但是其他问题，巡察小组会自己把握要不要写或怎么写进报告中。

巡察小组干部也是基层干部，他们知道基层干部都不容易，知道哪些干部是干事的干部，哪些问题是主观或客观问题。他们心中有判断之后，就不会什么问题都牵涉到政治上去。比如公车私用的问题，某局新任局长是省里下来的干部，不了解基层情况，以为禁止公车私用在基层不严格，下班后就自己开回去，上班再开回来，被单位的边缘化干部举报。巡察小组知道该局长是干实事的能人，初来乍到也不熟悉情况，便只对该问题进行了约谈而不给予处理。再如，扶贫资金要限期使用完，乡镇就将这笔资金给贫困户购买了物资，但是没有跟商户谈价格，导致本来五块钱的东西八块钱买回来了。但是由于这不是主观错误，只是因为事情紧急未能把工作做细，巡察小组体谅基层干部的苦衷而没有将此事写进报告中。巡察小组对于不上报的问题，会对相关单位或责任人进行约谈。这样既保护了干部，又矫正了问题。

三是推动中心工作。各级党委政府对中心工作是否给予足够重视，是“四个意识”强不强的重要体现。乡镇或部门主要领导“四个意识”强，他们的注意力和单位其他资源就会更多地投入中心工作中，提高完成中心工作的责任感和主动性。反之若“四个意识”弱，就会对中心工作不上心、不重视，导致中心工作无法按时保质保量完成，拖全县中心工作的后腿。通过提醒、约谈、整改、移交等形式，巡察工作可以起到对主要领导的警醒作用，增进他们的“四个意识”，促使他们加大中心工作的推动力度。

专项巡察是专门针对中心工作的巡察，它通过对各单位推动中心工作情况的巡察，从中诊断出各单位及其主要领导在政治上存在的问题，并对症下药，以解决政治问题来促进中心工作的推动落实。业务督查是一事一议，具体问题具体分析，通过督查发现在落实某一业务工作中存在的问题，找出解决的具体办法，然后在后续工作中贯彻之，从而推动该业务工作更好地落实。而巡察工作则是从特殊业务中找出普遍的规律和根本原因，然后找到一般的解决问题的法则，再运用到普遍的工作中去。它的路径是从个别到一般再到普遍的个别。

县级巡察工作存在的问题

县级巡察工作存在两个主要问题。

一是手段少。巡视条例中规定有 13 种主要的手段和方法，包括受理来信来访、提请有关单位协作等。但是在实践中还是太少，尤其是与纪委办案相比，巡察没有法律赋予的查案手段，包括查银行账户、流水，通过公安查电信、身份信息、行踪、网络浏览等。这就使得巡察对问题的发现不充分，有时还可能因为有些单位不配合而陷入“孤岛作业”。

二是人情面子问题。跟中央省市巡视下面的单位不同，县级巡察是在熟人社会里开展工作。一个县就那么多正副科级干部，大家都很熟悉，在县域内低头不见抬头见，两个人即便不熟悉，七拐八弯地总会拉扯上关系。县级巡察小组就要面对打招呼的人、请客吃饭的人、想认识结交的人。我的一个受访对象从组织部到巡察小组任副组长，虽然请客吃饭的没有在组织部时多，但也不少。许多人都想通过请客吃饭结交他，与他建立关系，即使现在用不着，后面总用得着。在巡察中，某个单位的问题被查了出来，单位领导就会托各种关系来说情，希望不要将问题上报，或者将问题层次降低。作为巡察小组的领导，不可能一辈子待在巡察小组，还会调到其他单位任职。这个时候，为了以后任职方便，就不能不讲人情面子，要留有余地。因此，巡察小组的组长、副组长的压力就很大，他们既要完成县委布置的任务，又身处人情社会之中，要在二者之间找平衡。

南方某县四个巡察小组中，三个小组的组长是外地人，有一个是副团级干部转业回来的。县委书记喜欢转业回来的干部，认为他们作风硬朗。四个副组长中，三个是本地人，一个是外地人。本地人在巡察工作中压力最大，很难施展开手脚，外地干部的顾虑要少，工作压力小很多，工作开展要顺利些。我访谈的一个组长，是本地人，他很多亲朋好友都在本地体制内任职，有些还是单位的领导干部。托请的人很多，该组长的压力就很大，他晚上经常失眠。该县巡察办自 2016 年成立以来的首任主任，是副团级转业干部。此人既有军人作风，不讲情面，又是外地干部，还能说会道，因此在他手上，巡察工作搞得有声有色，在全省县市排名中进入前三。但是他的后任是本地人，受约束较大，很多工作难以开展，因此名次很快从第三跌落到第六。

巡察工作中组长、副组长扮演的是纯粹“坏人”的角色，使得他们必然要得罪本地权力关系网络，在这一点上他们较纪委还甚。纪委办案的前提是已经有了问题线索，甚至掌握了明确的违纪违法证据。案件已经铁板钉钉，谁去办结果都一样，因而被查对象及其关系网不会把此事怪罪到办案人身上。巡察工作是“没事找事”，有没有事也由组长、副组长来定夺。如果查出事情来了，还写进了巡察报告中，那到了“五人小组”和县委书记案头上，必然要得罪一大批人。如果有人打招呼，工作人员还不听、不给面子，就会得罪人，人家必然会记仇。

在熟人社会圈子中巡察，巡察的工作方式、方法、态度也就不可能像中央省市巡视组那样，完全摆出一副“钦差”公事公办的样子。巡察工作要讲程序、讲规矩，但是不能太刚性。我访谈的省委巡视组成员称，巡视中个别谈话时，工作人员带有很强的居高临下的权威，被谈话的人会比较紧张。但是巡察不一样，巡察的氛围相对比较和气，不僵化。如果巡察工作人员说话生硬，带有严肃训斥的口吻，会给谈话人带来不舒服的感觉，认为对方高高在上。我访谈的一个巡察小组组长，转业军人，说话直来直去，办事耿直，在巡察工作中不太注意方式方法，经常被人告状。

县级监督三套体系

县级监督下沉和制度化是当前县级治理变革的重要表现，主要包括县级巡察工作常态化、督查工作体系化和纪委工作前置化。

巡察工作常态化以党委任期为届期，所有单位都要被巡察一遍。督查工作体系化是指不仅县级党委政府有督查室，对党委政府重要工作或主要领导批示的工作进行督促检查，而且各部门也有自己的督查工作小组，督查本部门事务落实情况。纪委工作前置化是指纪委以履行监督检查职能名义参与中心工作的推动，使纪委工作从后置的救济手段被前置为工作推动的力量。在县一级，在推动中心工作的临时机构中，纪委是重要的成员单位，有的时候甚至直接由纪委领衔牵头。

在上述三套监督体系中，巡察工作是政治巡察，要解决的是领导干部的政治思想问题，从根本上转变工作的态度和方式方法。督查工作是业务督查，俗称“督事”，要解决的是领导干部在业务工作中有没有按要求落实的问题，以加强标准化推动工作的力度。纪委工作是纪律监督，要解决的是领导干部在履职过程中违纪违法或履职尽责不到位的问题，以推动规范化履职尽责。三套体系既相互独立，又相互联系。

三套监督体系的建立和完善，确实对基层工作向规范化、法治化方向发展有促进作用，加大了基层工作的推动力度。但是也存在一些问题，比如督查工作体系化之后，各项工作的督查都下乡了，抵达乡镇的督查泛滥，乡村干部为了应付督查要花大量的时间和精力，还容易滋生形式主义。再如纪委工作前置，基层干部顶着压力工作，战战兢兢，被动应付的多，积极主动的少，对标落实的多，创造性工作少。

乡镇纪检工作制度化

乡镇纪检工作何以制度化

党的十八大之前，纪检工作在乡镇基本没有存在感，形同虚设，对基层政治生活、政治生态及治理的影响甚微。上级纪委对乡镇纪委也有考核，但考核的案件量少，我们调研的 W 街道 2012 年考核的案件量是 4 起，还包括约谈、诫勉谈话和党纪轻处分。即便达不到考核的量，上级纪委也不会追究。乡镇为了面子、保护本地干部和不增加工作量，对纪检工作没有真抓实干。纪委在执纪中采取“得饶人处且饶人”的工作态度，尽量不处理人，即便是纪律和贪腐问题，能在乡镇解决就不交到上面去。纪委书记在党政班子讨论重大决策中，也能过就尽量过，不给书记添麻烦，签字时多是睁只眼闭只眼。纪委执纪不严，群众告状起不到效果，就不告状，群众举报也就少。

党的十八大以后，乡镇纪检工作发生了很大变化，到 2014 年工作已常态化。2014 年，W 街道接受党纪处分（警告和严重警告）

的有 20 多个人，不包括约谈和诫勉谈话，到 2016 年光约谈和诫勉谈话就有 60 多个人。随着纪检工作常态化，办的案子越来越多，远远超出了上级想象，上级就不再下考核指标了。

乡镇纪检工作的制度化，主要有以下几个方面。

一是纪委书记从机关空降的越来越多。与之前纪委书记从班子成员中选拔不同，这一轮纪委书记多是从县级党的工作部门选派的年轻干部。W 街道纪工委程书记是从县委组织部下派的。下派的纪检干部与乡村没有利益关系，而且纪律性强、作风过硬，做事讲程序、规则，法律意识强，在行政工作中有创新意识。

二是纪检工作由虚转实。之前乡镇纪检人员的工作重点是乡镇中心工作，到 2014 年之后，乡镇纪检工作量大幅增加，上级考核量增加了，考核也变成了硬考核，同时上级要求的台账也增加了。乡镇纪检人员有限，还要雇临聘人员以及调动其他部门的人员。于是，乡镇纪检一般也不再承担中心工作。

三是乡镇纪委从后台转前台，由被动转主动。2012 年之前乡镇纪检工作原则是不告不究，只有在群众举报或者上级转办信访案件时才会去调查取证，而不会主动出击。到 2014 年，乡镇很重要的一项工作是抓乡镇站办村的作风建设和制度建设，主动将乡村两级的问题呈现出来并予以解决。

四是主动介入乡镇工作和乡村治理。

五是主动介入一些容易发生违纪违法的重点领域，如农村三资管理、资源下乡等。

六是乡镇纪检队伍的建立和健全，在村一级设立纪检委员，逐步独立于村两委，由乡镇负责发放工资和工作经费。

七是加大巡察力度，县级巡察制度化、常规化，乡镇相关工作也经常化，走在上级前面。

乡镇纪检工作之所以能够常态化，最重要的原因是在党和国家的政治生活中，纪检工作的力度和作用凸显，上面真抓实干，下面也就动真格。除此之外，乡镇纪检工作常态化还有以下几个推动力。

一是乡镇主要领导主体责任的实施与一岗双责的启动。从主体责任来讲，只要乡镇出现重大的政治问题、社会稳定问题、腐败案件等，乡镇党委书记就要承担主体责任。从一岗双责来讲，乡镇党委书记既要担负岗位的业务工作，也要承担岗位的党风廉政建设责任。其他班子成员、站办负责人、村支书等都要承担一岗双责，这样一来就使得乡镇从主要领导到站办村主要负责人，都对自己及下面工作人员有作风廉政监督的责任。一个人在一件事情上出了问题，相关责任人都要处理。譬如粮食直补或宅基地审批，需要村级申报、部门审批与领导签字几个环节，如果村级把关不严，上报后审批了，查下来包括直接领导、分管副职、职能部门负责人及村支书、委员都要受处分。那么，他们在工作中就会支持和配合乡镇纪检工作，还会主动请求纪委支持他们的工作，从而有利于乡镇纪检工作的展开和走向前台。

二是岗位责任终身负责制实行。对于纪委书记来讲，只要是其任职期间的案件，无论是当时发现查处还是其离职后查处的，纪委书记都负有监督责任。为了不给自己后面的政治生涯埋下隐患，纪委书记在任职期间就得严肃执纪和严格监督，就会采取积极措施主动出击，推动执纪监督走向日常化和制度化。

三是在执纪监督过程中，只要执纪监督的程序到位，无论是同级还是站办村出了问题，纪委书记都不再承担责任。为了保护自己，纪委书记就要严格地按照程序来办事，凡是需要纪委书记签字的，包括一定数量级的财务、三重一大事项等，纪委书记都会严格把关。如果发现有问题就不签字，要求整改好后再签字。在班子成员会议讨论重大事项、人事问题时，纪委书记都要跟党委书记把纪委的意见说明白，并形成会议记录。有的纪委书记在会后还会专门找会议记录员看其是否把自己的意见写进去了。用乡镇纪委书记的话说就是“我监督了，他没有按规则搞他负责，我没有监督我负责”。在人事任命中，纪委书记要签字，如果纪委书记发现拟任人员有问题，可以不签字。这既有利于乡镇纪委对站办村的监督，也有利于对党委书记的同级监督。

四是上级纪委发现本单位的案子而下级单位没提前发现，在考核中要对下级单位扣分。这个扣分不仅涉及上级纪委对下级的考核，还会牵扯到上级党委政府对下级党委政府的综合考评。为此，乡镇纪委为了不在这些方面扣分，就得加大执纪监督的力度和制度建设，减少被上级查处的可能性。同时，在上级相关机关下来巡察督查前，乡镇纪委会对相关工作提前进行巡察督查，以发现问题提前整改。如此，即便在自己巡察中没有发现问题或尚未整改完成，上级巡察到了，也会予以谅解。这也推动了乡镇纪委将自己的工作向一线前移，主动寻找战机。

乡镇纪委开展工作的方式与策略

乡镇纪委开展工作主要有以下几种方式和策略。

（1）“约谈”的方式。纪委对党员干部的执纪监督有不同的方式，从处理结果的轻重依次是约谈、诫勉谈话、警告、严重警告、撤职、留党察看、开除党籍等。约谈和诫勉谈话不属于处分范畴，警告与严重警告属于党纪轻处分，撤职、留党察看和开除党籍则是重处分。

约谈是指纪检机关通过约谈沟通、学习政策法规、分析讲评等方式，对下级组织和党员干部存在的问题予以纠正和规范的组织行为。约谈又称为“提醒谈话”，是对一些“苗头性倾向性问题”敲响警钟和防微杜渐。约谈的问题不构成违纪，但是产生了不良影响。由于具体指针不明确，只要与党委政府的政策、措施、方式、方法、时限等有差异，就可以列入“约谈”问题行列，这给约谈带来了较大空间与灵活性。约谈的问题属于轻微违纪，约谈是红红脸、出出汗，原则上没有“影响期”。但在评先评优、提拔重用等时，如果有领导故意“搞事情”，把“约谈”这个事情说出来，“影响”就有了。正是因为约谈应用范围广泛，但是又不属于党纪处分，受处理的人告状无门，上面下来核查又不像党纪处分那样有轻重之别因而可能要承担“处理不当”的责任，然而在政治生活中又有实际影响。那么，无论是在纪委执纪监督过程中，还是在推动乡镇工作过程中，都可以灵活运用约谈工具。

（2）乡镇督导办在督导过程中发现问题线索，移交给乡镇纪委。这是一种较为常见的工作方式。乡镇督导办一般设在党政办，它一般是对乡镇一些重点任务、中心工作以及党委书记交办的事情进行督导，督促和指导下级组织和党员干部按规定完成。督导办的权威来自党委政府及党委书记，属于象征性权威，但它没有强制执行与处罚的权力。因此，发现了问题它不能处理，下级党员干部若拒不执行它也没有办法。那么，督导办就会将问题线索交给纪委，纪委再调查取证处理。

（3）给职能部门撑腰，做职能部门的靠山。职能部门在推进工作过程中，在村里和群众中可能遭遇阻碍，职能部门领导、分管领导下去做工作可能难以行得通。但是，又不能事事都找乡镇主要领导，这个时候分管领导就可以协调纪委“去查一下”。这些事情如新农合新农保费用收取进度、违章建筑执法等，如城管对农村违章建筑执法，国土部门人员和经费少，无法对违章进行过程监督，最后拆除违建的工作就落到了城管头上。农民不怕国土和城管，但是怕村干部。村干部则因认识不到位或者碍于情面，对农民违建睁只眼闭只眼。城管去执法村干部又不配合，因此工作无法展开。分管领导找到纪委书记，通过纪委执纪监督的权力督促村干部介入相关工作。如果村干部依然不配合工作，或者工作力度不大，就可以动用党纪处分的工具。

（4）接受举报和转办案件。纪委工作常态化之后，群众发现举报干部起作用，便敢于举报、勤于举报了。群众举报案件占纪委工作很大一部分。举报对于纪委工作是把双刃剑，好处是有问题线索，坏处是举报案件调查难、取证难，举报人信口开河一句话，纪委要调查一个星期。纪委作出处理之后，举报人不满意，要缠访、向上反映，耗费纪检人员大量的资源。上级转办的案件一般也是信访案件，是纪委工作的大头。

（5）成立专门问题巡察督查小组。这是纪委主动出击的一大举措。纪委有自己的年度重点工作和阶段性工作安排，其中成立专门问题督查小组是年度重点工作，纪委不仅希望通过年度重点工作来增加案子的数量，而且还能够出亮点出经验。比如2016年W街道纪工委的重点工作是规范涉农资金的使用，包括三资管理、低保、大病救助、助学金、扶贫等。通过成立专门问题督查小组对各相关部门、站办村进行督查，发现问题，督促整改和给予党纪处分。在市县巡察乡镇之前，乡镇纪委在党委领导下事先成立巡察小组，对相关领域进行巡察。

（6）推动和参与制度建设。制度建设是纪检工作常规化、常态化的治本之策。在乡镇一级，在一些容易出现经济问题的领域建立相关制度，是职能部门工作规范化的要求，也是纪检工作的重点。比如“村财镇管”是规范村三资管理的重要举措，但是在实践中仍然有较大漏洞，使得镇管并没有起到应有效果，只是多了几道程序而已。那么针对该问题，乡镇纪委就督促和会同镇经管办制定相关规章和保障程序，比如实时报销、款项从银行直达客户账号、严格招投标等。这些工作让村里的资金使用更加规范，但也加大了村会计的工作量，使村里用钱不那么方便，村干部对乡镇经管站多有抱怨。有纪委给经管站站台，村干部也没辙。虽然没有纪委参与，经管站也可以自己制定相关制度，但是遭遇的阻力会比较大，降低了推进速度，实施效果也没那么好。纪委出面加大了推进力度，显示出制度建设的重要性，也缓解了职能部门与治理对象之间的矛盾，把责任往自己身上揽，减轻了职能部门的压力。

（7）开会宣传警示。开会强调政治和行政纪律是纪委重要的工作方式，既可以在全乡镇的大会上宣讲纪律问题，也可以在部门专门会议上宣讲。分管领导和部门领导也可以在部门会议上讲纪律问题，但是效果没有纪委书记去讲好。纪委书记的身份使他可以大胆地讲，对某些行为可以上纲上线，讲得严重些、狠些。但是分管领导和部门领导讲不到这个层次，他们只是强调和提醒，而纪委书记是警示。除开会以外，纪委还可以通过张贴宣传栏、出相关纸质报告，对本单位及其他地方出现的一些违纪违法问题进行公告和分析，以起到宣传警示作用。

（8）抓早、抓源头，防患于未然。运用监督执纪的“四种形态”，从源头上抓早、抓小、抓经常。在 2012 年之前，基层纪委监督执纪不严，许多违纪问题成为常态，广大基层党员干部在不知不觉中违纪犯错误。如果都上纲上线上手段，真正查到底给予处分的话，那么很多党员干部都要受到党纪重处分。为此，纪委以教育转化为主，拯救大部分党员干部。提早发现问题，对问题人进行约谈，对能承认错误并及时整改的就不给予党纪处分。

（9）抓大、抓要害，起震慑作用。在监督执纪中，如果有一大部分人都被处以党纪处分，说明违纪是常态、被处分是常态，就起不到震慑效果。相反如果是少部分人被处罚，在政治及待遇上受到影响，就可以起到很好的宣传警示作用。所以，纪检工作也要抓典型、抓要害和抓重点领域。要真抓、真管、真处理，不能雷声大雨点小，否则就成了假老虎，使纪检工作没有权威性。要在重点领域真正处分几个干部，要证据确凿，以杀鸡儆猴。比如在涉农资金领域抓典型，在村支书群体中抓典型。处分一个村支书，就可以震慑全镇村支书。涉农资金领域处分一拨人，就会带动其他领域的自觉。

（10）初期“分指标”很重要。在纪委工作常态化的初期，下面纪委还按照以往的做法不愿得罪人、不习惯主动出击，就很难推动纪委工作。此时上级纪委对乡镇纪委下指标，为了完成指标任务，乡镇纪委就会行动起来，发挥主观能动性去发现问题，包括加大巡察力度。那么，在查的过程中，就会使“查”本身常态化。另外，当纪委真查之后，群众也会受到鼓舞，群众举报案件也会增多；党委政府也在纪委监督执纪中感受到纪委的好处，也会支持纪检工作，从而加大纪检工作力度，推动纪检工作常态化。常态化之后指标就不再必要了。

（11）搞突然袭击。“在岗”是重要的工作纪律。“查岗”是纪委监督执纪的重要内容，在乡村两级主要包括工作期间是否在岗、离岗是否请假、午餐是否饮酒、公车是否私用等。这些工作纪律看似小但如果没有做好，给群众的印象就很坏。因此，纪委把查岗作为某段时期的重点工作，平时也会突然查岗。搞突然袭击的好处是下面没法做准备、没法遮掩，不知道什么时候就被袭击了。不定期搞突然袭击并对处分结果给予公布，会起到意想不到的效果。

（12）大数据比对。大数据是相当重要的监督执纪工具，通过大数据比对，纪委可以掌握接受国家资源输入农户的基本清单，并根据清单进行核实、清理和整改，使国家资金的投放率更加精准，实现国家资源与农民需求的对接。

乡镇纪检工作对乡村治理的影响

乡镇纪委加强对乡镇干部及其工作的监督执纪，将其工作推到乡村治理的一线，必然对乡村治理造成影响。乡镇纪检工作的常态化推动了乡村治理能力与治理体系现代化。

1. 提高了乡村两级治理能力

治理能力的提高包括治理资源、治理工具的增加。乡镇纪检工作的常态化增加了乡镇在乡村治理中的工具。乡镇纪委的监督执纪在乡村治理中主要表现为治庸、治懒、治不作为，推动乡村治理工作，主要表现在两个方面。

一是对乡镇重点工作、中心工作和党委书记交办任务的推动。乡镇工作中有年度中心工作和阶段中心工作，以及一些突发性工作和党委书记在某个时候认为要着重处理的工作，这些工作既有质量标准，也有时间限制。为了达到工作目标，乡镇纪委就可能被派到工作一线督导检查；或者根据督导办的案件线索，对工作不力不积极、态度不端正、工作落后的相关人员或相关单位负责人进行约谈或党纪处分，以督促其按照规定完成任务。

二是乡镇纪委介入职能部门工作，提高了职能部门的工作落地能力和水平。职能部门面对的是一个程式化、规则化和法治化不高的乡村社会，它们要将职能任务落地需要村组干部的配合。但村组干部又不是行政体系的正式工作人员，他们对职能部门的工作可能推三阻四、敷衍塞责，或利用信息不对称的盲点在职能部门业务落地的过程中“寻租”和谋取私利。党的十八大以后纪检工作力度加强，职能部门在推动工作过程中依赖纪委监督执纪的治理工具。监察委与纪委合署办公之后，纪委（监察委）不仅可以对村支书、党员进行纪律监督，还能通过监察委对非党员村干部进行审查。

2. 健全了乡村两级治理体系

在决策方面，乡镇纪检常态化要求乡镇决策按照既定程序走，除了要有完整的发言记录和投票比例之外，重大决策还要纪委书记把关签字。纪委书记若认为程序不到位或者其他方面有问题，会阻止决策通过。在人事任免当中，纪委书记作为倒数第二关的把关者至关重要。纪委书记若认为党委书记在其中有问题，也可以通过谈话的方式提醒党委书记，或者通过不签字的方式否定决策。纪委在决策方面的工作不断完善，促进了决策科学化和民主化，有利于防止一个人说了算和党委书记腐败。

在办事流程方面，纪委工作的加强表现在流程中加进了纪委书记的签字，强化了纪委对相关工作的监督执纪。在一些涉及大额资金、资源、经费等的工作中，纪委书记的监督责任和连带责任被强化，纪委书记就会严把程序关，在一些涉及面广、金额巨大的项目中，纪委书记还需要做相关调查核实后才能签字。同时，由于纪委监督的加强，各道把关口的责任被强化和实化，一旦出了问题首先要追责的是这些把关的领导和工作人员，因此会强化他们的责任心。这样，强化程序背后的责任，使办事程序不走过场。

在制度创新方面，职能部门的业务工作大多涉及国家资源输入、乡村稀缺资源分配及村集体三资管理等，也就是涉及不同农民群体的利益。如果在制度创建上不合理、不严格，就可能带来制度“漏洞”，使人有空子可钻，造成利益分配不合理、集体资源流失及由此带来的腐败问题、不公平现象；或者制度设置不合理，让办事群众多跑冤枉路，浪费时间和精力。相关职能部门在纪委的推动和配合下进行制度创新，规范相关工作，堵住资源分配和使用过程中的腐败问题，以及使办相关事情更便捷。另外，以前的制度容易造成违纪违规，监督执纪一严起来就使得职能部门工作人员被追责，他们为了不被追责也会主动进行制度创新，从而推动乡镇工作的制度化和规范化。

3. 优化了乡村两级治理基础

由于农村是熟人社会，相互之间讲究人情与面子，社会关系的运行基于特殊主义逻辑。在乡村治理事务中，村民对村干部的期待是基于血缘地缘关系的特殊主义逻辑，而不是基于法律和普遍化的社会规范。因此，在涉及乡村资源和利益分配的过程中，村干部就可能优亲厚友，导致治理规范被搁置及没有得到好处的农民的不公平感和消极情绪。但是如果村干部公事公办，村民就会埋怨村干部不讲人情、不尽如人意，或怀疑村干部未给自己好处不是因为自己不符合条件，而是对自己有意见，把事情怪罪到村干部个人头上。

在村干部与乡镇干部打交道的过程中也容易出现类似的情况，乡镇干部对村干部要求严一点，按照规矩办事，村干部就认为是乡镇干部个人的问题，从而把公事变为与乡镇干部的个人恩怨，使乡镇干部不好做人，在农村的工作得不到村干部的配合。

这样，村干部为了讲人情面子，就不得不罔顾规则对农民“网开一面”，给不符合条件的人办低保、精准扶贫、宅基地等，而乡镇干部也会为了情面和方便开展工作，对村干部优亲厚友、虚报冒领、贪污腐败、挪用公款等行为视而不见，从而使得整个乡村治理在一种特殊主义逻辑中运行，破坏国家普遍规则，治理的公共性难以凸显。

乡镇纪委监督执纪的严格化，使牵涉其中的相关人等都受到惩罚，包括给村民开后门的村组干部、给村干部开后门的乡镇干部。这样就会给村民和村干部这么两个印象，一是农民看到村干部因为自己的事情受处分而过意不去，村组干部看到乡镇干部因自己的事情受处分而过意不去。村民想“我们得钱（好处），干部受处罚”，心里有愧疚感，下次就不会再这样要求村干部和乡镇干部了。二是村民和村干部都明白，不是村干部不给村民好处，也不是乡镇干部要为难村干部。村民理解了村干部，村干部理解了乡镇干部，从而真正理顺了党群干群关系，形成乡村治理的普遍主义逻辑。

4. 强化了乡村两级的治理结构

在过去，乡村治理的法制和规则意识不强，在治理工具选择上采取实用主义和策略主义原则，往往会选择那种最实用、最方便、成本最低的治理工具。实用主义的工具选择虽然也能够完成治理任务，实现乡村社会的稳定、治理和发展，但同时也会带来一些问题，包括回避治理工具的政治性，在治理过程中违背原则、丧失底线、违反法律等。乡镇纪检工作的常态化以及纪委对乡村治理各方面的介入和渗透，推动了乡村治理制度化、程序化和法治化进程，强化了乡村治理主体的规则意识。

治理结构的另一个变化是治理的专业化。过去乡村治理多是运动式、综合性治理，专业化治理被综合性治理所遮蔽。职能部门借助乡镇纪委的力量来推动工作，使得专业化治理能力大为提升。

乡镇纪委运行中的问题与困惑

乡镇纪委在运行中遭遇了以下主要问题和困惑。

（1）台账太多，耗费稀缺人力资源。上级纪委要求乡镇纪委做的事情多且要求高，主要是上级纪委科室林立，每个科室都有自己规范化的业务，但任务下达到乡镇之后没有对应的科室，所有事情都需要纪委几个人协调做好。上级一个台账附上二三十个清单，乡镇要逐一附上，有的一个台账要做两份，台账工作耗费乡镇纪委大量的人力资源。W 街道纪委正式人员就纪委书记与监察室主任两人，外加一个临聘人员。纪委办案必须有两个及以上人员，而临聘人员业务不熟悉，政治素质也不一定高，纪委只好把非正式的纪检委员动员起来，或者把纪委书记分管的其他领域的工作人员临时调动过来充实办案力量。

（2）双重领导，在夹缝中开展工作。在组织架构上，乡镇纪委既要接受上级的业务指导，又要接受同级党委的直接领导，在工作中就可能有张力。一是纪委书记要承担业务之外的乡镇中心工作，包括驻点、驻村和联系企业，这要耗费纪委书记不少时间和精力。二是在同级监督上有困难。纪委书记监督党委书记，必定要否决党委书记的一些决定，或者使某些决策的出台不顺畅，给党委书记添堵，党委书记自然不高兴，有时会给纪委书记“穿小鞋”。纪委书记办案多了，给人的印象是乡镇没有管理好，乡镇党风政风不好，党委书记脸面上过不去。三是对于乡镇上一些案件的处理，党委希望由本乡镇来主导、掌握主动权，以控制影响、把握处分等级和处分范围。而由上级党委政府主导的话，就可能把案件性质和影响放大，变成全县典型案件，对乡镇影响不好。同一个案子，乡镇纪委的处分是警告，县纪委的处分则可能是严重警告。上面发现了问题，要求乡镇纪委把人和案子上交，而乡镇党委书记希望把案子留在乡镇处理，需要纪委书记出面协调，但纪委书记不一定能协调得过来。

（3）政治干部，业务工作相对陌生。乡镇纪委书记多是政治干部，要参与具体办案，就需要重新熟悉业务工作。因此，乡镇纪委书记既要熟悉党内规章制度及处分条例，还要熟悉相关的行政规章制度和法律法规。不同职能部门的业务工作有不同的规章制度和法律法规，纪委书记每针对一个领域或部门开展纪检工作，就得去熟悉相关的制度规范。所以，W 街道的纪委书记说她有“学习焦虑症”，要学习的东西太多了。县纪委有对乡镇纪委书记的业务能力考试。专业知识不足是乡镇纪检干部的短板和通病，无岗前培训，直接接手办理纪委相关业务，办事效率低，职能发挥差。乡镇纪检人员一般没有纪检监察工作证，基层纪检干部靠

“刷脸”完成案件及党内监督工作。

（4）职责错位，工作定位存在偏差。受惯性思维的影响，一些乡镇纪委没有认真厘清职能职责，角色定位把握不准，对“该干什么”“不该干什么”认识模糊，导致乡镇纪委存在履职错位、越位、偏离主业的情况。有些乡镇党政领导担当意识不足，认为纪委办事有权威，任何工作只要纪委参与就能保证公平公正和安全高效，于是每项具体工作纪委干部都要参与，干事过分依赖纪检干部，经常出现“协调变牵头，牵头变主抓，主抓变负责”的情况，纪委承担了许多与本职关联不大的工作，容易造成监督职能虚化。

政治考核与业务考核

考核类型及其谈判空间

周雪光的研究曾指出，环保系统上级对下级的考核不是按照年初制定的目标严格执行，而是存在上下级的谈判空间，他认为这与中国上下级之间的人情、面子有关。西方官僚制的考核则严格遵照规则，人情因素影响较小。

调查发现，中国体制内也存在严格执行标准的考核制度，下级被要求不折不扣地完成上级任务。下级对上级的任务、考核都非常重视，不敢掉以轻心，更不会跟上级讨价还价。

这是两种完全不同的考核制度。从约束性质来看，前一种是软约束，要求相对宽松，有走过场、讲形式的痕迹，谈判空间较大，这是上级部门对下级部门的专项考核，属于行政考核。后一种是硬约束，重内容实质，不讲手段方法，不讨论情有可原之处，这是党委政府对下级单位的综合考核，属于政治考核。

业务考核与上下级部门间的谈判空间

在县域范围内，政府部门大致可以分为两种情况。一种是直属部门，就是直接由县政府设立的部门，其编制、人员、设备、工资等由县里配备，主要领导岗位也由县委讨论和县人大任命。还有一种是垂直部门，一般是涉及经济发展和监督监管等业务的部门，其业务由上级部门统管，人财物也多来自上级部门。根据部门主要领导来源又可分为两种情况：一是主要领导由上级部门任命，辖地政府无权干涉，这种垂直管理最彻底，如几大银行；二是主要领导由属地政府任命，上级部门只有建议权，像环保、国土、工商、质检、食药监等部门。上面所说的条线部门主要就是指第二种直属部门，其业务归属上级部门，而主要人事权在辖地政府。上级部门对下级垂直部门的考核，就是业务上的考核。

由于主要领导人事权不在上级条线部门，上级部门只有业务指导权，当上级部门对下级对口部门考核时，除了相互之间因为业务往来而相互熟识，互相讲究人情面子而不能完全“公事公办”之外，还会考虑到人事权归属这一客观事实。在基层体制中，人事权是最大的权力，谁掌握了“官帽子”就听谁的。上级条线部门对下级部门主官没有直接任免权，那么它们之间的关系就不是典型的上下级关系。对于上级部门而言，他们是任务的传达者，而非实施者，那么他们要完成更上一级的任务和自身设定的工作目标，就得把任务分解给下级部门。但是他们又不能直接下达命令，将任务变成下级部门的“硬任务”。因此，为了完成自己的任务，就不能把跟下级部门的关系搞成公事公办的关系，而是要搞成相互支持、互利共赢的关系。那么，在考核中就一定要有通融，不能完全按章办事。

对于下级部门来说，其主官的帽子是同级党委政府给的，它的真正上级是同级党委政府，而不是上级对口部门。因此，对待上级部门，只要做到表面上尊重和诚恳接受业务指导便可，不需要完全听命于它。如果上级部门真把自己当回事，对下级部门颐指气使，在考核中“动真格的”，那下级部门也有反制措施。比如对上级部门交代的任务消极怠工，完不成上级的任务，或完成得不好，这样上级部门也没法向它的上级或同级党委政府交代。对于下级部门来说，上级部门的考核对其主官的政治影响不大。调查了解到，上级部门对下级部门的考核结果，在后者的综合考核中占比较低，对下级部门及其主官影响不大。

当然，如果下级部门主官确实不能胜任，对上级交代的任务总是敷衍塞责，使得上级任务完不成，那么上级部门也可以对下级部门的人事任免提出意见。

为了完成好共同的工作，上级部门就要给予下级部门一定的通融空间，要在考核中讲情义、讲感情，对一些可加可不加的分尽量加分，对可减可不减的分尽量不减。下级部门自然会记住上级部门这份人情，当上级部门布置任务或者有其他要求时会尽可能好地完成。当然，如果是下级部门在业务范围内出现了重大事故，如环保部门因环境污染被媒体曝光，那上级部门想捂住也不行，此时就得公事公办了。

主官的人事任免权在属地党委政府的部门，它重视的是块块的政治考核。在县域范围内，块块的考核实质是县级党委对下级组织的政治考核。县级部门的主要领导一般都是其内部党组的书记或成员，那么他们对县级党委下达的任务，要无条件地接受和完成。县级党委对条线部门除了要求其在业务上围绕县级中心工作来展开之外，还会给部门下达其业务范围之外的工作，如招商引资、三改一拆、五水共治、环境整治等。这些工作任务都会在年初通过目标责任书的形式下达，如果年中还有其他阶段性中心工作，也会以文件和责任书的形式布置下去。只要布置了工作任务，就会伴随考核。块块的考核在某种程度上就是政治激励，把工作完成了，排名靠前，部门及其主官就会进入县委县政府的表彰行列，评优评先、晋升流动会予以优先考虑，在主要领导那里会有好的政治印象。那么，部门主官就会围绕县级中心工作展开自己的业务工作，会更加注重块块的政治考核。

块块下达的目标任务涉及县委常委会尤其是县委书记的施政方略及其政绩，因此必然会以政治任务的形式布置下去，自然伴随着政治监督、考核和奖惩，其结果影响乡镇和条线部门主要负责人的政治地位。因此，政治任务属于硬任务，政治考核则是硬约束，可以通融之处较少。特别是涉及“一票否决”的任务，对于下级党委（组）来说是最不能推卸责任和玩忽职守的。许多条线部门为了在本业务范围内不出现“一票否决”的问题，会想尽办法将其业务转变成乡镇的属地事务，一旦出事乡镇兜底就要多些，这在很大程度上会缓解部门的政治压力。下级只有将任务说一不二地完成才能向县级党委政府交差，任务完成得越好，越是超额完成，县级党委政府主要领导就越高兴。那么，在接受任务的过程中，下级部门和党委政府就会自我加码。

在一般情况下，部门业务工作服务于县级党委政府的中心工作，中心工作完成也有利于促进业务工作的推进，两者相互促进。但是也会遇到有张力的地方，如上级环保部门要求整治“小散乱污”企业，而县级党委政府可能为了发展经济要保护好这些企业，从而使县级环保部门在其中犹如夹心饼干，里外不是人。在矛盾不可调和时，县级环保部门主官一般会站在党委政府一边，从而可能受到上级部门问责，严重的则可能被上级党委政府政治问责。再如涉农资金整合是县级党委政府整合资金用于完成中心工作的重要举措，以使分散的资金聚拢成大笔资金，这样就可以办大事，使治理效果更显著。但也会触犯部门利益，如水利局、交通局、农业局等都有自身的部门利益，而且上级条线部门也有自己的部门利益，县级党委政府整合了其下级部门的资金，会使上级部门承受风险，因为它要接受更上一级部门的监管。那么它们就不太愿意下级部门的资源被整合。

下级部门的资源已经被整合了怎么办？在浙江宁海县调研的情况是，一旦市一级部门要追究县级部门的行政责任，首先由下级部门主官将责任承担下来，县委县政府再将这些部门的主官调离岗位，两年后处罚解除再将这些主官调到更为重要的岗位上，以此作为对他们完成中心工作承担责任、作出贡献的政治奖励。有这样的政策，条线部门主官自然会死心塌地地伏在块块的中心工作上。

小结

条块关系是中国现行体制的重要特色。实践中，不仅仅是要协调条块关系的问题，也要考虑到在条线中嵌入的作为块块的党的组织体系。这个组织体系按照党的组织原则来运作，接受党委的领导。因此，只要条线不是在人财物上完全垂直于块块，块块的党的组织体系就能够发挥作用。甚至人财物都收归条线所有，你只要在块块的辖地范围内，就得接受块块的某些指导，而且要在某些事情上支持块块的工作，否则条线的工作也很难开展下去。

“攀峰登顶”与“末位淘汰”

竞争性资源配置与“攀峰登顶”式考核制度

中西部县级政府对直属部门、乡镇街道的综合考核比较粗糙，一般有党建、社会建设和经济发展几大类，政府部门增加一类业务工作，主要考评的是应对上级业务部门考核的情况。这几大类都比较大而化之，且是以经济发展中的招商引资、争资跑项、小城镇建设、征地拆迁为主。这些项目量化程度高，考核工作量不大，容易看出部门之间、乡镇之间的差别。在这些关键项目上成绩突出的单位，可以高出后面单位很多分值，而排到后面的单位之间的差别就不大。这是一种“攀峰登顶”式的考核逻辑，目的是要将做得最好的前几名、进步明显的单位找出来，对这些单位及其主要领导给予奖励，而对排名靠后但达标的单位则一般不予追究。

“攀峰登顶”的竞争考核的前提是，各单位之间差别不大，经过努力后能够在一些关键指标上凸显差异，这样能激励单位主要领导调动资源、加码参与竞争。主要领导能够调动的资源越多，就越能够在关键指标上实现突破。比如，争资跑项是一个关键考核指标，哪个乡镇的主要领导在这方面下的功夫大，争取下来的资源和项目多，就可以在这一方面获得高分。其他方面也是如此，谁调动的资源量大，谁就能在这些方面胜出。

在广大中西部地区，“攀峰登顶”的竞争逻辑是，在资源稀缺的背景下，地方经济社会发展依靠主要领导的资源调动和配置能力，包括两个方面：一是乡镇主要领导及班子成员的人力资源的投入；二是主要领导所能调动的社会关系资源的投入。这两方面的资源在大多数乡镇都差不多，只有少数乡镇的主要领导有超出其他乡镇的资源量，于是他们就可以在竞争中异军突起。当然，乡镇本身所拥有的物质资源和权威性资源，也是竞争的基础，这就是为什么基层官员希望到大乡镇、资源型乡镇任职。但是，在中西部地区，好乡镇与差乡镇，基础好的乡镇与基础差的乡镇，鸿沟并不大。资源薄弱、基础差的乡镇也可能在优秀党委书记的带领下成为发展典型。因此，越是在中西部地区，越强调主要领导的个人能力及其所拥有的社会关系资源。“攀峰登顶”的竞争机制能够使那些真正有能力、能调动庞大社会关系资源的官员脱颖而出。

“攀峰登顶”的竞争机制主要是正向激励那些表现突出的单位的主要领导，对排名靠后的单位的主要领导则难以起到负向激励效应。同时，对单位普通干部的激励作用也不大，因为单位完成县级布置的任务好不好，与他们没有直接关系。如果完成得好，单位评上了先进，得到了上面的物质奖励，普通干部最多分到一些奖金，而对他们的升迁和名誉起不到太大的作用。单位完成得不好，受到了批评，也较少影响到他们的政治前途。他们在完成任务的过程中是否有积极性，关键要看单位主要领导能否将他们调动起来。

项目资源的竞争性给部门领导带来了巨大的“寻租”空间。乡镇主要领导不仅要跟县级部门主要领导搞好关系，还要打通省市部门的关系。因此，沟通、协调、运作能力对于基层主要领导来说是重要的能力。组织部门在对乡镇主要领导的任命中，一般会有“有良好的沟通和组织协调能力”这一条。

普惠性资源配置与“末位淘汰”式考核制度

在江浙沿海地区，县级考核体系较中西部地区精细化得多。不仅考核项目很多，包括党建和经济发展，也包括社区服务和社会治理，而且每个项目的细分项也十分明确，并有逐一对应的完成部门和科室，甚至可以精确到人到岗。之所以有这么多、这么细的考核任务，主要与东部地区资源非常丰富有关系。东部地区发展到一定程度后，社会服务和社会治理等提升群众生活水平和质量的项目也被提上议事日程，成为考核的项目。

东部地区发展已经定型，工业型乡镇发展工业，农业型乡镇发展农业，山区型乡镇发展生态旅游业，不同的地区有不同的发展模式和目标。中西部地区简单粗暴的关键目标管理考核体系在东部地区不适用，“攀峰登顶”的竞争体制在这里发挥不了作用。

因为发展定型后，再怎么激发山区、农业型乡镇去发展工业，也无法与工业发达型乡镇相比，也就不如让它们发展自己的比较优势。即便都是工业发达型乡镇，也有优劣之分，不可能通过一两年的激发就使得工业相对较弱的乡镇直接追赶上较强的乡镇。所以在设置经济发展考核项目时，只考察每个乡镇在现有基础上的目标提升，而不在乡镇之间进行横向比较，即完成了年初自己定的纵向比较目标就得分，没有完成就扣分。

更为重要的是，因为要考核的项目多，乡镇可以将每个项目确定到具体的科室、行政村和工作人员。比如在浙江宁海，每个乡镇都有数量庞大的建设项目，涉及资金数亿到数十亿元人民币，项目个数从八九十项到一两百项不等。这些项目少数是争取下来的大项目，多数是上级政府分配下来的。每个乡镇有工作人员几十上百人，平均分配下来每个人可以分到一两个项目。那么，项目就可以由具体的个人包干负责落地。

在县级考评体系中，每个项目都有分值，大项目大分值，小项目小分值。在乡镇，大项目由大领导负责，小项目由一般工作人员负责。如果某个项目没有按时完成，在考核中被扣了分，除了要追究主要领导的责任外，还可以直接追责到负责项目的个人。县级就将没有按时完成的项目及包干人员的名字公布，使乡镇、个人在全县不光彩地露脸。到乡镇一级则可以将被惩罚、被扣分的责任具体追究到个人，对个人进行惩罚。

由于东部地区发展定型化，不能简单地认为综合考评排在前面的乡镇工作就做好了，其他乡镇就没有它们这么好。往往是排名靠前的被认为是正常发挥，不对其进行正向激励。倒是因为项目化的评分，使得评价较中西部地区要公平，因此可以评出在各类型乡镇中排名靠后的乡镇，即项目落地出了问题、被扣分的乡镇，而在这些乡镇中又可以将出问题的项目及其包干人员找出来，从而可以对落后的乡镇及项目包干人员进行负向激励。

因此，东部地区的激励机制属于“末位淘汰”制。每个乡镇领导都是要面子的，为了不垫底、不被通报批评，他们就得调动工作人员的积极性将项目按时、保质、安全落地。工作人员本身也不想在全县、全乡镇被人指指点点，被领导和同事瞧不起，他们就要对所包干项目积极负责。

总结起来，东部地区政府资源丰富，一方面，资源的分配性取代了竞争性，地方社会的发展与基层干部争取资源的能力、社会关系资源等关系不大。因此在干部激励上，就可以不再采用“攀峰登顶”的方式。另一方面，大量的项目资源需要落地生根，考核又以项目落地为主，那么项目落地的责任就可以具体到个人，因哪个项目出问题被扣分，都可以具体追责到个人，真正做到“末位淘汰”。

两种考核制度的联系与区别

“攀峰登顶”与“末位淘汰”两种干部激励机制，有联系也有差别。联系是二者都属于党委政府的政治激励，而不是职能部门的行政激励。二者都有较强的政治责任和政治压力，推动着下级及其工作人员调动资源完成任务。

区别之一是，“攀峰登顶”制只将任务和责任布置到单位及其主要领导身上，再通过他们对其单位人员、资源进行动员。“末位淘汰”制则是将任务责任具体到个人，通过制度设计对全单位的人员、资源给予全方位的动员和激励。区别之二是“攀峰登顶”制只针对少数关键领域进行竞争，“末位淘汰”制则是全方位系统性竞争。区别之三是“攀峰登顶”制讲究的是主要领导个人的能力和资源占有量，适合于优秀人才的脱颖而出，是真正的晋升锦标赛体制，而“末位淘汰”制则强调将所有工作任务完成，不垫底、不拖后腿，至少要面子上好看，而不强调主要领导的晋升竞争。那些在考核中排名靠前单位的领导得到了晋升，并不是主要因为排名靠前，而是因为他们本来就要晋升，所以被安排到某些发展基础较好的单位去了。

第二篇

创新县域治理机制，提升治理效能

机制创新：体制优势如何转化为治理效能

县域治理体制的优势何在

从中国基层实践来看，基层治理体制有着巨大优势，它既能与国家治理体制、地方治理体制有机衔接，又能对接和适应基层社会，推动政策措施落实和问题需求解决。

体制是管理机构和管理规范的统一体，不同的管理机构和不同的管理规范相结合就形成了不同的体制。基层治理体制是由基层政治、行政、社会、经济等体制要素相互作用构成的结合体，它由诸多子体制所组成。在基层治理中，两大体制发挥了重要作用。

一是党政体制。它是由党组织领导政府及其他政治社会团体的机构和规范构成的体制。在县域基层，该体制表现为党组织对县域内的政府机构、政治机构（人大、政协）、两院、群团组织、企事业单位的领导，包括政治领导、思想领导和组织领导。县级党组织在各个机构、组织和团体中设立自己的组织，使其组织体系嵌入全县各个方面、领域，实现党对县域的全面领导。

就基层治理而言，党政体制的优势包括六方面，一是党组织拥有最高权威性，党组织的指示、决策、态度等能够获得基层社会的广泛信任、认可；二是党组织拥有最高组织动员力，通过其权威性能够对基层社会、群众进行广泛的组织动员；三是党组织拥有最高创制权，其意志能够转化为全县的政策、制度和规范；四是党组织拥有最高配置权，通过其组织体系能够调动基层党组织、党员，进而调动和配置组织所在单位人财物权等资源；五是党组织拥有最高权威性和对体制内人财物权的配置权力，也就使其能够总揽全局、协调各方，具有大局意识、全局视野；六是党组织对基层治理负有最高主体责任，县乡村各级党组织及其书记对属地治理负有主体责任。党政体制的这些优势对于基层治理主体、内容、方式、资源、载体、权力、责任的选择至关重要，充分发挥这些优势有助于基层的有效治理。

二是条块体制。条块体制是中国体制很重要的特色，在实践中表现为条块关系和条块矛盾。在基层治理中，条块体制既有缺点，又蕴含着巨大的优势，关键是如何扬长避短发挥它的优势。在县域，块块是指县乡两级党委政府，条条意指党政职能部门。在条块体制中，职能部门既要接受上级对口部门的领导或指导，也要接受同级党委政府的领导或指导，不同部门的垂直程度不同，但都要接受双重领导（指导），这种双重领导（指导）制度安排就是条块体制。由于上级部门会对下级对口部门下达任务、要求，确定下级部门的制度规范，而同级党委政府也有自身的利益，它也会给政府部门布置任务、下达要求，这两个“婆婆”之间的利益和要求可能打架，任务有张力，下级部门作为“小媳妇”夹在中间不好做人，这便是条块矛盾。为了调和条块矛盾，中央（省市）的做法一般是上收权力，使部门的权力垂直程度更高，以更能独立于同级党委政府开展工作。这样又会造成基层的自主性不强，缺乏积极性，许多问题难以解决，因而又需要适当向基层放权。

在基层治理方面，条块体制有如下优势，一是便于条块相互监督。在条块合作中，条条代表中央监督块块的行为，抑制地方保护主义，块块代表地方监督条条，将基层利益反映上去，调整中央（省市）政策。二是块块可以利用条条的资源解决属地问题。县级人、财、物、权、政策等资源掌握在不同部门，党委政府要解决辖区内的问题就需要通过合法的方式调动、整合部门资源。越是专业事务越需要调动专业部门予以解决。双重领导、党组织领导都赋予了党委政府调动资源的合法性。三是职能部门借用党委政府的权威推动业务工作。在县域，如果职能部门能获得县级其他部门、乡镇党委政府的支持，就会增强其业务工作推动落地的力度，工作更容易按时保质保量完成。而要如此，它们就得首先得到县级党委政府的支持，然后才能依靠它的权威整合其他部门的力量，并让乡镇党委政府重视。要得到县级党委政府对本部门工作的重视，就得游说县级主要领导，引起他们的注意和重视。

如何发挥基层治理体制的优势，是需要讨论的问题，这与基层体制同基层社会存在较大的张力有关系。

首先，统一的体制难以对接多样化的基层社会。无论是党政体制，还是条块体制，抑或县乡党政部门设置，全国各地相差不大。但是，全国基层社会是千差万别的，不同的地方基层社会的人文风土、经济发展、社会问题、资源禀赋等都有较大差异。统一的体制如何有效对接差别化、个性化的基层社会便成了问题。

其次，稳定的体制难以回应变动的基层社会需求。从长期来看，体制必须是稳定的，不会也不能随意变更，要形成体制惯性和路径依赖，这样才能有规律地解决问题和节省体制运行成本。即便体制要随社会而变革，也是大稳定、小调整。而中国基层社会正处在巨大的变革之中，基层社会的问题和社会需求在不断地创生，体制的变革远滞后于社会需求。这就会造成自上而下的体制资源与自下而上的群众需求之间的错配，基层社会问题、群众需求得不到及时有效解决。

再次，分割的体制难以处理基层社会的综合性问题。体制资源主要分割在不同的职能部门，要解决的是同一类别的具有规律性、规模性的专业性问题。但是基层社会问题往往是综合性的、嵌入群众社会关系之中的，尤其是新生问题，难以分门别类治理。因此，许多基层社会问题因无法划归到职能部门而得不到解决，或者必须联合多部门共同解决。但部门联合本身是科层制的永恒难题，否则也就不存在“部门缝隙”问题了。

最后，有限的体制难以回应基层社会的无限问题。体制的有限性包括两个方面的内涵，一是体制触角的有限性。正式体制不可能“横向到边、纵向到底”，将自身的触角延伸到社会的各个角落，监控社会的每个人。我国体制的正式层级包括中央、省、市、县、乡五级，自治性质的村组都不是一级政权，因而基层社会的许多问题正式体制无法触及。二是体制资源的有限性。体制内的编制、人员、岗位、级别、荣耀、预算、物质等都是稀缺资源，在一定时期内都是相对固定不变的，无法无限供给，而基层社会问题和需求却是无限和不断创生的，造成体制资源无法与基层问题逐一对接。

既然体制必然是大一统、稳定、分割和有限的，而我国基层社会又在可预期的范围内是多样、变动、整体性的及问题不断增多的，那么，如果体制直接生硬地对接基层社会，即便有再大的优势，也无法转变为治理效能。

体制在对接基层社会时，需要有中间环节，通过这个中间环节，体制方能有效、精准、灵活地对接不同的基层社会。这个中间环节就是机制创新，是体制的机制化运行。

体制的机制化运行

体制越往上走，运行越制度化，机制创新就较少；越是在治理一线，与社会接触，就越需要通过机制来运行。机制是指有机体的构造、功能和相互关系，泛指一个工作系统的组织或部分之间相互作用的过程和方式。在县域治理中，机制是构成体制的某些部分、要件相互作用形成的有一定规律的过程和方式。在基层，不是体制的每一个部分都需要通过机制来运行，体制的大部分构建按规定运行，只有少部分需要创新相互作用的方式，这就是机制创新。

机制创新就是要将体制内的资源，包括人、财、物、权、政策、组织等，通过一种新的结合和相互作用的方式实现与治理事务及问题的有效对接，达到精准、节约、高效治理的目的。因此，在一定程度上，机制创新会改变体制资源的流动方向、轨迹、速度等，有时可能会偏离渠道、用途。机制创新针对具体治理事务，以问题为导向，以变革体制资源结合和相互作用的方式为基准，使资源使用更有效率，而不试图变革体制。

就人的资源而言，包括领导的权威资源、普通干部的人力资源和技术人员的专业资源。不同的人分布在不同岗位，不同领导有不同的权威资源和社会网络，通过机制创新将其岗位和个人资源转化为对具体事务的治理资源。普通干部有不同的个人能力、偏好、资源等，通过机制创新将其配置到适合的岗位，做喜欢做的事情，专业技术人员亦如此。机制创新就是为了调动不同的人解决不同的问题，使事得其人、人尽其事、人事匹配。

就财的资源而言，体制内的经费都是通过预算由部门通道抵达基层，与不同治理事务相衔接。同一治理事务可能会有不同部门的经费与之衔接，但使用权在各部门。这样就会造成资源的分散使用，产生不了集中效应，容易打水漂。典型如社保局、农业局、科技局、农办、宣传部、教育局等都有农民培训的经费，分布在各部门都比较少，单独使用起不到培训效果，但合起来数目可观，效果可期。于是县级党委政府便通过机制创新整合农民培训资金，使资金集中使用达到分散使用达不到的效果。

就物的资源而言，主要是指分散在各部门的固定资产、专业设备及其他公共资源。比如，县级党委政府通过成立“城投公司”的形式，将分散在水利局的水面、林业局的林场、自来水公司的饮用水、公交公司的公交线路等资源整合起来，予以专业资产评估，再用这些资产做抵押到银行贷款搞县域发展建设。

就权的资源而言，主要是指分散在相关部门的执法权限。基层执法问题并非单一的专业执法问题，而多涉及不同执法部门，需要联合执法、相互配合才能很好地解决问题。所以基层执法部门都有联合执法的需求，但它们自己联合不起来。县级党委政府就要根据执法需求创新联合执法机制，使各部门有动力、有责任、有规则地进行联合执法。

就政策资源而言，不同部门有不同的政策，为了解决某些问题，需要用足政策。这就需要对相关政策进行梳理和整合，比如脱贫攻坚，金融、经济、民政、农业、建设等各领域都有相关政策，需要整合起来形成合力，才能用足政策。

不同部门对相关资源的使用会有不同的规范，党委政府通过相关机制创新进行整合时，会遭遇部门的抵制和牵制，这就需要各方相互协调、沟通、博弈、妥协、修正等。这也说明机制创新的成本较高，只有重要的事情党委政府才会给予机制创新。调查发现，在体制的机制化运行中，主要有以下几种机制。

一是协调机制。有两种协调机制，一种是临时协调机构，是针对某些临时性的重要事务，成立协调指挥部，由县级主要领导担任指挥长，将相关单位主要领导纳入指挥部作为成员，下设办公室，由主责单位主要领导任办公室主任。如果是非常重要的事情如脱贫攻坚，则指挥部下面还设若干专门部室，不同部室由不同部门作为成员单位。指挥部主要是协调各部门统一行动进行运动式治理。运动式治理是体制运转的重要机制。联合执法既可以是运动式治理，也可以是一种常规机制，这就需要相关制度的制定和运行，这就是第二种协调机制。该机制主要是要设立常设机构，既可以是与主责单位某科室重叠或合署办公，也可以是单独设立正式协调机构，有相关编制、人员、预算。如网格化管理、“12345”市长热线、“吹哨报到”，都属于常规化的协调机构。无论是临时协调机构，还是常规协调机构，都代表县级党委政府，拥有较高的权威。

二是整合机制。协调机制一定程度上也是资源整合机制，这里是指对项目资金、部门专项经费、公共资源的整合使用。对上级项目经费的整合机制主要是项目打包和发包机制，县级党委政府通过整合上级项目资源，以合力使用达到属地发展、治理目标。部门的专项经费与项目经费相同，也有严格的用途和使用规范。县级整合是将部门不同但性质相同的专项经费整合在一起使用。项目资金整合一般由县级发改委牵头，联合相关单位；专项经费的整合一般由财政局或其他更高权威单位牵头，联合相关单位。如涉农资金整合，一般由县农办、财政局联合牵头，办公室设在财政局。有的地方农办主任由常委兼任，不兼任的地方农办主任也有较多机会接触县委主要领导，因而协调能力较强。对公共资源整合的机制是“城投公司”。

三是包干机制。这是将某件治理事务或某个领域的事务交办给某个领导干部或机构的治理机制。包干制对人或机构与治理事务进行强匹配，明确了责任和权利范畴，是一种以结果为导向的治理机制，有利于治理事务的快速、精准落地。在县域，个人包干主要是领导包干重点信访积案、重点企业落地、重点工程建设、重点软弱涣散村镇等，领导通过调动资源对相关对象进行重点包保。越是级别、地位、权威高的领导，包保的事务就越重要。县委书记、县长一般不包干具体事务，在乡镇，除领导个人要包干外，普通干部也有包干责任，如包片区、包村、包户。机构包干就是将某些治理事务包干给某些机构的机制，包括临时机构包干和常设机构包干。有些综合性的治理事务一时找不到治理主体，但又到了不治不可的地步，于是要么成立临时机构来完成，要么县级主要领导拍板让某些单位包干。

四是内设机构机制。这是县乡两级在“三定”方案之外，设立内设机构来治理或承接某些重要事务的治理机制。在县乡，有些治理事务规模比较大、有规律可循、综合性强且相当重要，但没有相关的机构来承接，于是就会通过常设内设机构的方式来应对这些事务。这些常设内设机构，既可以是与部门并立的正副科级单位，也可以在相关部门内设，但一般都有编制供给，有治理和协调的功能，如宜丰的“生态办”，就是独立的正科级单位；平谷的“河长办”是内设于水利局的机构，“大气办”则设在生态环境局。到乡镇，其内设机构被认可为中层机构，其负责人被认定为中层干部，可以参与党政班子会议。

五是中间层机制。是指在乡镇与行政村之间设置诸如党总支、管区、片区、社区等中间层管理机构的机制。每个片区管辖数个到十个不等的行政村，片区设书记、片长、副片长等职务，由经验老到或下来锻炼的年轻人充任。片区负责包干行政村的所有事务，不管哪一方面出了问题，片区领导都要负责。中间层不仅起到上传下达的作用，而且在推动乡镇工作、解决农村问题、阻隔矛盾上移等方面也发挥了重要作用。中间层不是一级政府，只有工作经费，没有财政预算，不需要做一级政府要求的事务性工作，这样它可以集中资源和精力专注于治理事务和问题，因而解决问题的能力很强。在某种程度上，村级组织也是一种中间层机制。

在县域，机制创新有以下特点。

首先是权威性强。在县乡两级，机制创新的主体是党委政府，过程是整合部门资源，目标是达成具体治理目标。只有县乡党委政府及其主要领导才有权威对部门资源进行调动和整合，这涉及党政体制、条块体制的基本设置。党政体制中，县级党委有领导和调动部门内党组的权力和权威，党组有服从上级党委的义务，这意味着县级党委有权力调动部门党组的资源。而在条块关系中，部门一般由同级政府和上级部门双重领导，同级政府对部门资源有调配的权力。但是，部门资源有自己流动的轨迹、规范和惯例，党委政府要调动整合，就必须创新机制，才能使资源流动符合自己的意图。

其次是针对性强。无论是解决个别事务，还是综合事务，抑或辖区事务，机制创新都以解决问题为导向，具有较强的针对性，乃至有一事一议的特性，它使得体制资源能够精准地对接治理事务。正因为如此，机制创新就很在乎人与事、人与人、机构与事务、资源与事务的匹配度，匹配度越高，问题越容易解决，即针对不同的事务调配不同的资源（人、财、权等）；针对不同的人搭档不同的工作人员；针对不同的事务，搭建不同的机构。

再次是灵活性强。体制是长期不变亦即僵化保守的，而机制是灵活多变的，可以根据治理事务、治理形势、治理要求的变化而有不同的机制创新。体制对现实变化反应较为迟钝，而机制则可以因事而起、顺势而变。当事情处理完后，相关机构、资源即可撤销，再有事情时再创新机制调配资源。机制创新只受到治理事务特性、条块博弈状况的制约，而不太受制于编制、组织，这也是其具有灵活性的原因。

又次是敏感性强。机制的任务只是解决具体问题，而不及其余，因此对责任范围内的问题特别敏感。发现问题、解决问题才是王道。

最后是适应性强。县乡机制创新适应了当前基层社会巨变、治理大变革的趋势，促进了基层经济社会发展和政治社会稳定。

总之，通过创设机制可以使体制真正运转起来，机制创新一定程度上使体制以不变应万变。

机制的体制化程度

像个人包干、临时机构、内设机构、常设机构等，虽然都是体制运行的具体机制，但它们也有较大区别，即机制的制度化水平、规范化程度有高低之分。制度化水平、规范化程度最低的是个人包干，基本上仅制定相关制度规范领导个人如何完成包干事务；次低的是临时机构，有机构设置、临时人员配备、上下级关系、内部运行规则等，但是人员之间的相互隶属性不强，任务一旦完成，临时机构便解散；较高的是乡镇内设机构，有上下级隶属关系，有具体的工作分工、经费预算、运行规范，唯一缺少的是编办、组织文件认可，因而其负责人没有级别及任职资格认定，该机构也容易在改革中被取缔，或者相关事务完成后人员要转隶，如“改厕办”；最高的是常设机构，成为体制内的一部分，有编制、有预算、有考核等。这表明机制的体制化程度有高有低。

根据机制的体制化程度，可以将机制分为三种类型：高度体制化机制、中度体制化机制和低度体制化机制。

所谓低度体制化机制，就是为解决一事而创设的运行机制，事情解决后机制自动解体。这种机制最为灵活、便捷，针对性也最强，最节省资源，无须额外增加编制、人员、经费等。

中度体制化机制包括乡镇内设机构、管区、片区、重点工程办、大气办、“吹哨报到”等，有相对固定的治理事务、人员配置、机构设置、上下级关系、工作经费预算、监督考核、奖惩机制、制度规范等，虽然有制度化、规范化的一面，但是较政府部门（如乡镇站办所）有较大自主空间，缺乏事务性工作，无须迎来送往。因为是在“三定”之外，属于“非法”机构，其创设、撤销无须报备，县乡党委政府自主决定即可。中度体制化机制的优势是，运行较为固定，有一定的制度规范和制度预期，同时又不乏灵活性和适应性。

高度体制化机制则与体制无异，既带有体制的优势，也带有科层制的弱点，包括治理成本高、僵化保守、对社会变化反应迟钝等。

就机制的体制化程度来说，现在实践中的问题主要是，一些行之有效的机制创新被党委政府赋予了更多的期待和责任，体制化程度越来越高。

比如“吹哨报到”机制，在北京平谷创设之后，解决了执法过程中乡镇和部门责任权力匹配不合理、协同机制不完善的问题。北京市在推广中，依据该经验，推动执法力量下沉的改革，将该经验高度体制化。“吹哨报到”机制解决的是乡镇执法事项增多的问题，但也没有增多到需要执法力量下沉的地步，执法力量一旦下沉，在许多乡镇基本上无事可做，纯人力物力消耗，同时还会带来乡镇滥用执法权限的问题。

再如网格化管理，它在解决城市流动人口管理、问题排查、接诉即办等方面具有比较好的效果。但现在城乡基层不顾实际，把网格化当作可以解决任何问题的灵丹妙药，希望通过它一举解决基层治理问题，一劳永逸，于是不断往网格化机制里增加内容，包括财政、编制、事务、规范等，使得该机制越来越复杂化、程序化、制度化，承担的责任越来越多，像基层党建、综治信访、司法调解、环境卫生、派出所等相关工作都加载到网格化之中。网格化机制不仅变成了体制，而且成为无所不能的基层中枢体制，变得笨拙、沉重、僵化无比。

机制高度体制化之后，不仅失去了机制的灵活性，而且问题解决后，机构却不能随便撤销，也失去了对问题的敏感性。工作人员都耗在了体制内部运转、自我循环上，包括行政管理、信息传输、科室协调、档案留存等。

县乡村机制创新的重点差异

县乡村的资源禀赋和层级目标不同，在机制创新上会各有侧重。

县一级的机制创新要解决的主要是怎么找钱用钱的问题。县一级政权是完整的政权，具有整合资源和制定政策的权力。县级政权为了达到自己的治理和发展目标，就要通过机制创新将这些分散的资源整合起来，集中使用到重要的事务上，以达到整体效果，如成立融资平台、抵押贷款，找到钱之后，还要用好钱，也需要机制创新。县级政权有自主制定政策的权力，就可以通过机制创新将资源集中到可以显示政绩的事情上，加快县域范围治理面貌的改变，如领导挂项目机制、督促项目建设的重点项目办机制、推动城市建设的“新区”机制等。县级机制创新的目标主要是如何把钱搞到手，如何把钱用到点上。

乡镇一级的机制创新主要是怎么调动配置干部的问题。乡镇要落实上级的政策任务，就要调动资源，乡镇最重要的资源是工作人员。因此，如何充分调动和合理配置工作人员，形成与具体事务对接的工作机制，是机制创新的关键。乡镇机制创新的目标是要实现人与事、人与人、机制与事务性质的匹配。

到村一级，机制创新则是怎么组织动员群众的问题。农村工作中，群众是资源，动员起来是一股巨大的力量，同时，许多工作任务的落实需要群众的理解、配合和支持，因此组织动员群众和做群众工作至关重要。村级组织的机制创新就是要将群众组织动员起来，让群众自己解决自己的问题，如建立各种群众自治组织，解决了不同群众的问题，如红白理事会，解决了基层政府不好干预又具普遍性的问题；党员联户制度解决了党员与群众的勾连问题；屋场会、院坝会等解决了政策与群众对接、组织动员群众的问题。

机制创新的空间限制

在县乡基层，机制是体制的具体运转方式，它使得体制在相对稳定、一致的条件下，能够灵活应对不同的治理事务。体制优势通过机制创新转化为具体的治理效能，如“集中力量办大事”是体制的一大优势，县级党委政府通过设立“城投公司”，整合分散的公共资源用于抵押贷款，将筹措到的资金集中用于城市建设。

在县域治理实践中，机制创新的主体是党委政府，在党政体制下，它有创制的权力；机制创新的目标是整合资源，在条块体制下，作为块块的党委政府对条条的资源有整合能力，条条的垂直程度越低，块块的整合能力越强。因此，机制创新的空间与党委政府对部门资源的整合能力有关，与部门的垂管程度、独立程度有关。

当前乡镇一级的机制创新空间被压缩，主要原因如下。

一是县级党政部门垂管程度加强。比如，乡镇纪委垂管程度较强，纪委书记下派并不再分管乡镇事务，乡镇党委政府对乡镇纪检工作人员及相关资源整合动员的能力下降。

二是部门业务的政治任务化程度加强。一些部门的业务工作上升为县级党委政府的重点工作、中心工作，部门为了强化乡镇的工作推动力度，会要求乡镇对口部门不得承担乡镇其他工作。比如，一些地方强化党建，县委组织部要求乡镇党建办主责主业，不再参与乡镇其他事务；主责安全、环保的部门也认为自己的部门业务很重要，不能一心二用。这样，这些部门的资源就难以为乡镇党委政府所调动。

三是体制内部门利益扩张的惯习。机制创新使得县乡能够在既定资源条件下办更多的事情，可谓事半功倍，但体制内资源增加也会限制机制创新。体制内的思维首先不是通过机制创新，而是增加体制资源来做事。乡镇有了综合执法的需求，普遍思维是县级执法权下放，在乡镇设立综合执法机构。同时，一些机制创新，因为有了效果，体制也更愿意将这些机制固化，提高其体制化程度，以获得编制、人员、经费、级别等体制资源。机制的体制化成为部门利益扩张的重要方式。

四是县级组织、编制部门的限制。乡镇机制创新中的内设机构机制、中间层机制，都是制度化程度较高的机制，一般会配备负责人、成员、经费等资源，在乡镇被认定为中层机构，负责人享受乡镇中层待遇。但是在新一轮乡镇机构改革中，许多地方明确规定不得随意设置内设机构、中层机构等，而组织部门则不承认这些机构负责人的中层任职履历。这些限制有利于规范乡镇设置内设机构，但也一定程度上限制了乡镇机制创新的灵活性。

治理机制创新空间被压缩，一定程度上表明县域体制的弹性降低，这样也就降低了体制灵活应对社会变迁的能力。

幅度、层级与任务：乡镇管区设置

管区设置的普遍化及其经验

在许多地区调研，发现在行政村与乡镇之间还存在“管区”之类的中间管理层级。不同地区的叫法不同，在新洲叫“总支”，烟台叫“社区”“示范区”，新邵叫“片区”；有的地方叫“驻村工作组”或简单的“驻村干部”“联村干部”，在永新是“副职驻村”。叫法不同，实质是连接乡镇与行政村的中间桥梁，在不同地方、不同时期，该中间管理层扮演的角色不尽相同。

在新洲，税费时代中间管理层叫“管理区”，每个管理区有十来个人，管理下面四五个村，负责税费催缴、粮食征收和计生社会抚养费征缴。管理区有自己的办公场所，设在中心村。管理区的工作经费来源于农业税费、社会抚养费的返还和奖励。管理区有自己的伙房，管理区工作人员无须到乡镇坐班，也不负责乡镇的行政事务。除农业、计生中心工作外，管理区还负责乡镇站办所工作的上传下达，以及其他阶段性重点工作的推动、农村矛盾纠纷的调解。

农业税费取消之后，计生抚养费收取也正规化，管理区被取消，相关工作人员回到乡镇，在七站八所改革中大部分人的身份变为“社会人”。管理区取消一段时间后，乡镇发现没有这一层级，在乡镇、站办所直接对接每个村的时候，许多工作落实不了，于是在原管区基础上恢复驻村制，每个管区有四五个驻村干部，每个人负责一个村，负责上传下达的工作。驻村干部除驻村外，还有乡镇岗位工作。管区设片长一名，但驻村干部之间相对松散。

党的十八大之后，随着上面工作任务增多，落地要求越来越高，驻村制度无法适应这一时期的形势，于是各乡镇加强了管区力量配置，在管区内设立党总支，由“老乡镇”任总支书记，管区内各村党支部是其下级组织，各驻村干部向总支书记负责，各驻村干部分工不分家，由总支书记调配。管区被称为“总支”，实体化程度加强，总支包干原管区各行政村事务和上级任务落地，工作人员不再兼乡镇岗位工作。总支有自己的工作经费，没有乡镇行政事务、迎来送往，以问题为导向，工作较为单纯。

在山东烟台，党的十八大之前的管区工作人员，在乡镇上班，村里有事才下去，除上传下达之外，主要扮演的是乡镇“守门人”的角色，将村一级的矛盾纠纷挡在管区之内，不让这些琐碎的事情惊扰党委书记。党的十八大之后，管区变实，逐步在中心村设办公场所，主要工作是上级任务落地和村庄矛盾调解。近几年，随着服务型政府的发展，管区逐步向“社区”发展，承担了上级各部门的服务职能，以及村级治理、经济发展等功能，正式化程度提高，人员增多，材料、档案、党建等工作进入社区，俨然成了一级政府。

在浙江农村，联村制度一直运作较好，乡镇干部兼职做联村工作，每名干部联系一个村，起上传下达、督促工作的作用。近几年，随着服务下乡、工作要求提高，许多市县在联村干部基础上设置片区，由片区统一管理联村干部。

那么，为什么各地都会在乡镇与行政村之间形成类似管区的管理层级，该层级在同一地区不同时期的虚实、功能又有什么差异？

幅度与层级的动态匹配

幅度与层级是政府管理的基本问题，二者有张力，但又必须统一。在中国这样一个幅员辽阔的单一制国家，政府管理的幅度与层级问题就更为凸显。中国政府管理中，省市县乡经过长期的历史发展和调整，层级与幅度已经相对匹配且稳定。其中，地市一级，由于省对县管理幅度太大，过去是派出机构，后逐步演变成正式层级。乡村两级直接面对社会、群众，处在治理一线，又还在不断的变动调整中，因此乡村之间既需要中间管理层，又要保持它的灵活性，不能像地市一级那样完全固定下来，因而管理区必须是非正式的。

对于工作推动落实来说，层级越少，工作推动力度越大。在乡村，乡镇党委书记直接对接村支书，他的工作力度最大。对接的方式，要么是村支书到乡镇面见党委书记，要么党委书记下村到工作现场与村支书面对面谈工作。这样，党委书记不仅不走样地将工作交办给了村支书，而且还将党委书记对工作重视的政治压力施加给了村支书，村支书直接感受到了党委书记的压力。这种面对面的压力是最大的，会使村支书端正工作态度、加大工作动员和资源配置力度，加码（时间、质量、数量）完成党委书记交办的任务。

乡镇党委书记直接对接村支书的前提是，行政村不能太多，否则乡镇管理的幅度太大。那么，什么样的幅度是最合适的？确定幅度的条件很多，包括乡镇的地域范围、人口居住密度，如果居住分散、地域广，那党委书记下村、村支书上乡所消耗的时间就多，行政村不宜过多，但合并行政村又会使村级管理幅度过大，干部群众办事不方便；还与交通便利程度、交通设施状况有关，在二十世纪八九十年代，山区交通不便，党委书记的交通工具是自行车、摩托车，乃至步行，那么下村上乡所耗时间长，管理的村就不宜过多。现在交通便利、开上小汽车了，无论党委书记下乡还是村支书到乡镇开会，时间都大幅缩短了，能管辖的村也就多了。

从工作推动来讲，党委书记推动一项工作，要面对面督促村支书，如果两天时间能够将所管辖的村跑下来，并能够在了解各村实情的情况下安排好工作，那么这个管理幅度就相对合理。尤其是过去农业生产季节性较强，党委书记要亲自推动工作（如抽水抗旱），时间就必须在一两天之内。一个单位时间走两到三个村，一天走四到六个村，两天也就十个村左右，即在控制其他条件的情况下，保证两天左右的工作推动周期，一个乡镇党委书记管辖的最佳幅度是十个左右的村。

但是，一个乡镇下面行政村的设置受诸多因素影响，包括历史文化、居住格局（分散与聚居、平原与山区）、行政传统（广东、云南、山东在自然村基础上设行政村，一个乡镇有四五十个行政村）等，那么，一个乡镇管辖的行政村的数量，不可能正好与最佳管理幅度相匹配。更何况，管理幅度还受到交通、通信条件的影响，不同时期有差异。乡镇的实际管理幅度一般都是最佳管理幅度的二到五倍。

既然管理幅度要大于最佳管理幅度，乡镇党委书记就不可能在两天时间内走访全部行政村，只能选择性走访，但这样的结果是有的村工作搞得好，有的村搞不好。搞不好的还埋怨党委书记不重视。于是党委书记就不会亲自下去推动工作，而只是将正常的公文下发到村里。由于没有感受到来自乡镇党委书记的面对面的压力，村支书的工作推动意愿和动力就不足，工作就难以达到党委书记的要求。这就是说，乡镇管理幅度过大，减少了党委书记与村支书们的面对面、高频次互动，削弱了对村支书的重视程度。

管理幅度太大，党委书记的压力传递不下去，解决的办法是增加管理层级。党委书记在最佳管理幅度内设置合理数量的中间层级，再通过中间层级传递压力。比如，山东一个乡镇有 50 个行政村，乡镇就会设置 5 到 10 个管理区，每个管理区管理 5 到 10 个行政村。党委书记此时只需对接 5 到 10 个管区书记即可，完全顾得过来；管区书记也直接对接 5 到 10 个村支书，可以保证一两天的工作推动周期。

无论是党委书记，还是管区书记，都可以亲自对接下一级，亲自推动工作，工作推动的力度就较大。对于管区书记来说，他是党委书记的代表，他出面即意味着党委书记出面，村支书不会藐视，工作力度也就不可减弱。然而，他终究不是党委书记，力度较党委书记亲自出面要小，但要较管理幅度过大时推动工作的力度大，因而设置中间管理层是有效的。

乡镇在不同时期，通过设置不同结构的中间管理层，来达到管理幅度与层级的动态匹配，以利于乡镇推动工作。一方面，中间层是临时性机构，设置、管理、工作都较为灵活机动，无须改变行政村的区划、数量就能达成管理幅度和层级的最佳匹配。另一方面，可以根据不同地区、不同时期的实际情况，调整中间层的结构、数量，以达到管理幅度和层级的动态平衡。再一方面，中间层不属于正式政府层级，工作人员由乡镇抽调，不消耗额外行政成本，以问题为导向，没有文牍形式。

代理人监控、任务性质与中间管理层结构

中间管理层实质上是一种工作推动机制，管区书记是乡镇党委书记的代理人。乡镇与管区之间存在代理人监控的问题。代理人的权力越大，自主性越强，党委书记监控就越难；反之，赋予代理人权力小时，其自主性就弱，党委书记对其监控就越容易。赋权越大，对管区书记的激励也越大，他推动工作的力度就越大；反之赋权小或被收回权力，对管区书记的激励就小，他主动推动工作的积极性就小。这是一对张力。什么时候需要放权、激励代理人，什么时候需要收权、监控代理人，与任务性质有关，也与上级监督力度有关。通过赋权与收权，乡镇在不同时期实现管理幅度与层级的动态平衡，中间层的结构也就有差异。

赋权最小的是联村干部，它相当于党委书记的“信息员”，起到信息搜集、上传下达的作用，对工作也有督促作用。烟台不下沉的管区放权较联村干部大，但较新洲的“总支”小，它相当于党委书记的“钦差”“守门员”，有一定的工作推动力度。新邵的“片区”则既是代理人，对党委书记负责，又是当家人，对片区负责，自主权、剩余索取权相对较大。“社区”则权力更大，相当于一级政府了。

乡镇在不同时期有不同性质的工作任务，对不同工作任务的推动力度也有不同，那么，作为乡镇推动工作的中间管理层也就会有不同的结构。

在收粮派款、计划生育是长期性中心工作时，管区或片区及“小乡”作为实体化程度较高的中间层，被赋予较大的权力，有自主支配的经费，负责人在乡镇有较高的政治地位，工作人员提拔重用较行政岗位有优势。而税费改革后，有较长一段时间乡镇悬浮于乡村之上，乡镇在乡村的工作主要是站办所的业务工作，按章办事，不需要额外加大推动力度。如新农保、新农合缴纳，只需驻村干部动员、督促村组干部催缴，不需要他们直接面对群众。那么，管区实体化运行就不再必要，只需要驻村干部起上传下达作用。

党的十八大以后，尤其是最近几年，上级下达的政治任务增多，落实要求提高，乡镇就需要加大工作的推动力度。加大中间层力量建设也就成了各地普遍的做法，比如提高实体化程度、加大资源投入、提高中间层政治地位、由副职领导带队驻村等。新洲的总支、永新副职驻村、烟台的社区都是在基层工作政治任务化背景下产生或强化的。

县乡“责权利”不匹配何以发生

县乡“责权利”不匹配的发生机制

在县乡调查发现，“责权利”层级不匹配现象在基层非常突出。在现实层级关系中，权力集中在上级政府，事情和责任却一级级往下压，最基层的乡镇事情最多、责任最大，但是权力最小。调研也发现，尽管县乡官员都在抱怨“责权利”不匹配，但他们还是以各种创新方式处理好了基层的大部分事情。不过，在现实条件下，乡镇为了应付上级监督检查，部分工作只能选择在“程序”上做到不出漏洞，而不是实质性地把工作做到位，事实上也形成了形式主义在基层治理中的泛滥。

那么，乡镇“责权利”不匹配是怎么发生的？为什么职能部门的事情和责任都可以集中到乡镇？如何在基层治理中处理好责权利关系，克服形式主义泛滥弊病？

“属地管理”原则与“责权利”不匹配

乡镇“责权利”不匹配首先与“属地管理”原则有关。所谓“属地管理”，就是在行政管理中，按特定的标准和要求对属地内的对象进行组织、协调、领导和控制，并承担相应的管理责任。“属地管理”原则的真实内涵就是“责权利”匹配。但是在基层的具体操作过程中，这种“属地管理”成了有些部门不负责任、不予担当的“挡箭牌”，也由此可能造成部门之间相互推诿。如果每个部门都通过“属地管理”原则和乡镇签订“责任状”，把工作和责任往下推，自己只监管乡镇做事而不直接负责，就会造成责任属地而权力不属地。譬如，在安全生产监督管理中，县局以“属地管理”为由，通过签订“责任状”的形式将矿山、企业的安全生产监管责任转交给乡镇，自己由直接监管变间接监管。但是，企业矿山的开工、复工等事项的决定权仍掌握在县局，相关审批权也不在乡镇手中（如炸药使用审批权与供给在公安部门，用电审批权在电管部门）。乡镇对工矿企业缺乏有效的约束力和震慑力，对各职能部门最多也只有协调的能力。

“属地管理”一旦成为业务部门的尚方宝剑，就很可能造成滥用。让乡镇在没有相关权力的情况下签订“责任状”，其实是对管理不负责任。计生、防火、春耕、安全生产等各种“责任状”的签订是各部门推进工作的有效手段，起到了责任明晰、促进基层工作的作用。但是有些“责任状”签订起来让乡镇左右为难，因为在乡镇没有权限、经验、手段、设施、标准、专业技术人员的情况下，其监管就犹如纸上谈兵；乡镇畏于责任只能走过场，使监管流于形式。某地食品药品监管也仿照“属地管理”原则，将一份“责任状”交给乡镇，由乡镇主要领导签字上报。其内容为乡镇负责辖区内食品安全的监管，包括制售假药、地沟油等。但是乡镇不具备药品鉴别、地沟油鉴定的条件，这种责任下放是对工作的不负责任，也是对责任的推诿，更有业务部门布置工作以签订“责任状”了事。

从调查来看，业务部门之所以极力将业务责任甩给乡镇，出于三方面的原因：第一，伴随相关业务问题的出现及上级的重视，业务部门的工作任务越来越多，压力也越来越大，但是其专业技术人员有限，难以对全县范围内的业务进行精准覆盖，他们需要借助乡镇的力量来推进工作；第二，即便这些部门在乡镇设立了站、所、分局之类的机构，但是在推进工作的过程中也需要乡镇村的配合与协调，把乡镇纳入责任范围有利于工作开展；第三，虽然乡镇没有业务工作职权及相关资源，但它是综合权威单位，能够动员其辖区内的各类机构和资源，这些资源正是业务部门所缺少但必要的。如在控制进京上访中，根据“属地管理”原则，乡镇必须参与控制和截回。乡镇能够调动上访人员的亲属资源、熟人社会资源等，把上访人员先稳控起来，再由属事部门进行具体问题的解决，而属事部门调动不了乡镇能调动的那些资源，所以说“属地管理”有其合理的一面，但是一旦滥用就会走向反面，使有权、有资源的业务部门不干活、不负责，没权、没资源的乡镇要负责却负不了责，这就可能造成工作失误和治理失败。

调查也发现，在实践中“属地管理”仅仅是原则，并不具备强制性。业务部门跟乡镇签订“责任状”也可能大多是走形式，因为业务部门与乡镇是同级单位，业务部门给乡镇下达任务不具备强制性，乡镇大可睁只眼闭只眼，即便去做也不会花大力气、付出大代价。

“一盘棋”思想与“责权利”不匹配

乡镇“责权利”不匹配还与“一盘棋”思想有关。在县域范围内，“一盘棋”思想是指县域各单位部门之间并不是完全独立的，而是相互联系的有机整体，乡镇政府和业务部门一样是县域整体的一部分。在这套思想的指引下，部门向乡镇布置业务工作，乡镇就要调动资源予以完成。一旦乡镇没能完成任务，全县就会因此无法完成工作任务，再往上就使得全市、全省也完不成工作任务。

比如，县林业局给乡镇林业站下达造林 1200 亩的指标，那么林业站就得向分管领导汇报，分管领导再向乡镇党委书记汇报，党委书记需要指示下拨资源完成任务。对于党委书记来说，他所在的乡镇如果完不成 1200 亩的指标，对于全县来说就完不成上级交代的工作任务。虽然乡镇没有完成任务，上级也不会因此责罚乡镇党委书记，但会因此给全县的这块工作“添堵”。所以从“一盘棋”的角度考虑，乡镇党委书记也要调拨资源去完成任务。

全县“一盘棋”的思想使得县内各个乡镇的主要领导干部会站在整体的角度思考问题。业务部门的事情虽然只具有单一性质，不涉及和影响全域、全局，但分配到各个乡镇的业务工作却具有整体性，一个乡镇搞不好，就会影响全县工作的进度和总量目标。如果县一级没有完成目标，就会使得市一级也没法完成上级下达的目标。如果乡镇事事都不去干，事事都找理由推脱，所有业务工作都不去完成，说明乡镇党委书记没有全局观和大局意识，这就是政治问题而非工作能力和态度问题。当然，业务工作没完成，总是在进度或结果排名中被点名批评，也说明乡镇的工作不力，在全县同僚面前也没有面子。另外，乡镇完成业务部门下达的任务，也是对业务部门的支持，下次需要业务部门支持的时候，业务部门也会积极响应，这也是一种人情和关系的交换。这样一来，各业务部门也就有理由、有底气向乡镇下达任务，把自己分内的事情交给乡镇负责，乡镇即便为难也不好意思硬“顶”回去。所以，尽管业务工作不是由乡镇党委书记亲自抓，但只要汇报到他这里来了，他就要给予一定程度的重视。

“政治任务”与“责权利”不匹配

无论是“属地管理”原则，还是“一盘棋”思想，对于乡镇而言其实都不具备强制性。“属地管理”让部门可以用这个原则与乡镇签“责任状”，“一盘棋”思想让乡镇在接受部门任务时有大局观，不会拒绝上级部门下达的业务工作，而是调动相应的力量完成。

但是调查也发现，这些任务的完成并不是保质保量的，更不会超额完成。之所以如此有两个原因，一是职能部门不掌握乡镇的“官帽子”和“钱袋子”，无法对乡镇进行负向激励，它只能督促协调乡镇完成任务。职能部门的监督检查也多以形式为主，在内容上不会较真，因而对乡镇构不成压力。二是乡镇在对待部门任务时应付的成分较多。乡镇会调动资源去做，但是不会消耗乡镇主要领导太多时间和精力，也不会花费乡镇过多的资源。比如上面谈到的 1200 亩造林指标，乡镇最多拨出 600 亩的预算经费，而实际能完成 200 亩就了不起了。

通过“属地管理”和“一盘棋”思想下达下来的部门工作，虽然也给乡镇制造了“责权利”不匹配的麻烦，但并不会耗费乡镇太多的资源，乡镇会通过一些策略性的“反行为”给自己减负。

但是，有一种“一票否决”的部门工作给乡镇带来了巨大的政治压力，他们要花费大量的资源及领导的注意力去完成这些工作。典型如过去的农业税费征收、计划生育和现在的信访维稳、招商引资等，这些工作本来是相关部门的业务工作，但是因为中央或省市将这些工作作为全国、省市的中心工作来抓，就使之由部门的业务工作转变为党委的政治任务。到县一级，县委县政府就会将上级下达的这些政治任务布置给乡镇，并配备相应的政治激励措施。如果完成得好，乡镇主要官员就会受到政治上的奖励，如果没有做好或被“一票否决”了，就会影响乡镇主官的政治前途，包括政治荣耀、评优评先、政治提拔等。这时，乡镇主官不是在应付相关部门的工作，而是在完成党委、政府的政治任务，因此他们有政治责任和压力去调动和配置资源完成任务。这些任务会占用主官最多的时间、精力和注意力，也会消耗掉乡镇最主要、最优质的资源。所以，对于政治任务乡镇主官不仅要保质保量地完成，还要加码超额完成，以使自己乡镇在与其他乡镇的排名竞争中占据优势。

对于乡镇来说，县级党委政府的政治任务有以下几个特点。

一是数量不会太多。不是有多少职能部门的业务工作，就有相应数量的政治任务，只有少数部门的业务工作会上升为县级党委政府的政治任务。

二是没有相应配套。政治任务与业务工作不同，业务工作下达的时候还会有相应的工作经费配套，政治任务则不会，更多地需要乡镇党委政府想办法完成，完成任务较好的乡镇可能会得到经济奖励。

三是硬任务。政治任务在下达过程中依据的是普遍情况，不会考虑不同乡镇的具体情况，乡镇与县级党委政府在政治任务上没有谈判空间，只能无条件执行。与之对应的是在业务工作上乡镇能够与职能部门讨价还价。

四是乡镇在执行任务过程中无法糊弄。与职能部门的考核验收重形式、走过场不同，对政治任务的考核验收属于政治考核，是实打实的硬考核。

五是政治任务具有较强的竞争性。政治任务内含强政治激励，这是稀缺资源，乡镇主官要想获得上级认可就得在完成政治任务的过程中发出政绩和能力信号，在乡镇之间的比较竞争中占据优势，于是会形成乡镇主官之间的竞争。该特点决定了乡镇主官会将精力和资源集中在完成政治任务上，对其他工作的关注和重视程度则不够。

对于乡镇主官来说，政治任务有两种类型。一种是在考核中的加分项，分数的高低与工作完成情况相关，这是对乡镇工作的正向激励。另一种是扣分项，按照工作重要程度的差异，所扣分数有多少之分，有的是扣定额分，有的是“一票否决”。扣分项做好了不加分，没做好要扣分，这是典型的负向激励。加分项中有的项目既定任务如果没有完成也可能“一票否决”。乡镇比较乐见其成的是加分项，这些项目工作具体、有抓手，如招商引资、小城镇建设、工业经济发展指标等。令乡镇干部头疼的是扣分项，如安全生产、执法监管、信访维稳、执纪监督等工作，这些项目抓了看不到成绩，不抓又担心出事。

上级党委政府下达的政治任务是乡镇“责权利”不匹配的根源。对于加分项目，乡镇并不觉得“责权利”不匹配，因为有正向激励，有动力，有积极性。乡镇主官埋怨的所谓“责权利”不匹配的是那些“扣分”的政治任务，这些政治任务的责任在乡镇，但是执法权限、执法人员、执法工具都在上级部门，即便乡镇想把工作搞好，也没有相应的资源和抓手，但是出了问题和事情要担负责任。扣分和承担责任是小事，关键怕被“一票否决”。这些工作没出问题时万事大吉，一出问题就是大问题。一旦被政治问责，所有工作就都前功尽弃。

如果扣分项比较少的话，乡镇主官还能够承受。乡镇感觉到“责权利”不匹配越来越严重，说明考核中的扣分项越来越多，问题是扣分项是怎么多起来的？

县乡两级“政治任务”的形成机制

县乡“政治任务”的一个重要来源是中央从严治党的大战略，各单位党的主要领导要负主体责任，有的情况是党政同责，譬如单位出现重大腐败案件、重大项目出了问题、辖区内出了重大安全事故等，单位党政领导都要被追责。还有些工作（如环保）是因为得到了中央的重视，被定位为全党的中心工作，其在县一级的政治考核中就会被定位为扣分项或“一票否决”项。

在县域范围内，中心工作的设定有赖于县委主要领导的关注，这些工作大多很重要、影响很大、到了不得不解决的时候，县委主要领导就会通过常委会会议的形式将这些工作设定为中心工作。中心工作有不同的类型，有的是阶段性的，有的是全年性的，有的是局部性的，有的是全域性的。县域范围内的治理事务要能够引起主要领导的重视，方式包括职能部门领导的汇报和公关，主要领导的视察，媒体的报道，人大、政协委员的议案、提案等。这些工作可以通过整合相关部门的资源进行运动式治理来解决，比如环境卫生整治、“黑摩的整治”、超限超载治理、乱挖河沙整治等，这些工作一般也不是扣分项，做好了还可以加分。

那些被设定为“扣分项”的单一职能部门的业务工作，一般不是通过主要领导“关注”的途径转化为政治任务的。对于县委主要领导来说，那些被他认为是重要工作的一般不会是单一职能部门的工作，而是涉及多个部门的工作，这些工作需要由县委县政府出面协调、整合资源才能做好。单一部门的工作要上升为政治任务，得另觅渠道。

县委县政府在推动重要工作落地的过程中，会成立或按上级要求成立一些具有协调、议事乃至决策功能的“常设”机构，冠之以“领导小组”或“委员会”，其中“委员会”更具有正式性和权威性。这些临时机构由相关部门参加，领导小组组长或委员会主任由县委主要领导兼任。这些机构一般在重要部门内部设办公室主持日常工作，由该部门领导兼任办公室主任；其属于县委的下设机构，为县委决策提供咨询和参考，并协调相关部门统一行动。在具体实践中，由县委书记牵头的机构不仅发挥议事参谋的功能，还有决策的功能。这些机构会牵头出台相关政策文件，然后以县委县政府的名义下发，这些文件就代表了县委的最高权威，其精神也就有最高权威性和政治性，下级党委政府需按照政治任务的方式予以落实和完成。

在这个过程中，相关部门就会“夹带私货”，将部门的意志融入这些机构出台的文件当中，从而成为县委的最高决策。比如，我们在中部某县调查发现，县委有个“安全生产委员会”，专门负责安全生产的监督、检查和督促工作，并为县委出台相关文件。该委员会下面的成员单位很多，其中包括水利局。在过去，河道执法和安全检查的权力、责任都在水利局。由于当时河道安全还没有受到上级重视，即便出了事故影响也不大。后来上级政府越来越重视安全生产，河道挖沙所带来的安全问题也日益得到重视，一旦出了事故，水利局就会遭到问责，因此水利局也重视了起来，但是一个部门要管全县的河道执法，人员和相关资源严重不足。为此，他们的思路跟其他部门一样，希望把责任往乡镇上推，由乡镇去管理本辖区内的河道治理及安全问题。水利局也可以用

“属地管理”和“一盘棋”的思想将任务和责任布置到乡镇，但这种方式不能完全调动乡镇的积极性，出了事情主要的责任还是在水利局。于是水利局想出了另外的办法，即在安全委员会出台的文件当中写明河道治理及安全责任落实“属地管理”责任，实行“一票否决”制。对于县委主要领导来讲，安全责任大于天，只要将任务落实下去有人负责就行，他们不会细想里面的门道。这样，本来由部门负责的业务工作就通过县委签发的委员会文件转化为乡镇要承担的政治任务。

许多职能部门的工作都是通过上述方式转化为乡镇的政治任务的。水利局的案例很好地诠释了业务工作何以会成为乡镇的“一票否决”工作，使得乡镇“责权利”越来越不匹配。

警惕乡镇工作“过度科层化”

归结起来，让乡镇头疼的“责权利”不匹配的工作，实质上是职能部门的业务工作。但是职能部门并没有权力把事情和责任下达给乡镇，在事情和责任下放乡镇后，权力和资源却拽在手中不下放。在县乡党政体系中，只有县级党委、政府的政治任务才能在不给予资源和权力配套的情况下布置给乡镇，职能部门要想把自己的业务工作变成乡镇无条件执行的任务，需要使之成为县委县政府关注和重视的政治任务。但是职能部门的业务工作一般很难受到县委主要领导的关注，因而难以通过县委主要领导的“关注”实现向政治任务的转化。县委设立的重要委员会不仅是议事咨询机构，还是县委县政府的决策机构，职能部门可以通过委员会成员单位的便利条件，将部门业务工作纳入委员会的文件，从而转变成县委下发给乡镇的政治任务。政治任务是无条件执行的，如果职能部门的业务工作变成乡镇的政治任务，职能部门就不需要将权力和资源并同责任和事情一起下放，这对于乡镇来说就是“责权利”不匹配。对于职能部门来说，它的职责就从之前既要直接监管，又要承担直接责任，转变成监管乡镇，而乡镇则需要进行直接监管并承担责任。

所以，让乡镇头疼的不是“属地管理”原则和“一盘棋”思想指导下上级业务部门无限下压的任务。对于这些部门业务工作，乡镇一般负有配合和协调的责任，责任承担主体仍然是业务部门。即便是需要由乡镇来完成的部门业务工作，乡镇更多的也是有条件就多做，无条件就应付，业务部门在检查、验收上也不会跟乡镇较真。乡镇真正头疼的是政治任务化的部门业务工作，例如信访维稳，信访实行“属地管理”，户籍所在地都对信访人有“包保”的责任，但让“属地管理”起实质作用的是信访维稳工作的“一票否决”制。此外，做“环保”工作要有“一盘棋”思想，进行全局统筹安排，但是如果没有环保督察的约谈和“一票否决”制，有的地方仍可能在环保问题上阳奉阴违。

在过去，上级下达政治任务的总量较少，年度常规性中心工作是收粮派款、计划生育、经济发展、招商引资、征地拆迁、信访维稳等，阶段性中心工作主要是一些专项整治工作，对此，乡镇尚可集中力量予以完成。但是当各个业务部门都想方设法地将其业务工作塞进县委布置的政治任务中之后，乡镇要承担的政治任务的总量剧增，可乡镇完成相应任务的人、财、物、权等没有配备到位，“责权利”不匹配使得乡镇“压力山大”，既疲于应付，又难担当责任。乡镇为了完成不断增多的政治任务，在调动资源的同时，必然会在工作中出现一些问题，留下一些后遗症。

如“一刀切”的问题。在环保、安全等问题上，乡镇为了确保不出问题，在人力物力有限的情况下，考虑问题就不会太周全，工作就不会做太细，而是妄图通过“一刀切”彻底斩断问题。再如“选择性执行”的问题，在精力和资源有限的情况下，只能重点做某些事情，而对其他事情则难以兼顾，这容易造成乡镇多应付上级任务，而忽略群众需求。

又如“形式主义”泛滥的问题，乡镇通过会议记录、工作台账、电子资料、影像图片、“责任状”等方式应付上级的督导检查，将“程序”做到无懈可击，而不是实质性地把工作做到位。可以说当前乡村治理中很多形式主义如“办事留痕”“形象工程”“文山会海”等，都与上级部门“甩锅”有很大关系。

要扭转乡镇“责权利”不匹配的问题，首先要正视业务部门行政和治理事务增多的现实，这是国家和社会不断发展的产物。调查发现当前各级、各部门、各科室都出现严重缺人断岗的现象，应该因事设岗，增加专业办事人员。在县乡两级，伴随着乡村社会的发展变化，相关的专业化事务增多，有必要增加部门人员及在乡镇增设相关部门、下放相关权限。其次要规范县级临时部门的运作，严格把关相关文件的签发和颁布，严禁相关部门滥塞“私货”，阻隔部门业务工作随意政治任务化。最后要警惕乡镇工作的“过度科层化”，防止形式主义泛滥，要将乡镇的主要精力和资源放在诸如维护稳定、联系群众、服务群众（如服务老人农业、养老）、激活乡村治理等少数重要的政治任务上。为此，县级党委政府不能随意将治理事务政治任务化。

避免好政策“一地鸡毛”

基层工作如何有效推进

有段时间在湖北建始县调研乡风民俗问题，时任建始县委书记在2017年年底的时候，就意识到当地有些行政村乱象丛生，上访、阻挠工程建设、敲诈外来企业等应有尽有，表面上是民风彪悍，实质上是治理失序。县委书记连续下乡蹲点调研，发现整顿乡风民俗是推动当地社会治理的“牛鼻子”，通过移风易俗可以带动其他领域工作的提档升级，于是下达了关于推进移风易俗树立文明乡风的实施意见。其中，“破除歪风陋习”要做的工作包括狠刹“攀比奢侈风”“好逸恶劳风”“缠闹炒作风”“黄赌毒黑风”等。

该县茅田乡从2018年起连续三年在移风易俗、文明乡风建设上有不同的工作创新。经过三年整治，建始县相关工作已常态化，取得了巨大成绩。最典型的是三道岩村，该村在人情酒席上规定“三个不超过一百”，人情礼金不超过100元，一桌酒席不超过100

元，一条香烟不超过100元。有个六十多岁的农民违背村规民约办酒席，后经说服教育认识到了错误，主动向全体村民写公开检讨信。

茅田乡的移风易俗、文明乡风建设除了整治人情酒席之外，还开展了庭院净化亮化美化工程。这个庭院工程，不仅要把屋外周边环境卫生搞好，如修通水渠、建花坛、摆垃圾桶、树路灯等，还对屋内设施摆设、房间衣物整理提出要求。按理说，屋内私密空间是农民最自由、最自主的空间，一般人会按自己的习惯打理，反感他人干涉。在其他地方，地方政府改厕政策基本上要弄出一地鸡毛，老百姓在旁边看，还不满，茅田乡改造农民屋内空间，理应引发冲突和不满。但是事实上，该政策不仅取得了很好的效果，而且受访的群众满意，执行过程也相对平静，没有发生不和谐事件。何故？

很重要但不考核

这与建始县对移风易俗、乡风文明工作的定位和态度有关系，即“很重要但不考核”。该项工作是县委书记亲自推动、亲自抓的工作，属于典型的“一号工程”。县委书记重视的长期工作，一般都会被定位为全县的中心工作。为了推动中心工作，就要启动监督、检查、考核、问责系统，监督部门会把该项工作定位为年度专项监督事项，相关工作部门成立专门检查工作组不定期检查，考核部门则将该项工作列入年度综合考核，加大分值，或者进行单项考核，分值计入综合考核。这些配套工作，使得领导重视的工作变成硬任务，下级党委政府、领导干部才会打起十二分精神对待。

在布置任务、完成工作的过程中，布置任务的上级与承担任务的下级之间没有谈判空间，下级不能跟上级讨价还价。无论上级布置的任务符不符合下级实际情况，下级有没有条件完成，“有条件上，没有条件创造条件也要上”，下级无法将意见反馈给上级，无法对任务进行调整和改进，下级必须硬着头皮、不折不扣地完成任务。在完成任务的过程中，下级表现出不积极、打折扣或态度不好，一直盯着的监督考核体系就会启动纪律程序。上级为了表明重视程度，会不断加大监督考核力度，下级因为害怕被问责、被处分，就不得不加大刚性执行的力度。这个时候，上级与下级的关系就会变得非常刚硬、直接，没有弹性、融通空间。

县一级这样布置任务给乡镇一级，乡镇也这样布置任务给村一级。村一级与群众对接，既有考核问责的压力，也拿到了县乡的“尚方宝剑”，那么它执行任务的态度，也必然是刚性的、傲慢的和不讲条件的。于是乎，干群关系、党群关系就会变得相当僵化、对立。

然而，在茅田乡我们并没有看到僵化的上下级关系和干群关系，原因就在于建始县在移风易俗中，并没有启动严格的监督考核制度。一方面移风易俗工作是县委书记重视的，一定要着力去推动，另一方面县委书记又没有将这个事情纳入监督考核之中。那么，相关部门包括县委办、宣传部怎样才能把工作落实下去？

县委办要落实县委书记的具体指示，将指示变成政策，并跟踪、监督政策执行效果；宣传部具体制定政策，推动、落实政策并保证政策效果。因为没有督察室、纪委、考核办作为工作推动的抓手，县委办、宣传部就不仅仅是在办公室制作文件、下达任务，还必须做以下两件事。

一是做通下级党委政府的工作，让他们不仅意识到这是县委书记重视的事情，更要认识到这项工作的重要性，使他们思想上、认识上真正起变化，真正认为移风易俗做好了，就可以“牵一发而动全身”带动其他工作。只有这样，下级党委政府才会真正重视，真正花功夫、花心思去推动工作。为此，工作推动部门就不能坐等下级来汇报工作，然后谈想法、布置任务，而必须不断地下到基层调研、座谈、开会，做通下级的思想工作。

二是跟下级党委政府相关领导干部一起干活，共同推动工作开展。在一些具有带动性、影响性、典型性的项目上，工作推动部门还必须亲自跟乡村两级工作人员一起想办法、出点子及亲自干活，这样才能调动下面人的积极性、热情，促使他们转变思想。上级部门都亲自下来干活了，下面的领导干部哪儿还有不重视、不积极的。

对于乡镇一级来说，它的工作要落实到村一级，就必须调动村组干部的积极性。村一级是自治单位，村组干部要调动起来，花的功夫和精力要比县里调动乡镇还要大。乡镇负责移风易俗的是宣传委员，他给各村支部书记下命令不是不可以，但是村支书听不听是另一回事。为此，他及他的团队就必须亲力亲为，到各村跑，往村组干部家里跑，跟村干部交心、交朋友，让他们认识到移风易俗工作的重要性和紧迫性，共同讨论怎么把工作开展下去，以让村干部自觉地去做这件事情。他们不仅要召开村组干部会议，还要组织召开板凳会、院坝会、屋场会，把思想工作做到群众中去。在工作推进中，还要不断地下到农户家去看、去指导，听群众的意见和想法，村干部看到镇干部这么卖力，他们不卖力也就不好意思；群众看到镇干部都来了好多次，足见政府很重视，事情很重要，对群众很有利，想不通的也慢慢地想通了，于是跟着做了。

村干部意识到这件事很重要，但是他们也没有雷霆手段，不能吓唬村民说这是上面的政治任务，不做也得做。他们必须做通群众的工作，做群众工作，无非是放下身段，深入群众之中，跟群众交朋友、讲感情，把道理讲通，同时也了解群众的想法、困难和意见。移风易俗等都是对群众有利的事情，工作并不难做通，关键是要做细、做精、做到位。群众思想通了，认识到位了，自然就会主动配合工作，加入志愿服务队伍中来。

监督考核与否的差别

茅田乡移风易俗案例表明，有没有监督考核，上下级关系会呈现出不同的状态。

其一，有监督考核，工作推动部门就有“钦差”，有“尚方宝剑”，对待下级就不会那么客气，下级思想通不通都得做。所谓“通不通三分钟，再不通龙卷风”，说的就是这种刚性条件下的上下级关系。这种上下级关系僵硬、刚性，下级没有还价、反馈空间，任务、政策得不到调整，适应性打折扣。

其二，没有监督考核，中心工作既是下级党委政府的工作任务，也是工作推动部门的工作任务，双方必须配合起来完成，否则都有责任。如此，工作推动部门就必须放下身段，多与下级协调沟通，做通下级的思想工作，让下级认识到工作的重要性，主动开展工作。这种上下级关系较柔性、有弹性，相互间有一定的协商空间，下级的意见和实际情况能够得到充分反馈，任务、政策有一定调整空间，因而适应性较强。

体制的灵魂：思想工作与群众工作

在工作重要但不考核的前提下，思想工作和群众工作就变得重要，前者是体制内上下级的沟通机制，后者是体制与社会的沟通机制。

党除了有强大的组织体系，可以将工作任务贯彻到底之外，还有两大优势。

一是思想工作。组织体系内的上下级关系看似不讲条件，其实上下级之间不仅仅是“命令—服从”的关系，还有做思想工作与反馈意见的关系。上级布置任务后，不是强制下级执行，而是在下级思想不通、认识不到位的情况下，通过面对面沟通意见、交流想法、支持下级的方式，使上级的意志变成下级的想法，下级思想通了，就一通百通。思想不通，下级带着一股气或思想包袱工作，就干不好工作。讲道理、摆事实的过程，加深了上下级之间的感情沟通、联系，上下级关系也就不那么僵硬死板了，而是带有情感色彩。

二是群众工作。党的基层组织与农民的关系，不是管理与被管理的关系，而是通过走群众路线、做群众工作，将农民争取到自己一边来，从而理解、支持和参与自己的工作。在做群众工作的过程中，也了解群众的所思所想，反馈群众意见，调整任务、政策，使之更符合群众的实际需求，这样与群众的鱼水情也就建立起来了。

重要但不考核的工作如何落地

一起与笔者调研的州宣传部副部长曾在乡镇工作过数年，他详细介绍了彼时收粮派款的经验。他说要想收上粮食、完成任务，就得与村支书建立感情。因为收粮派款是乡镇工作人员的工作，村干部只是配合，非他们分内事情，也没有现在的考核机制。副部长说，在村支书家只要酒一喝，村支书就会让你在家休息一下、醒一下酒，他出去转一个上午，回来粮食就收了三分之一。村支书的做法是到各小组长家走一走，让小组长去做群众工作。如果你跟村支书到了称兄道弟的程度，只要你一到村支书家，村支书没等你开口自己就垫钱把村里的税费给交了。但是如果你跟村支书关系不好，不接地气，村支书就会带你到各家各户转一圈，一个上午下来收不到两三家。村支书引路只是完成分内工作，他不会真做农户工作，而乡镇干部做农户工作效果非常有限。

还有一个案例是，某副镇长做增减挂钩的工作。这是给乡镇赚钱的工作，党委书记很重视，但又无法通过考核村干部来督促村干部做这项工作，就将该项工作交给自己提拔上来的有较强工作能力的副镇长。这项工作跟副镇长分管的工作不搭边，副镇长没法动员分管站所的工作人员一起去做村支书的工作，只能单打独斗。他首先去做自己所驻三个村的村支书的工作，因为相互一起工作的时间长、感情好，很容易做通，三位村支书都很配合，主动去做群众工作，把工作做在全镇前头。副镇长再以这几个村为榜样去做其他村支书的工作，虽然其他村的工作没有那么好做，但是他只要多下村与村支书沟通，工作就都会有推进。于是，在他一个人的努力下，有两年时间每年给乡镇创收一百多万元。

两个案例中的工作任务，都是重要的工作，乡镇党委书记都很重视，工作需要村一级来做或配合，但都没有列入乡镇对村级的考核范畴。负责具体工作的人就得去做村支书的思想工作，再由村支书去做群众工作。

建立基层监督考核体系

无论是做思想工作，还是做群众工作，都是细致耐心的工作，既需要情感投入，站在对方角度思考问题，跟下级交心，也需要花费时间精力，次数要多，方法还要对。思想工作、群众工作激发的是下级（群众）的主体性，让他们的认识、思想乃至感情起变化，产生工作的使命感和自觉性，他们才能积极主动、心悦诚服、任劳任怨地去干工作，才会在工作中有创造性和获得感。

党的十八大以后，体制内的监督、检查、考核、问责体系不断建立，从中央来讲是为了规范地方和基层的行为，构建规则之治；从推动工作的具体部门来讲，是为了强化工作的推动力度，使工作更好地落地。党政部门都希望自己的工作被纳入党委政府督查考核的范畴，以此提高下级党委政府的重视程度。党委政府则拉纪委、巡视（察）组进具体工作领导小组，类似强制下级干活。当然，与上级考虑不同，县一级党委政府更多考虑的是工作推动。

监督考核体系建立起来后，基层推动工作的手段就更多了，用起来也更方便，那么，啰唆、耗时的思想工作也就不再必要，或者逐渐减少。到乡村两级，干部有压力和“尚方宝剑”，做群众工作也没有那么多的耐心，农民思想通不通都得按要求办。

思想工作、群众工作是体制的灵魂。思想工作疏通体制，使得体制有血、有肉、有温情，不那么刚性、死板、公事公办。群众工作则让体制与群众接触时鱼水交融，不那么生硬。

当思想工作、群众工作退却后，体制就只有规则、制度和工作关系，上级对下级只布置任务和下达要求，而缺乏对下级的关心、关爱和支持，下级对上级也只是完成任务，而不是发自内心地要把工作干好，对上级、对领导负责。干群关系发生变化，在干部这边，是为了完成工作，在群众这边想不通，就觉得不关自己的事，于是，普遍出现干部干、群众看的现象，干部干了群众还不满意。干部为完成工作而完成工作，很容易把工作做成形式主义。

基层工作推动机制

“监督考核”和“思想（群众）工作”，是推动工作的两种不同的机制。“监督考核”来得方便、直截了当，节省上级的时间、精力、注意力等资源，效果也立竿见影，因此，上级使用该方式越来越多。这就是基层工作推动越来越简单粗暴的原因。

“思想（群众）工作”需要花费上级较多的时间和精力，可谓劳神费力，由于上级的工作越来越多，没有时间、精力做耐心细致的思想工作，而且每项工作的期限要求越来越短，根本没留下做思想工作、群众工作的时间。

受访的村支书介绍说，某老村干部做群众工作非常细致、到位、有经验，基本不留后遗症，上下都满意。过去这种方式很奏效，但已不适应新的工作要求了，因为等他做通群众工作，早过了上级规定的工作期限。所以，许多工作也就不再通过做群众工作的方式来完成。

以上逻辑是，体制内的工作任务越重、要求越高、时间越紧，思想（群众）工作越难以实施，上级就越依赖“监督考核”来推动工作，下级的压力就越大，他们就越可能加大监督考核的力度，“思想（群众）工作”越没有空间，工作也就越依赖“监督考核”，由此形成负反馈。体制若失去“思想（群众）工作”这个灵魂，必然刚性有余，韧性不足。

沿海强镇扩权的逻辑

大多数乡镇没有一级自主财政

山东胶东半岛与浙江沿海都属于经济比较发达的地区，市场与私营经济非常活跃。在两地基层调研时发现一个有趣的现象，那就是浙江的小城镇建设得比较好，许多小城镇都有自己的特色产业和产业链，经济产值在全国乡镇排名比较靠前，小城镇建设及强镇扩权也是浙江地区的经验和口号。但是胶东半岛不是如此，这里有的乡镇工业非常发达，有的乡镇农业比较发达，但是乡镇并没有成为基层政府的经济增长极，相反无论经济多么活跃的乡镇都没有一级自主财政，县一级才是基本的经济发展单位。

治理单元下沉与发展单元上移趋势

在中国基层发展与治理中，有治理单元下沉和发展单元上移的趋势。行政村是基层组织的最低层级，但是各地基层组织为了动员和组织群众，调动基层自治资源，其治理单元有下沉到小组一级的趋势。有的地方在小组一级设立“理事会”之类的民间组织，有的地方在小组一级恢复党小组建制。

与此同时，各地的发展单元则在逐步上移。集体时期作为一级核算单位的生产队是发展单元，集体解散后村一级具有土地开发权，2000 年以后乡镇有土地开发、招商引资、收取税收等权力，最近几年各地将这些权力都整合到县一级，县域成为发展的基本单元。在上海，乡镇的经济发展权和招商引资权完全被没收，只剩下执行任务和治理的权力。中西部地区虽然乡镇还有招商引资的任务，但商资招来后都进了县级工业园区，无论税收还是其他的剩余利益都与乡镇没关系——乡镇在经济发展上的权力越来越小。

从经济发展上来说，发展权上收意味着经济发展从之前粗放型发展向集约型发展转型。当经济发展权在小组的时候，小组所能动员的资源无非是土地和劳动力，发展的是手工业和小五金加工业。发展权上收到村一级时，村一级可以调动更多土地，调整土地区位优势以及集资、贷更多款项，既可以发展乡镇企业，也可以建厂房出租获取地租收入。乡镇也是如此，因资源量扩大而可以推动规模经济。

20 世纪 90 年代中期以后，乡镇企业逐渐倒闭，发展权有上收到县一级的要求，以提升产业经济。这个时候，县政府统筹土地开发权，主要用于工业园区建设、经营城市和开发房地产。开发房地产的主要目的是获取用于工业园区建设和城市发展的资金。

集中了工业园区才能通过招商引资提升经济发展质量，结束过去村村点火、户户冒烟的发展乱象，以及各乡镇过度竞争导致的资源浪费现象。

在一些沿海发达城市和省会城市，城市更新和产业升级换代对经济发展质量和产业布局提出了更高要求，包括土地开发、土地规划、产业布局、招商引资、园区建设、城市经营、财税等在内的经济发展权有必要上收到地市一级。许多离地市较偏远的县市被改为市辖区，相应的发展权上收，只剩下治理和服务的职能和权力。

浙江强镇扩权的特例

浙江强镇扩权是个特例。所谓强镇扩权，就是按照统筹城乡发展的要求，通过政府推动、政策扶持、体制创新、权力下放等措施进一步扩大中心镇经济社会管理权限，进一步理顺区、县（市）与中心镇两级政府的权责关系，建立权责明确、行为规范、公正透明、廉洁高效的中心镇行政管理体制和运行机制，增强中心镇统筹协调、自主决策、依法行政和公共服务的能力，激发中心镇发展动力和活力，促进区域经济社会事业又好又快发展。从经济发展的角度来讲，强镇扩权的措施中有扩大财权、保障用地以及工商、税务、国土、环保等下设派驻机构等，有利于扩大乡镇的经济发展权。

强镇扩权确实与浙江乡镇的经济发展水平有较大关系，包括乡镇特色产业及其产业链的形成，在一定程度上能够实现经济的升级改造。比如我们调查的D镇，从产业链最低端的五金加工到最高端的空调核心部件生产一应俱全。

问题是胶东半岛的许多乡镇也如此，但依然没能摆脱权力被上收的宿命。

从调查来看，浙江与山东两地经济发展权的一放一收与两地基层干部的从政目标不同有关。

一般情况是，山东多数基层干部的从政目标是获得长远晋升，那么他们就不能与工商企业有太近的关系，一方面是不能以入股、干股的方式在工商企业中有股份，另一方面是自己及亲属不直接经营工商企业，以使自己在经济上清白，当然这并不代表个别基层干部不从为工商企业办事中收取好处。因此，山东基层官员的主要利益关系不在地方工商企业上，而在体制内。那么，他们就更可能摆脱基层经济利益关系的羁绊，在地方经济社会发展政策制定上，首先要有利于自己继续晋升流动，而不是照顾地方工商企业。

作为县一级的主要领导要继续“进步”，就得将全县的力量动员到经济发展上去，以提升他与其他县市主要领导竞争的比较优势。其中就要将乡镇的发展权上收，包括乡镇财权，使之能够服从全县的统筹发展。相反，如果将权力下放到乡镇一级，县一级就无法在财政、土地、招商引资等方面进行全面统筹，也就无法集中力量办大事，从而难以打造经济上的亮点，比较优势就显现不出来。所以，发展权上收到县一级就成了县级主要官员进行晋升锦标赛的主要手段。这就如中西部地区将乡镇招商来的企业集中放置到县工业园区一样，是为了县一级横向竞争采取的措施。

浙江的情况有所不同。浙江的基层干部深嵌于地方经济利益关系之中，与地方工商企业有着千丝万缕的关系。升官就不是他们唯一的目标，他们还要维护与自己有经济关系的工商企业的利益。与基层干部有经济利益关系的企业主要在乡镇一级，而基层干部多是从乡镇发展上去的。那么，无论是作为乡镇主要领导，还是县市主要领导，要维护他们的经济利益关系，就得从政策上保护乡镇一级的工商企业，乡镇扩权就是比较有效的做法。

乡镇扩权了，其政策包括土地、税收、财政补贴及其他优惠措施都可以在乡镇制定，自然会有利于本地工商企业。而工商企业的竞争对象并不在本乡镇，甚至不在本县市，它们要在全国与同行业进行竞争。就国家对税收等方面的监管来说，监管乡镇要比监管县市困难得多，因而浙江的乡镇就可以较为容易地给予本地企业诸多优惠措施，使得它们在全国市场上更有竞争力。乡镇的工商企业发展起来了，整个县域经济也就发展起来了。每个乡镇都有亮点，自然也有利于县级主要官员的晋升竞争。

强镇扩权的基本逻辑

强镇扩权的基本逻辑是将国家条线的纵向权力整合进乡镇的块状结构之中，使直接代表国家的条线权力地方化更彻底，为乡镇经济社会发展服务，而非实现国家管理目标。如果对条线的整合是在县一级，那么其地方化也在县一级，到乡村两级的权力执行还能够实现国家意志。乡镇一级“天高皇帝远”，在这一级整合条线权力更可能“灯下黑”，条线权力更容易完全被块状权力俘获为自己所用，这就是浙江强镇扩权的逻辑。

基层治理一线的权力运行

三个典型案例

在中部某省会城市某县调查时，县里的干部给我们讲了两则故事。

一则是“二号首长”的故事。某省委书记的秘书到该县挂职副书记，县市的干部对他毕恭毕敬，毕竟人家头顶“二号首长”光环，位高权重。但是到县里后，好光景不长，在一次全县干部大会上，“二号首长”上台做报告。可能他之前没在这么多人的场合作报告，到台上之后一紧张，讲话就结结巴巴，满头大汗。参加全县干部大会的有县级领导、乡镇党委书记、乡镇长，县直属单位、条管单位主要负责人，规模在二百人左右。这是他第一次在全县干部面前露脸，给演砸了，没有得到基层干部的认可，他后面开展工作基层干部的配合度就不高。没待半年，“二号首长”就灰溜溜地返回省里了。

另一则是“官二代”的故事。该县县委副书记是本地成长起来的干部，在本地根基很深。他的公子也是本县公务员，三十岁左右出任该县工业财税大镇党委副书记，可谓前途无量。但是就任不到半年时间，在年底的全镇村支书、主任参加的总结大会上，他上去作报告，念了几句后发现拿错了稿子，场面十分尴尬。第二年，该副书记也当得很艰难，村干部都不买他的账，他负责的工作推不下去，最后只能悄悄地离开该镇。

在山东某县了解到一个相反的案例，也很典型。新任副县长是从基层一线上来的，干过一个乡镇的党委副书记、一个乡镇的乡镇长和两个乡镇的党委书记，后晋升为副县长，分管几个重要的委办局。这几个委办局的一把手也在下面干过党委书记，都很有几把刷子，一般的副县长他们还不放在眼里。据说前任分管副县长是从市团委下来的，很是斯文，头一次召集开会时对这些委办局长说，初来乍到，又是新手，请大家多支持工作。委办局长们当时就听不下去了，有的打声招呼先走了。后来该副县长再召集他们开会时，他们干脆就叫副职参加。新任副县长也召集委办局长们开会，来的头一句是：所谓分管，就是党委政府把我分配过来管你们，你们工作做得好，功劳全是我的，你们工作没做好，都你们自己扛着。几句话就把下面的委办局长们给镇住了，此后工作开展异常顺利。

上述三则故事讲述的道理是，体制赋予的权力很重要，但是基层治理一线，权力并不是按照科层设置那样有板有眼地运行。权力运行有其基础，那就是上下级的权力关系性质。基层直接面对治理一线，权力要与社会对接。在体制内运行，权力通过压力型体制可以畅通无阻，而触及了社会，权力的运行是否有效就与权力掌握者和权力实施者的关系状态有关。因此，在体制的中上层，掌握权力，就意味着有权威，可以发号施令。到了体制末梢，治理一线，掌握权力并不意味着天然地拥有权威，而要看权力掌握者是否有足够的能力解决治理一线的问题，获得权力实施者的拥护。

在第一则故事中，“二号首长”拥有制度性权力，还能直通省委书记。但是下面听会的人都是乡镇、委办局负责人，是治理一线的人，有着丰富的治理经验和治理技术。“二号首长”可能很会写材料、服务领导，但基层干部认为他镇不住场面，对他不“服气”，因此他手中的权力在基层一线就落不了地。同样地，在第二则故事中，面对最一线的村支书们，“官二代”掉了链子，村支书本来就不在体制内，更不会买他的面子。而在第三则故事中，新任副县长拥有丰富的基层一线治理经验，可谓底气十足，他在委办局长面前没有胆怯心，在气势上完全可以压住他们。他说重话狠话，委办局长们听起来也很受用。但是他的前任既没有底气又没有技巧，让委办局长们看不起。

那么，在基层治理一线，权力是怎么落地的？它涉及权力掌握者（领导）与权力实施者（下属）之间的关系。在基层治理中，权力掌握者与权力实施者之间的交互关系构成了一线政治。

基层治理的特殊情境

在体制内部，有“官大一级压死人”的说法，意思是体制规定的某个级别或岗位官员的权力大、地位高，权力小、级别低的官员不得不听从他的命令，这里凸显的是权力的刚性和绝对性。但是在基层一线，权力的行使具有柔性和相对性，权力关系相对缓和、不紧张。之所以如此，与基层治理所面对的特殊情境有关系。

一是责权利不匹配，人的资源是最大的资源。中国体制的一个重要特点是上面不直接面对治理事务，但掌握了大量权力和资源，基层一线直接干活，却只掌握较少权力和资源。乡镇不是一级完整政权，大量专业人员、物力、职权、财权等都没有下放到乡镇，上级却通过各种渠道将事权及责任压实到了乡镇。村一级是自治组织，没有任何执法权限，也没有做事的资源。乡镇也把一些事情压到了村一级，跟村里签订“责任状”。乡村两级在法定配备的权力和资源不充足乃至严重缺失的前提下，还要完成大量治理事务，乡镇就得想办法调动一切可以调动的力量和资源去解决问题。

在乡村两级，最大的资源是人的资源，乡镇可以调动乡村两级干部及相关工作人员。通过创新工作机制，充分调动和合理配置乡镇干部资源，最大限度地发挥人的积极性，有针对性地解决问题。因为没有钱，就无法用钱去摆平钉子户，只能动员相关人员及其社会力量上门做工作；因为没有相关技术设备，低保人员的信息核查就不可能在办公室、设备前完成，只能进村入户、逐项核实，还要远赴他乡查证房产信息；因为没有相关的执法权，许多违法违规事件无法处罚，只能通过乡村干部不断走访、说服教育，如企业安全生产，没有执法权，乡村两级只能定期检查，出具安全隐患整改通知书，但无法给予处罚。

二是主要做人的工作，要充分发挥乡村干部的能动性。农村工作无论是解决具体的事，还是针对具体的人，最终都要转化为做群众工作。做群众工作就是做人的工作，一个是要做细，要了解群众所思所想所盼，掌握群众的家庭关系、社会关系、现实困难、历史恩怨等，这样才能有着力点、有针对性地开展工作。另一个是要通过一定的形式如生产形式、文化形式、自组织形式将农民组织起来，这样就可以在共同利益、共同情感、共同奋斗目标的基础上做好群众工作。组织起来的农民更有公心、觉悟和奉献精神，更容易将他们的思想观念转移到党委政府的精神上来。

要做到这两点，就需要发挥乡村干部的主观能动性和创造性，一方面要真正地扎根在群众中，了解群众，服务群众，总结不同群众工作的不同经验，找到不同群众之间的利益结合点。另一方面还要创造性地开展工作，探索新时代条件下群众工作的新形式和新方式。比如在广大青壮年外出务工背景下，可以通过建立微信工作群的方式，让他们参与村级治理事务的讨论，既要让他们有归属感和参与感，又能够激活他们的社区性。这样这群利益在村外的青壮年就可以成为做他们父辈工作的积极分子。

三是治理事务细小琐碎，要充分发挥乡村干部的主动性。农村治理事务有细小琐碎、无规律可循的特点，每件事情都是“特例”，都可能需要“特事特办”。这些事情对于体制来说是小事，但对于农民来说则可能是影响其生活、生产和交往的大事。如果乡村干部没有服务意识，认为小事不值得去做，可能小事“长大”之后就会成为大问题。伴随着生活向城镇化、现代化转型，农民不但有了新需求，而且在生活中也会出现新问题。如果这些新需求得不到满足，新问题得不到解决，农民的生活质量也会降低。乡村干部不能被动地等待有问题才去解决，还要主动去寻找农民真正的需求和问题。因此，只有发挥乡村干部的主动性，才能解决和回应农民细小琐碎的问题和需求。

总之，在基层治理一线，作为治理主体的乡村两级，在缺少其他可替代和补充的资源的情况下，人的因素最为关键。但是另一个事实是，激励基层干部的措施少之又少。经济激励？没钱。政治激励？没位置。荣誉激励？名额有限。没有体制性的激励，还要让人去干活，就只能调整权力掌握者与权力实施者之间的关系。通过调整这对关系，让权力掌握者能够充分调动权力实施者的人力资源，让权力实施者可以充分释放潜能和积极性。如何调整，就是一线政治，一线政治的状况决定了基层治理的绩效。

反之，如果权力掌握者有足够的资源和手段来调动干活的人去干活，那么他就可以按照体制设置的权限和规则行使权力，“不换思想就换人”，既任性傲慢，又简单干脆。这样，权力的行使就是自上而下一贯的了，也就不存在所谓一线政治了。

治理一线的权力关系

在治理一线，上下级权力关系并没有那么刚性和赤裸裸，而是呈现出以下特征。

一是扁平化拟亲关系。在治理过程中，上下级的权力关系等级性不强，扁平化程度较高。权力掌握者会尽量拉平与权力实施者的位阶，拉近相互之间的距离，以平等的姿态处理相互之间的关系。甚至要在治理团队中营造兄弟感情、朋友情谊，制造盟兄关系、师徒关系，在称呼上一般不直接称呼会显生分的官职，而是称呼哥、姐、师父等。在这样一种拟亲关系中，上级扮演的是哥姐、师父、长辈的角色，下级则是弟妹、徒弟和晚辈。所以，在上级安排下级干活时，权力命令就被隐藏起来，凸显的是兄长、长辈式的“交代”。下级去干活也会有为哥姐长辈帮忙、分忧解难的感觉，而不是完成上级交办的硬生生的任务。

调查中，一些上了年纪、无政治前途的事业编工作人员，干活也积极卖力，原因是跟了分管领导很多年，既有师徒关系，又有朋友关系，相互之间磨合很久了，在分管领导手下干活心情舒服，非常默契，无拘无束，也就愿意多干活。还有些是从年轻时就在一起工作，配合了十数年，有种“盟兄式关系”，上级作为盟兄安排活，下级去干活就是给盟兄帮忙——“跟谁一起干活”就变得很重要。

拟亲关系使得权力等级关系被拉平，下派的任务消解了命令式的刚性，而增添了亲情友情、人情面子的体验。这是一种情感动员的方式，这种动员方式在乡镇干部对村干部动员、村组干部内部动员、包村团队内部动员、专项工作组内部动员中较为常见。

二是领导带头干活。在体制的中上层，领导是用“枪”带队伍，他手中的枪打到哪儿，队伍就打到哪儿，这是“权力—命令”式带队伍的方式。到基层一线，这种方式就不适用了。治理一线的领导要以身作则，带头干活，冲在最前面，这在基层被称为“用背影带队伍”。在基层一线，领导几乎没有资源和手段可以制约下属，开除不了他，也不能给他升官提高待遇。他不干活，只能委婉地提醒，说多了也不干活，除了将其调离岗位，没有其他办法。但总要有人干活，要动员其他人干活，就只能领导带头干活。领导若不带头，只会手舞足蹈下命令、摆架子、耍官威，下面的人就不会买账。领导都干活了，下面的人就不好意思不干活，“毕竟人家是领导”。在缺少激励的治理一线，领导带头干活是最好的动员措施。

领导要带头，首先是要能带头干活，也就是领导要有解决基层问题、做群众工作、攻坚克难的能力。这种能力不是掌握权力就能拥有的，它是在治理实践中锻炼出来的。没有这种能力，带头干活就会成为瞎指挥，外行领导内行，内行自然不服气。有能力、有经验的领导，一方面是能够带头干活、带好头干活，领导有魄力、有魅力，下属心悦诚服，愿意跟着一起干活；另一方面是下属知道领导也是内行，自己那两下子糊弄不了领导，因而会认真干活。

其次是真能俯下身子带头干活。能干活的领导带头干活，既是真干活，又是一种姿态。领导真干活，一是领导卖多少力下属就会卖多少力，二是领导带着干活为下属干活指明方向，不会让下属把工作搞偏。领导带头是一种姿态，既可以在团队里形成一种干活的风气，也能够消弭上下级之间的权力等级关系，消除领导与干部之间的隔阂，加强团队的凝聚力。

最后是领导要带头对利益脱敏，以保证团队内部的公平公正，不能在团队内部私心太重，否则也会扰乱团队秩序，打击团队成员干活的积极性。有好处和荣誉，领导不能首先想到自己，有成绩不能往自己身上揽；出了问题要勇于担责任，要保护团队成员，团队成员的工作或个人困难要关心和及时解决。

三是为自己干活的氛围。要调动下属的积极性，治理一线还有一个经验是构筑每个团队成员为自己干活的制度、理念和氛围。党委政府将治理事务交办给一线治理主体，并通过监控和激励措施督促一线治理主体完成任务。基层党委政府的工具箱中没有足够的激励工具，同时基层治理事务的治理不像工厂流水线，可以进行全过程监控，对它的监控成本太高，效果不明显。因此，一线治理主体在治理过程中就可能做出偷工减料、偷奸耍滑、敷衍塞责、欺上瞒下等行为。如果他们不仅仅是在完成上级交办的任务，还是在为自己干活，就要对自己负责，那么他们的主动性、能动性就容易发挥出来，也就不需过多的外在监管和激励，出力越多、干活越精细，自己的收获就越大。

为此，上级党委政府需要给一线治理团队更多的自主权，让他们自己决定怎么把事情干完，上级党委政府只看结果。在团队内部，治理事务完成的好坏，要与每个团队成员的利益挂钩，团队是一个利益共同体。治理得越好，共同的收益就越大，每个人分配得也就越多。这样，团队成员就会把完成上级的任务当作自己的事业来做，按照自己的方式创造性地完成任务。在这个过程中有主体激发体验和创造性成就感，从而构成治理主体的自我激励，每处理掉一件事都是对自己的激励。同时，团队成员为了共同的利益和更多的分配，会在工作中勠力同心，主动揽活，把活干在前头，而不会想着搭对方便车、占大家便宜、拖团队后腿。

比如，一天的工作时间安排做一件事情，这件事情做完了，其余的时间就可以自由支配，那么团队成员就会在最短的时间内完成该事情。因为余下的时间越多，团队成员的福利就越大。反之，如果做完这件事，余下的时间还要做其他事，团队成员就会尽量将该事拖到下班的时候才做完上交。再如，一个包村团队一个月的工作经费是一定的，超支不补，盈余自支。那么，团队成员就倾向于自己多出力干活，少消费、少花钱，余下更多经费来分配。又如，所包村的治理状况与包村干部的福利、荣誉和晋升直接相关，包村干部就会关注村里的大小事务，主动发掘问题、解决问题和满足群众需求。

基层治理一线的权力运行机制

在基层治理一线，作为权力掌握者的领导，首先要有解决问题的能力，才能跟下属建立“权威—服从”的关系，下属才会心服口服地跟着领导干活。能力是一线权力行使的钥匙，没有这把钥匙就打不开基层一线的权力箱，权力就没法运行。

其次，下属的积极性与被动员起来的程度有关系。在资源匮乏的情况下，如何将一线治理主体的积极性全方位动员起来，构建“动员—响应”的关系，是基层治理的关键。这就需要领导有动员能力，也需要进行动员机制的创新。

最后，基层治理中的权力运行机制不是科层式的“命令—行动”机制，而要转变为包干式或自治式的“主体—主动”机制，也就是“为自己干活”的机制。

视察、调研、督导与现场会

体制是如何运转的

在基层，经常有领导下来视察和调研。视察是领导带队到基层参观考察，了解情况，指导工作。调研的主体不仅是领导干部，还可以是上级党政部门的一般干部，主要是通过座谈会、实地考察等形式掌握情况，为政策决策提供一手材料，并可能提出具体解决方案和建议。从调查来看，视察和调研基本上都是展示好的一面，领导了解和肯定的都是工作的正面，而对负面乃至明显作假的情况很少触及。作为体制外的人有这么一个疑惑，难道领导不知道下面是在糊弄他，这样的视察调研能够了解真实情况吗？这是作为普通人希望解决问题为领导分忧的思维。但是大领导是从小领导成长起来的，怎么会不知道其中的真实情况呢。

接待的准备工作

接待领导视察是一项非常重要的任务，领导级别越高、权力越大，任务越艰巨。安保问题不需要下面操心，下面一般要注意这么几件事情，一是卫生环境情况，把环境搞好了既是对领导的尊重，也是展示一个单位、地方的形象。如果领导要去一个典型村、示范点，除了清除垃圾杂物外，还需要进行景点布置和景观树栽种，给领导一种赏心悦目、田园怡人、户院精致的感觉。二是要做好简短翔实的材料汇报工作，这个要事先与领导随行人员沟通，了解领导视察的目的。三是布置好领导视察的路线，把自己的工作亮点与领导视察目的有机结合起来。四是要排查本单位、路线范围内有可能拦截领导上访的群众，把他们支开或者通过相关措施让他们暂时回避，如在领导视察期间把这些人带到宾馆、农庄好吃好喝好玩招待好。领导视察是在下级的严密安排下进行的，在外界看来，领导既看不到自己想看的，也听不到自己想听的，更见不到自己想见的，所以很难了解下面的真实情况。

我于 2009 年到河南兰考南马庄调研，正好碰上领导到该村视察工作。该村历史上就是典型村，焦裕禄曾到该村村口视察工作，接见了当时的大队书记。2003 年中国农业大学何慧丽教授到兰考挂职副县长，在南马庄搞农民合作社试点，经过几年的发展，合作社在全国知名，许多地方相关部门和社会组织都到这里来取经。在领导来视察前的一个月，乡镇和村就接到了相关通知，各方面就开始做准备工作。县里把从县城到村里的路段全部清扫干净，路边杨树刷上石灰。乡政府工作人员全部动员下村做准备工作，包括亲自打扫卫生，指导布置几个视察点。

村里视察的第一站是合作社办公地点，在这里要布置展点，以向领导展示合作社发展的历程和取得的成绩。这个点最重要，省市县一把手在这一个月内来了数批，每次不同的领导就有不同的意见，乡镇和村就得重新布置一遍。第二个点是合作社的大米加工厂，由于之前的设备少也陈旧，看起来不够大气，县里调用资金对加工厂进行重新装备，俨然成了一个现代化的加工厂。第三个点是九十岁高龄、受过焦裕禄接见的老书记的家。老书记家的院子很宽阔，但是脏乱无序，鸡鸭飞窜，家具破旧，还散发出严重的霉味。为此乡政府在短短的三四天之内将庭院修葺一新，新购置了鸡笼鸭窝，卫生又环保，院墙也刷白了，院子里重填了新土，还摆上了石质桌椅，种上了常青树，乍一看像是江南小别院。屋里的家具、茶几等也焕然一新，虽然不高档，但与院子布景协调。领导下车之后受到了群众的热烈欢迎，这些群众是从村里挑出来的、非常有政治觉悟又能说会道的老党员老干部。至于村里的政治反对派、被排挤出合作社的农户，则全都被请出了村庄。据说为了完成这次接待任务，县委书记压力很大，积劳成疾，在领导来前打了一个星期的吊针。

视察的目的

从体制运转的逻辑来讲，领导视察及调研，本来就应该是这样：下级将成绩呈现给领导看，看了之后领导给予肯定，并对工作提出进一步的要求，作出新的指示，给予新的期待。

从下级的角度来讲，他做了那么多工作，付出了那么多努力，还千方百计地将领导引导到自己地盘来视察检查工作，就是要向领导展示自己的成就，获得领导的肯定。那么，下级向领导展示的，主要是形势较好的一面。在汇报工作中，下级也会稍微提一些工作中的不足和问题，并对它们进行剖析，做自我检查，以示工作有进一步完善的可能，有时还可以向领导表达自己的困难之处。

在汇报中，下级要事先明确领导的兴奋点在哪儿，他下来的目的是什么，汇报材料要与领导的兴奋点对接。这就要求下级对领导的行事风格、执政理念、注意力偏向及历史有一定的了解，以及要与领导随行人员保持事先的沟通。

就领导来说，他下去视察的目的也不是找问题，他有其他渠道了解问题。领导视察有以下几个目的，一是表示对一个地方、单位及其主要领导的支持，给他们站台，顺带给他们解决一些政策、资源问题。二是表明自己的态度，体现自己对政策或问题的重视方向。三是表达自己对某一类事情和做法的看法和支持，而不是为下级具体的事情而来。四是看的是亮点，但不仅是对亮点感兴趣，而是以典型引路，借下级亮点把自己的政策和意志宣扬出来。领导对某件事情的重视，不能空对空，而要就事论“事”，才有抓手，有着力点。因而不能在办公室下指示、发号令，要找到适当的发言场所。

因此，领导对具体单位、具体经验中的问题并不感兴趣。即便他听出下级汇报材料中的问题，也不会现场指出来。甚至，如果下级出于疏漏把问题和矛盾在领导面前展示出来了，则会给他带来难题。因为这个时候领导怎么说话，是批评具体的事情，还是批评普遍的机制体制问题？所以领导在这种场合也不想听到不好的，包括下级单位人事纷争、班子不团结等，在领导视察的时候如果暴露出来了，对于领导来说是很棘手的问题，问题只呈现出一小点，没法在现场表态，更不可能解决。为了不给领导出难题，下级也要尽量将好的呈现出来。

既然领导是来看好的一面的，下级也希望把好的一面展示给领导，那么下级就一定要控制领导视察的现场，使现场不出意料之外的问题。为此，对于下级来说，他们的接待工作就要井井有条，既要全面展示成绩，又要有分寸地展示不足。环境布景要展示良好风貌的一面，又不能装饰得太好而与整体环境不协调。更重要的是不能在领导视察的过程中发生“突发事件”，要确保一切都在自己和领导的掌控之中。比如，不能有人突然向领导提问题，或向领导递纸条：一是领导一时半会儿回答不上来，场面比较尴尬；二是领导不好回答，回答了就是表态，表态之后能做到的还好，做不到就可能影响领导的形象，拖累整个基层。所以，领导视察一定要按照既定的“剧本”进行，超出了“剧本”要领导即兴发挥就会出问题。一般来说，领导的讲话要事先安排，讲话稿事先准备好，不能给领导突然袭击，至于领导最后用不用讲话稿那是另外的问题。尤其是不能出现群众拦领导车子、提诉求的事件，领导遇到这种事情会显得很尴尬，没有思想准备，难以把握好尺度和分寸。除非领导的级别足够高，他说出去的话足够权威。但是即便如此，对于下级来说也是工作失职，要受到处分。

调研的逻辑

一般干部受领导指示到下面调研实际情况，也要服从体制运行的逻辑，即调研者虽然是来了解全面的事态，但是也只能听好的，不能去看差的。调研者要顺从下级汇报的逻辑，不能随便指出汇报中的逻辑问题，更不能挑毛病。从调研者的角度来讲，人家尽地主之谊，你揭人家老底，于情于理不通；从下级汇报的角度来讲，你指出人家的问题，挑人家的刺，他就没法汇报下去了。这样，只要调研是奔着找问题去的，双方就都交不了差，调研者的调研进行不下去，下级的汇报也难以继续，这会造成体制梗阻。

下级的某项工作并不是下级闭门造车的一件事情，它是整个系统的一部分。下级的这项工作做好了，对于整个体系来说，就是这一块工作做好了。如果被认定没做好，那么整个体系就因为这一项没做好而有缺陷，从而影响体系正常运转。因此，为了使体制运转良好，就需要体制中的每一个环节都按体制潜在的逻辑运行，按大家默认的规则来办。如果哪一环节坏了“规矩”，就会导致体制运行中断。这个人就会受到体制的排斥，认为他不懂规矩、不会来事，给所有人带来麻烦，尤其是给领导添堵。领导为了疏通这个梗阻，要花费很大的力气。

体制运转需要默认一些规则，包括上级下来是来听汇报而不是来找碴的，是来看经验典型，而不是发现问题的。依照这个逻辑，办点、试点一般都会成功。

现场会与树典型

领导下去宣示政治主张，推动某项重要工作，除了视察、调研之外，还有一个常见的形式是开现场会或现场办公会，就是将相关会议人员拉到工作现场开会，使与会人员身临具体工作实践一线，现场感、操作感和感染力更强，领导的指示更具体，动员效果更好。现场会针对的工作要比视察具体，领导视察一个地方可能要去看几个不同的工作亮点，现场会就围绕一件事情、一个主题。

现场会有这么几个特点：一是相关工作领导重视，是领导推动的工作；二是召开现场会的单位在相关工作上做得比较好，引起了领导的注意；三是现场会一般是领导拍板要开的，会议地点既可能是领导亲自选定，也可能是下面单位争取来的；四是现场会要经过精心准备，较视察、调研更具有表演性质。为现场会做准备被称为“准备现场”或“提供现场”，领导下面的工作人员需要做的准备是发会议通知、准备领导讲话材料。现场会一方需要根据不同的会议准备现场，包括会场布置、参观亮点、汇报材料等。

例如森林防火的现场会，一般会选择做得比较好的乡镇去开。该乡镇除了要对森林防火中老百姓组织、意识、干部训练、道具配备、专家讲解、队伍建设、培训、训练录像等做逐一展示之外，还要准备一场演练，让领导和与会人员深受感染。领导讲话虽然是事先准备好的，但又是应景式的，讲话一般从现场这个点的经验出发，肯定好的做法，指出不足之处，以及提出需要什么样的支持，然后进行大会动员，让各个乡镇下去推动这个工作。

既然开了动员会，说明领导非常重视这个工作，下面就不能马虎应付了事。能够承接现场会的单位相关工作做得到位，其主要领导能够准确把握上级领导的施政意图和工作重心，亦能够将相关工作的政绩信号适时发送给领导。这样才能切中领导心扉，引起领导注意，领导才能选择该点作为现场办公会地点。这对于现场会单位及其领导来说是巨大荣耀，是对其工作的肯定。

我曾在江西一个小乡调研，该乡只有六个村，周边都是大乡镇，有利于人口聚居形成集镇。但是该乡党委书记在小城镇建设上却下了狠功夫，搞得有声有色，在市县都很有名气，市委书记三次到该乡召开小城镇建设现场会。后面该乡党委书记直升为该县副处级干部，羡煞旁人。一个重要的原因是小城镇建设是市委书记抓的重点工程，该乡党委书记卖力践行市委书记的意志，理应被树为全市典型，以起示范作用。

找问题的督导和督查

通过视察、调研、现场会等方式，领导得到的都是正面的反馈，那么他们是不是就会遮蔽视听，无法了解真实情况？

领导了解情况的方式很多，如座谈会、内参、央媒报道、人大和政协议案提案等。领导视察有一种情况是访贫问苦，就是专门针对贫苦生活状况的，这个时候下级就不必遮盖贫苦这种非政绩性的事实。再比如上级专门就某社会问题来调研，如农村养老、宗教问题等，这种调研一般是部门行为，不牵涉政治和政绩问题，因而既要把经验讲透彻，把工作讲到前面，同时也要把真实的情况呈现出来，以为上级决策提供材料和点子。中国政治体制中有其专门对负面情况给予了解和纠正的机制，如督导和督查。

督导是指上级部门对下级的相关工作进行督促和指导。上级的工作任务有明确的目标、要求、时间节点，布置给下级之后下级遵照执行。上级除了要控制工作结果之外，还要对下级完成工作的过程进行督导，看是否开展了该项工作，开展过程中工作人员的积极性如何，有没有出现偏离政策的行为，是否完成了阶段性任务，有哪些需要完善的地方等，发现问题要求限期整改，对问题比较严重的领导干部进行通报批评，对工作进度情况进行公开排名，对问题给予曝光，通过这些措施推动下级工作按照既定方向和目标展开。督导工作一般是政府部门内部的专项督促指导工作，有的部门专门设有督导室。

督查是指党委政府对下级党政机关完成落实党委政府的重点工作、中心工作及阶段性工作的督促、监督和检查。党委政府一般会设有专门的督查室，有党委督查室和政府督查室，到县一级通常是合署办公。督查的范围包括党委政府的年度工作目标，党委政府重要会议确定的事项，各部门上报的年度目标绩效考核，人大、政协议案、提案督办落实，以及主要领导直接交办的督查事项、上级督查部门转办的事项等。有时候有些承担党委政府重要工作的部门在工作推进受阻或遇到一定困难时，也会请分管领导委托政府督查室实施督办。

督导和督查既有区别又有联系。督导是部门推动专门工作的方式，督查则是党委政府推动综合性、重要专门性工作的方式。督导和督查都主要是检查工作推进过程中的问题和困难，清除工作的阻力和障碍，以利于上级工作任务的完成落地。督导除了查问题之外，在问题的处理上重在“指导”，使下级按照上级标准开展工作。督查的政策工具则重在查办，通过查办、惩戒等负向激励推动工作走上预期轨道。督查室是专门进行督查的机构，在督查实践中，督查小组除督查室工作人员外，还经常将组织部、纪委的相关工作人员纳入其中，以增加督查的力度。组织部管“官帽子”，查看下级执行上级任务的积极性情况；纪委是执纪监督部门，通过党的纪律检查督促下级工作人员端正工作态度和使用恰当的工作方法。纪委执纪的范围很广，是党委政府督查的一把利剑。部门的督导一般没有纪委参与，只有党委政府决定的重要的专门督导才会邀请纪委介入。

在体制逻辑中，领导本身是不会直接扮“黑脸”的，扮“黑脸”的有专门的部门。即便领导需要黑着脸说话，也不会到下级单位公开“黑脸”，而是在办公室单独发脾气。部门“黑脸”则到下级单位直奔问题。

县级单位的评比与考核

机关工委牵头

在县域党的系统中，县级各部门党组的党员由县直机关工委负责管理。这个单位是县委的派出机构，负责领导县直机关党的工作，包括发展党员、组织党员学习及对党组党员进行考核等。县直机关工委在县级党政部门中是个小单位，事务少，非实权部门。工委书记一般由县委组织部一名副部长兼任，工委副书记负责日常事务，设办公室主任一名和工作人员若干名。工委编制较少，一般五六个人，非领导职务的工作人员晋升空间小，也没有什么“油水”，一般人不愿意到工委工作。

调查了解到，县直机关工委有两项工作值得注意，也很有趣，一项是牵头搞“满意不满意单位评选”，另一项是对县直机关党组进行党建考核。两项工作都被放在年尾，为此工委到了年尾就会忙起来。无论是评比还是考核，在县一级都有自己的逻辑和机制，既是形式，每到年底都要做，但又都有内容，各单位还都不能马虎。下面介绍党的十八大之前，某县这两项工作的开展情况。

评选的内部操作

县级“满意不满意单位”评选，是由县委县政府组织的、由干部群众对县级机关进行考评的机制：把机关态度、干部作风效能建设、优化经济环境等交由干部群众评判，把干部群众满不满意作为主要标准；对评选结果予以公开通报，在全县大会上给最满意单位颁奖，对干部群众满意度不高、存在显著问题的单位责成整改，个别严重的单位和个人还要进行提醒谈话、督促整改。整体来说，这个评选是有作用的，能够体现干部群众对县直机关工作的总体感观，也能发现真问题，其中也有些隐匿的逻辑。

评选工作一般需要一个月到一个半月。每年的十一月底和十二月初，由县委县政府出面成立“满意不满意单位”评选领导小组，遴选评议单位，小组组长和副组长分别由县委副书记和常务副县长担任，领导小组办公室设在县直工委，办公室主任由县直工委书记担任，县直工委属于牵头单位。评议小组成员单位不参与评选和排名，但仍需要被打分评议。评议小组一般有县委办、人大常委会机关、县府办、政协机关、纪委（监察局）、检察院、法院、人武部、机关工委等9个评议单位成员，其主要领导为领导小组成员。这几个单位有几个特点：一是级别高，像人大、政协、检察院、法院及县委办，不好与下面的科级单位竞评，排前排后都不好看；二是裁判员单位，像纪委、工委、政府办，不好既制定规则当裁判员，又当球员；三是工作性质独特，如人武部。所以将这些单位纳入领导小组做裁判员是适当的。

除机关工委书记外，其余单位领导不担任具体职务和负责具体事务，而由单位选派工作人员进办公室负责具体工作。在县一级成立的临时机构当中，纪委一般都会被拉进来作为成员，负责监督，以严格程序和规范操作。

评选活动的工作主要是分发、搜集和统计测评表。参与评选的县级机关按照其职能、性质等标准被分成党群及综合部门、政府工作部门及其他、窗口服务部门、与群众联系面广的行政执法部门等四大类，每个单位在其类别内进行评比排名。测评内容包括工作作风及廉洁从政情况、审批制度改革及简政放权情况、重点领域专项治理情况、落实涉企政策制度情况、创新企业服务举措情况、查究追责情况等几大方面，不同年份会根据县委县政府中心工作的差别有所调整。测评的结果依得分来定性，包括最满意单位、满意单位、基本满意单位和不满意单位四类，一般情况下不会有不满意单位。

每年的评选活动都要发放1500份测评表，发放对象有县级领导、县党代表和人大代表、机关干部和服务群众。不同对象发放的测评表数量不同，如县级领导大概30份，县党代表和人大代表各100份，机关干部包括乡镇与部门，各四五百份，服务对象数百份。以百分计，其模式大概是，每项测评内容如最满意计20分，满意计18分，基本满意计16分，不满意倒扣10分，共4项内容，如果每项都获得最满意评分，就得满分100分。测评表收回后交统计局录入、统计和结果输出。

问卷是真实的，操作过程有纪委监督也公平公正，发收问卷与数据录入输出又不是一个单位，结果理应是客观真实的。但是在党的十八大之前，里面仍然有可操作的空间。譬如，问卷发下去后，不可能百分之百收上来，可能发1000份收回980份，另外20份就可以由内部人来填，这个内部人包括工委书记、副书记和工委书记信赖的人。发问卷也有技巧，譬如信用联社这一年想评上满意单位，他们就自己填几十份问卷，把自己填成满意分值，而在同类竞争对手的测评表上填成不满意。另外，还有些测评表只填了一部分，或者是空表，这些表也可以由内部人来填。

对于这些"操作"，大部分委办局都不太了解，只有小部分委办局知道，他们就会来找工委书记商量。譬如某局连续几年都评上了满意单位，但没有评上过最满意单位，他们局长想在县级大会上"露脸"，副局长就会请工委副书记的客，让副书记想办法。操作办法是，收回问卷之后，在该局竞争对手的测评表格上多勾些最不满意项，而在该局表格上多勾些最满意项，估计勾的份数差不多了再拿到统计局去统计。

测评表到了统计局仍有操作空间。统计局有十几个数据录入员，其中有一个人是可调整数据的，他的角色相当于技术分析师。进了数据库要调整数据难度相对大些，那么，到这里来调整数据的单位就不是一般的单位，是相当重要也对排名很重视的单位，或者是县级领导打了招呼的单位。有些单位则是县直工委要求排在前面的，否则公布出来不好看，要照顾到单位领导的面子，这些单位主要是常委单位。

县直工委每年在测评表交到统计局后，都会请技术分析师吃饭，事先跟他说牵涉到常委单位的数据需要调整，要想办法在数据库里进行调整。譬如，数据库显示这一年组织部排第二，宣传部排第一，就需要调整一下，因为组织部长在县委常委里的排名在宣传部长之前，所以要将组织部的分值提上去，宣传部的分值降下来，但又不能降到第三名去。这就需要分析师在数据库里将组织部的最满意项多勾几个，宣传部则打几个不满意项。这项工作必须是工委副书记和技术分析师一起操作。

在上述隐匿逻辑之下，党的十八大之前，每年各类最满意单位和基本满意单位变动不大，只有满意单位在上下浮动。县里会对进步显著的单位进行公开表扬。

“考核加吃喝”

在中央八项规定出台前，县直工委对各单位的考核常伴有吃喝。每到年底，县直工委就要到所管辖单位开展党建工作考核。名为考核，实际上是工委书记带着单位工作人员到各委办局考核加吃喝。年底放假前的两个月，县里有六七十个单位，每天吃两顿还吃不过来。我访谈的其中一个工作人员说，他之前在乡镇工作，身材保持得很好，到工委工作不到两年就长胖了，就与年底的考核、吃喝有关系。

到年底，工委书记或者副书记就会给部门领导打电话说，一年了到你单位看看党建情况。听到电话，各委办局长自然明白一顿吃喝是少不了的，就主动在饭店订上一桌。先到委办局座谈一下，然后将办公地点搬到饭店。在党的十八大之前，这种饭局司空见惯。当然，对于有些比较重要的委办局，工委不会随便去吃饭。

除了吃喝，工委还会从一些有钱的委办局搞一点年终福利。工委书记跟下面的委办局说，我们单位小，又穷，支持一点。这些委办局就会开个一两万元的党员教育经费。工委就五个人左右，每年向不同委办局要些钱来，年底福利也不少。一般公对公的钱都要进大账，这个党员教育经费算账外账，有时会打到工委工作人员个人账户。

虚事虚抓

县直机关工委是机关党建的主抓手。在党的十八大全面从严治党之前，其业务较虚，工作没有抓手，落不到实处。虚的工作只能虚抓，其检查考核就转变成赴各单位吃喝。党的十八大以后，中央八项规定出台，这种吃喝风被刹住。

第三篇

县域治理体系的结构与运行

县级领导的责权构成

县委书记在县域内权力极大，有时甚至可以说一不二。县委书记也有对自身权力的类似表达，说要治理一个县，县委书记加县长和其他县委常委齐心协力也不一定能够治理好，但是要搞坏一个县，县委书记一个人就可以了，足见县委书记的思路和权力在县域发展中的重要性。

为什么说县委书记在县域内权力极大，因为权力不仅是制度性的，还是关系结构中的、实践中的权力。

县委书记的制度性权力

县委书记的权力首先是由县委书记的职位和身份带来的。《中国共产党章程》和《中华人民共和国宪法》规定，要充分发挥党委统揽全局、协调各方的领导核心作用。县委书记的权力由党章和宪法赋予，在县域范围内担当政治领导、思想领导和组织领导的角色。政治领导就是政治原则、政治方针和政治路线的领导。思想领导是指通过对党员群众进行思想政治教育来把握正确的发展道路。组织领导即充分发挥各级党组织的战斗堡垒作用，以广大党员的先锋模范作用，来带动和影响人民群众，从组织上保证党的纲领和路线、国家的宪法、法律付诸实施；培养、选拔、考核和监督干部，并向国家机关推荐德才兼备的干部。这是原则性的叙述，在具体实践中，县级党委可以根据党委“统揽全局、协调各方”的原则介入县域治理的所有事务中，而党委的权力则主要体现在书记“一把手”身上。

同时，县级政权是一级完整政权，县域党政部门及群众组织是健全的，除外交、国防外，基本上只要上级党委政府有的部门，在县一级都有。有的部门是垂直部门，有的部门是直属部门。甚至上面没有的部门，县一级也可以根据职能需要设置相关内设机构，拥有相关权力，履行相关职责。在县域治理中，县委书记可以以县委的名义，通过设在部门内部党组，或通过干部任免的权力，调动所有部门的资源。县级机构越完备、直属性越强，县委书记能够调动的资源就越多，那么其权力就越大。

就以上两点来说，县委书记与省市委书记所拥有的权力虽然在“量”上有差距，但在“质”上是一致的。乡镇党委书记虽然拥有“书记”的制度性权力，但是乡镇是“残缺”的，一些重要的涉及权力、财务的站所都直属县级部门，乡镇党委书记无法充分调动这些部门的资源，其权力的行使也就大打折扣。

县委书记的结构性权力

制度性权力是置入具体的权力关系结构之中的。在不同的关系结构中，权力的能动性和自主性有差异。在某些关系结构中，权力会受到关系结构的制约和限制，而使其能动性不足、自主性较弱，权力表现为收缩状态，权力的行使较为谨慎。而在有的关系结构中，权力因得到关系结构的支撑而扩张，具有较大的能动性和自主性。

（一）“书记—县长—副书记”关系结构中的县委书记权力

县委书记处在一个什么样的关系结构中？在县委常委里面有三个主要领导，分别是县委书记、县长和县委副书记。三者的关系并不是分工协作那么简单，它们是对立统一的关系。

首先，县委书记与县长在结构上分属不同的体系。县委和政府是两套不同的系统，县委书记掌握县级党的系统，县长主持政府及委办局，党委和政府两个一把手，他们在县域发展和权力分配上的不统一具有结构性，难以调和。这个问题在党委政府、部门分工不明显的乡镇体现不明显，但是在县级以上党委政府中就较为突出。科层制越发达，党委与政府的分工就越明确，县长的独立性就越强，书记与县长的张力就越大、越凸显。

其次，副书记与县长的关系时有紧张也是结构性的。这并非源于他们之间权力的不明确，而是源于县长与副书记在政治晋升序列中没有“缓冲带”。常务副县长要晋升为县长还要经过副书记这一关，副书记要晋升为书记也要经过县长这一层级，但在副书记与县长中间不存在缓冲。

那么，作为职务的书记与县长、县长与副书记有张力，而书记与副书记则没有张力，反而有共同利益，他们就可能在某种机缘巧合下结成同盟，如此天平便倾向于县委书记。在县域政治中，一个优秀的、善于使用和掌控权力的县委书记不仅能够协调好与县长的关系，而且能够在县长之外联合副书记及其他常委，使自己的意志成为常委会决议。

（二）临时机构及县委书记与本地政治势力的联结

在县一级，建立临时机构的权力掌握在县委书记的手中。这些临时机构一般被冠名为领导专班、领导小组、攻坚队、工作队、战斗队、作战部等。设立临时机构的目的是短期内完成某些重要的治理事务，例如某项重大工程要落户某县，县里为了尽快、更好地让大工程落地，就会设立项目领导小组。领导小组领导视项目重要程度不同，规定由不同的领导来担任负责人。再如要搞征地拆迁攻坚，也设立攻坚专班，由县级领导任负责人。这些治理事务一般是政府部门的职能，县级党委通过设立临时机构，就将这些事务的治理主体由政府及部门转变为临时机构，其职权也由临时机构及其负责人来行使。在客观上，政府及职能部门权力也因临时机构的设立而向党委转移了。

临时机构负责人由党委书记来任命，一般是县级领导。除非极其重大的临时性事务，县委书记、县长一般不兼任临时机构负责人。调查了解到，许多临时机构负责人是由非县委常委的人大常委会主任、副主任、政协主席、副主席等来充任。这些人事实上已经退居二线，不在县域权力中心了，他们之所以会获得任命，一方面是他们年纪都在四五十岁，事实上还年富力强，还有干工作的热情和动力，只不过没有晋升到副县长、副书记或县长、书记的岗位上，他们担任人大、政协的职务主要是解决级别问题。另一方面这些人在县域政治中有较大影响，可以利用他们的资源和地位来做好临时性工作，为县委县政府分忧。

更重要的是，被任命为临时机构负责人，意味着他们从二线重新走到了一线前台，从没有实权到掌握实权，其权力和地位都得到了提升。在这个过程中，县委书记通过打破和重构权力体系和政治晋升的职位序列，重置了县域权力结构，并获得了这些人的支持，这样其在县域内就如虎添翼，也就可以大展手脚了。

临时机构的设立，使县委书记既部分地获得了政府及部门的权力，同时，又通过赋权的形式将当地政治资源更多地团结在自己身边。县政府及委办局必然按照县委的总体意图行事，服从和服务于县委的中心工作。这样，就会形成“党委领导，政府主导”的实际治理格局。围绕县委书记的思路开展工作，也就自然而然了。

（三）本地“土干部”与县委书记权力行使

县委书记除了要置入书记、县长和副书记的权力结构，以及地方权力结构之外，还要置入与乡镇党委书记、委办局长的权力结构。

乡镇党委书记（包括委办局长，下同）一般是土生土长的本地人，即便籍贯不是本地人，也大多是从县域政治中成长起来的。

他们从科员干起，经过一二十年，干到乡镇和委办局主要负责人。他们是县域政治中的“土干部”，在县域内可能关系很广、根基很深，但他们的关系触角一般难以伸到县以上政治领域。既然如此，当县委书记面对他们的时候，权力的行使就没有那么多顾忌。

县委书记的实践性权力

县委书记的权力还是实践中的权力。在中国的政治层级中，中央制定政策，省市贯彻政策，而县乡执行政策。中央的政策最抽象，属于宏观政策，是大方向、大方针，而省市则根据本地情况进行细化，仍属于抽象和宏观政策，到了县一级才进入微观操作层面。县一级要按照上面的政策精神制定具有操作性的具体措施，来贯彻上面的政策。同时，县一级党委政府还要根据本地经济社会发展的实际状况和具体治理事务制定本地政策。无论是贯彻上级精神，还是治理辖区事务，在县一级都是微观、具体和操作性的。那么，在选择治理事务（优先治理）和治理工具（措施、手段、方式、方法等）时，县委书记就有很大的自由裁量权，即县域治理的选择权在县委书记手中。无论是选择治理事务，还是选择治理工具，这里面都涉及资源的权威性分配。资源的分配必然会招引寻租者，而设租的人就是县委书记。这样，设租者与寻租者之间就建立起了新的权力—支配关系。这类权力属于权力实践过程中的再生权力。

另外，正是因为县一级是具体操作者，许多治理事务都没有给定具体的权力和资源，那么要治理这些事务就需要具体执行政策的人去配置资源。这就使得权力具有配置性，而不仅仅是法定性。能够调动的资源越多、资源配置越优化，那么执行者手中的权力也就越大，反之则小。同时，不同的事项，会配置不同量的资源，权力的大小也有差异。县委书记要把很大部分精力用于向上争取资源、向内整合资源和向下分配资源。

总之，县域治理实践中权力的再生性和配置性，增进了县委书记的权力。那些政策不具有执行性的层级就少了这两项实践中的权力。

县委书记权力的构成

综上所述，县委书记的权力由三部分权力组成，分别是制度性权力、结构性权力和实践性权力。制度性权力是党章和宪法规定的权力，是县委书记权力的根源，表现为统揽全局、协调各方，并因县域政府部门的完备而使得县委书记能够调动的资源也较为完备。相对而言，乡镇党委书记能够调动的资源因政府部门残缺而大为减少。结构性权力是在县域政治权力结构中体现出来的权力，表现在三个方面，一是在书记、县长和副书记的权力关系中，副书记倾向于与书记结盟，二是通过各种方法联结当地政治资源，三是下面的乡镇党委书记、委办局长都是“土干部”。前两个加强了书记的权力，削弱了县长的权力，后一个使得县委书记行使权力无障碍。实践性权力是指在具体的政策执行和操作过程中再生和配置出来的权力，它直接增进了县委书记的权力。

在三类权力中，制度性权力是根本的权力，它是结构性权力和实践性权力得以存在的基础。如果县委书记没有制度性权力，副书记和本土政治资源就不可能与之结成政治同盟，县委书记也不可能通过设租和配置资源来增进自己的权力。同时，制度性权力是处在具体结构中和具体实践中的，不同的结构和实践会形塑出不同的权力特性和形态。当制度性权力处在县域政治的结构和实践中时，就会表现出极强的自主性和扩张的冲动。归结起来，县委书记的权力很大，且在扩张，除正式制度纪律外，还需要其他的结构来约制。

县级领导的人事建议权

人事建议权何以重要

县委书记的人事权主要有两大块。一块是人事决定权，包括对正副科级干部的任免权和对正副科级干部、正副处级干部的调配权。虽说制度上县级人事决定权掌握在县委常委会和组织部手中，但是在实际运行中，县委书记的人事意志至关重要。县级正副科级干部的人事任免需要县委书记同意、常委会表决通过，对于一般正副科级干部的任免，县委书记关注不过来，他的同意也多是走程序，但对于主要委办局、乡镇的一把手任免，县委书记的决定权是实质性的。

人事调配权是指县委书记有对正副处级干部工作分工的调配权。分工既是责任，也是权力。在县域，除县委书记、县长外的正副处级干部，除有岗位工作外，还会有其他的事权分配。这些事权本属于政府部门，因为重要而被县委书记单独拿出来由正副处级干部包干负责。这种工作的调配，属于县委书记对处级干部的赋权。对副县长的分工，也需要县委书记决定。

县委书记的人事决定权在一定意义上属于法定权力，具有排他性，县委其他常委的人事意志需要通过县委书记来实现。

另一块是人事建议权。这是县委书记向上级组织部门、书记、常委会汇报提议本县人事相关问题的权力，主要涉及正科级以上干部的晋升、评价、信息传输等。正科级、副处级干部的晋升提拔决定权在市委，正处级干部的晋升提拔决定权在省委，县委书记只有评价、推荐、建议的权力。相对于决定权的法定性而言，建议权则更多的是实践中的权力，与县委书记的岗位、地位、前途、能力等有关，其重要性不亚于决定权，是县委书记人事权的重要组成部分。之所以重要，与调动县域正科级以上干部有关。

其一，正科级干部是县域治理的中坚力量。乡镇、委办局一把手属于县域干部的中层，起着承上启下的作用，县委书记施政的意志通过委办局一把手转化为县级政策，再由乡镇党委书记贯彻下去。该中层选拔是否得当、得力，以及选拔之后能否进一步获得激励，是县委书记施政的关键。县委书记的人事建议权能影响中层领导再进步。

其二，县级副职是分管各领域的守门人。县委书记掌舵全县，但具体的工作还得由副职分工负责。县域工作是一盘棋，只有他们分管（联系）的每一个领域、方面的工作都做好了，全县的工作才算做好了。这些副职有能力、经验、方法、人脉、根基等，只要真正将他们团结和调动起来，县委书记对他们分管的工作就不用操具体的心。县委书记的人事建议权可以影响这些副职的提拔重用及政治归属。

其三，班子成员是县委书记的团结合作对象。班子团不团结、能否精诚合作，不仅影响县域治理、县级政治生态，还影响上级对县委书记的印象。县委常委有较高的政治地位，也有较强的政治责任意识，组织原则性也较强，能够主动服从县委书记的领导。在县域政治实践中，如果县委书记没有对县委常委的实际约束激励措施，县委常委也可能各自“奔自己的前程”，对县委书记的意志贯彻积极性不高，难以被调动起来，班子一盘散沙。在乡镇，班子成员是分管副职，他们的积极性最重要，而班子成员之所以能团结在书记周围且有积极性，很重要的原因是党委书记有人事建议权。

县委书记的人事建议权包含班子配备、人事推荐、人事评价、人事信息控制等具体权力。

班子配备与人事推荐

受访的乡镇党委书记介绍说，一个厉害的党委书记可以决定60%的班子成员的配备。在我们曾调研的一个县，某乡长在全县知名，执行能力强，能团结党委书记，几个大镇的党委书记向组织部点名要他去搭班子任镇长。乡镇党委书记可以通过以下渠道配备班子：一是换届时推荐本乡镇中层升任副科，并留在本镇；二是向组织部门要人，在县域范围内看上的副科级干部，可直接要人；三是向县委书记要班子主要成员如镇长、人大主席、副书记、常务副镇长等人选，从本镇推荐或者向其他单位要人；四是主要乡镇的一些关键岗位，如征地拆迁较多的城关镇主持征拆工作的副职，党委书记可以点名要人；五是将班子成员中与自己“不对付”的人调配出去，然后推荐合适的人填补进来。

县委常委中异地任职的较多，县委书记对班子的配备权没有乡镇党委书记大，但他仍可以向市委举荐非班子成员副职担任常委，如副县长升任常委副县长、大乡镇（城关镇、开发区）党委书记升任常委、市委办局副处级干部调任常委等；也可以将班子中他不满意、意见难以一致的常委调任出去，如建议把配合不佳的副书记调到市民政局任副局长。笔者调查的某县，县长跟书记磕磕碰碰，县委书记向市委书记汇报，让紧跟县长的三个副县长调到市局去当副局长，既摘掉了县长的左膀右臂，又震慑了其他常委，还可向市委推荐副县长人选。特别是每年年底考核县级班子成员时，上级组织部门会征询县委书记的看法，看哪些人需要压担子、哪些人需要调走、哪个同志要安排到哪里等，在来年干部小调整中会酌情考虑县委书记的意见。

人事推荐权包括两个方面，一方面是向市委（组织部）推荐晋升副处级干部的人选。市委组织部在换届时给予县级晋升副处级的名额，或者本县有副处级岗位空缺，县委就会向市委推荐正科级干部名单，乡镇亦如此。我们曾调研的某县，换届之年县里会给乡镇晋升正科级干部、副科级干部的名额，由乡镇向县里推荐名单，再由组织部和常委会决定。乡镇党委书记即便不满意某公务员，但只要他符合条件，也要推荐他晋升副科级，否则无人晋升，其他乡镇会嘲笑该镇无人、党委书记无能，党委书记出于这方面考虑也要推荐力保。县里推荐副处级干部人选，首先由组织部定盘子，再经过民主测评，县委书记会从排名非靠后的人中挑选上报。如果排位靠后或县委书记觉得不合适，就无法获得推荐。

另一方面是推荐副处级晋升处级的人选。常委中除书记、县长外，其余一般为副处级干部，他们要再往上升，就需要县委书记代表县委推荐。

对于市委来说，县里的工作做得好，就是市里工作做得好，因此，为了支持县委书记的工作，他推荐干部的建议一般都会被采纳。为了让某个干部能上，如副县长升副书记，县委书记还要到市里去"争取"，一般来说，他极力推荐、争取的干部，成功的概率非常大。

相反，其他常委包括县长，要推荐一名副县级干部，难度还是比较大的。一般来讲，县委书记力荐某个干部，属于职务行为。即便他动用私人关系争取，也属于合法合理公共的行为。而包括县长在内的其他常委要推荐正科晋升副处、副处晋升正处，只有上级征求意见或民主测评时表达意志才属于公共行为，其他的"争取"行为皆为私下活动，条件是私人关系。

同时，无论有无空缺，县委书记随时都可以推荐干部。在江西某县乡镇一级，"新区"办主任每到年底就会拿着考评排名好的副科级干部、股级干部表向组织部、县委书记推荐。县长及其他常委的推荐是有次数的，只有在征求意见的时候才正当。所以，副处级以上干部推荐，县委书记推荐的成功率高，其他常委或是难以推荐，或是要将自己的人事意志转变为县委书记的人事意志。总之，在县域，正科级以上干部晋升，要么走上层路线，在市委组织部“挂上号”，要么走县委书记的路线。县乡两级“土”干部多，很少能在市一级“挂上号”，因而多数人要想晋升须走县委书记的路线。

班子配备与人事推荐力度、效果的大小，与县委书记在市域的政治地位、政治前途、工作能力以及与市委书记的关系相关，也与县委书记敢不敢推荐、会不会力争有关。

在某农业大镇，2005 年左右该镇连续几年有五六名副职晋升为乡镇长，就与该镇党委书记敢于向县委书记推荐有关。该镇在农业种植上贯彻中心工作有力，得到了县委书记的高度认可，县委书记经常到该镇视察指导工作。一般的党委书记向县委书记推荐几次乡镇长人选，能够获得一次批准就算巨大成功，也不会再“得寸进尺”，而该镇党委书记则接二连三地向县委书记推荐本镇副职，且获得认可。不仅如此，该镇排位靠后的副职、普通干部的晋升也较其他乡镇快，推荐成功率也高，为此该镇被称为“县委第二党校”。

市委之所以给予县委书记班子搭配和人事推荐权，主要有以下考虑。

一是党的绝对领导。党对一切工作的领导，党委书记在制度上代表党，因此在人事上要确保党委书记说了算。

二是工作开展顺畅。上级党委、组织部之所以会给予县乡书记配备班子的权力，主要是为了便于书记顺利开展工作，使县乡容易形成团结在书记周围的班子。班子成员对一把手负责是组织原则，上级领导为了支持县乡书记的工作，一般会对县乡书记提出的班子成员配备意见予以充分考虑或尊重。

三是与市委书记的关系。县委书记即便不是市委书记的“嫡系”，工作中接触多了，市委书记也会支持县委班子“班长”的工作。市委书记很多工作要靠县委书记来做，而县委书记的工作则要靠下面党委书记、局长来做。县委书记推荐提拔中层晋升，市委书记也多会首肯。市委书记当得长了，许多县委书记跟他的关系就密切了。

四是市委其他常委的许多工作也需要县委书记的支持，他们也会支持县委书记的人事工作。

人事评价与信息控制

在县乡调查，经常听到这么一句话，“书记说好话不一定管用，但说坏话一般都管用”。意思是党委书记推荐干部、说某干部的优点，该干部不一定能获得提拔重用，但是他说某个人的坏话，则此人大概率得不到提拔重用，即书记对干部的评价权很重要。上级提拔重用干部，就要考虑干部群众的评价，尤其要考虑班子成员的评价，而班子成员中书记的评价含金量最高。

在县委常委中，除县委书记之外的班子成员，对干部的评价走的是固定程序，一是年底考核时，班子成员可以对其他干部进行评价，县长甚至可以给出对个别班子成员调动的建议。二是上级考察干部时，班子成员会有对干部的评价机会。三是民主测评时，班子成员及县里的副县级领导、重要中层干部有参与的权利。基层的具体操作是，县委领导的分值设定要高，以体现党的领导。

四是巡察组进行个别谈话时，班子成员需要相互作出评价、指出问题。在这些评价中，县委书记的评价具有决定性作用，其他干部的评价只做参考。

县委书记对班子成员、中层干部的评价，包括程序性评价和日常性评价。县委书记可随时就某个班子成员及中层干部向市委作出评价，评价本身是向上级发送信号，积极评价会让干部在上级面前有好的印象，重要信号会让上级对干部有深刻印象。比如在上级领导视察、肯定某项工作时，向领导推荐分管该项工作的副职领导，推荐该项工作最出亮点的乡镇党委书记，这是见缝插针式评价。还有的是县委书记经常带着某个副职领导向市委领导汇报工作，参加市委领导主持的讨论等。

上级要了解下面干部尤其是班子成员的情况，也需要通过县委书记，县委书记控制了本级人事信息上达的渠道。

上级要了解县委班子成员、处级干部的情况，如工作、思想、廉政、家庭等方面的动态，可以有多种渠道，如秘书渠道、私人渠道、媒体渠道、其他干部渠道等。渠道越多，信息越多元，也可能越混乱。谁都可以向市委书记汇报，市委书记听谁的？这样会造成不同信息相互交织，从而扰乱决策，乃至影响政局。因此，必须确认主导的信息来源渠道，即上级对下级人事安排的决策参考以哪个渠道的信息为主。在县一级，县委书记对县里的工作及人事安排负总责，那么，从县委书记这条线上来的信息就被确认为制度化的、权威性的和具有合法性的，其他渠道则是辅助性的。

市委要依靠县委书记开展工作，县委书记怎么安排人、评价人、调动人，有他的意图、想法、偏好乃至利益。县委书记也最了解下面干部的情况，市委要给予县委书记一定的操作空间，选择信任通过县委书记渠道传递上来的信息。即便是县委书记对某干部的评价与市委掌握的情况有较大出入，若非原则性的，也会选择采纳县委书记的信息。比如某干部有明显缺点，独断专行，工作粗暴，但县委书记用他可以解决最棘手的问题，市委也会从县委书记的意图出发考虑问题。

从市委领导、组织部领导个人的角度来说，既然县委书记有他的意图，这个事情又由他负总责，他们也没有必要为了一个人伤害县委书记的积极性。而且，事情都有两面性，县委书记也有自己的私利考虑，要调动县委书记的积极性，上级就要容许县委书记在人事信息、人事评价上有瑕疵。

实践中的人事建议权

根据上述讨论，县委书记人事建议权的存在，有以下两个基础条件。

一是上级依托县委书记治县。作为一个县的总负责人，县委书记要团结班子成员、调动正副处级干部、激励正科级干部，就要有针对他们的人事权。县委书记的人事决定权作用范畴是副科级及以下干部，人事建议权才对正科级及以上干部有影响。人事决定权是法定权力，人事建议权则是实践权力，具有较大的弹性空间，与县委书记的执政能力、工作成绩、政治前途、政治地位、同省市委书记的关系等有关。实践中，县委书记的人事建议权越大，县域领导干部的积极性就越大。正副处级干部空降与县委书记的人事建议权无关，在正副处级职数一定的条件下，会压缩县委书记的人事建议权空间，打击下面干部的积极性。

二是上级依托县委书记知县。上级要了解县域各方面特别是人事情况，信息要准确、不能打架，且依据这些信息作出的人事决策，要有利于县域工作的开展。那么，通过县委书记渠道传递上来的信息就至关重要，上级就要充分信任县委书记发送的对干部的评价及干部信息的质量。县委书记有与上级领导沟通的信息渠道，上级领导要掌握县级干部情况主要依靠县委书记。实践中，上级越认可县委书记的干部评价及信息，干部人事决策与县委书记传送的信息关联性越强，县委书记就越能调动下面干部的积极性。

从调查来看，县委书记的人事建议权确有增进的趋势，这与两方面因素相关。

一方面是责权利匹配原则。上级下达给县委书记的任务越来越多，县委书记的主体责任越来越大，这就需要他们有更大的调动干部积极性的资源。为此，市委在县级班子配备、人事安排上，要更多考虑县委书记的意图，给予县委书记更大空间。

另一方面是县委书记省管。县委书记从市管干部转变为省管干部，参照厅级干部管理，而县长、市局一把手仍属市管干部。省管之后，意味着县委书记背后有更多的人脉与资源，他们在市域的政治地位更高，向市委的人事建议也就越可能获得认可。

县级领导非明确任期制

县委书记的角色与任期

在 W 市郊区 X 县 W 街道调研，街道书记跟我们谈起该县这几年县委书记走马灯似的一届就换了好几茬，其所在的街道也如此，五六年时间换了三四个书记。该书记认为街道书记换得勤影响不大，但是县委书记频繁换影响就很大。毕竟街道是最低层级的执行部门，不是政策制定者，哪个书记过来都是执行上级政策。但是县委书记不同，县委书记是一级完整政权的掌舵者，他在执掌县级政权的过程中，可以结合上级的精神，按照自己的意志对全县进行全方位改造。因此，县委书记是县域发展的总设计者和政治引擎，总设计者经常换意味着县域发展规划调整快，对县域治理和发展的利害值得探讨。

党章规定县委书记任期为五年，但是在实践中较少有任期届满才调动的县委书记，任期少则一年半载，多则三四年，普遍是任职两三年就会调动。因为一般不会届满，所以调动的时间不确定，调往的岗位也不确定，县委书记的任期从明确的制度规定变为非明确的实际操作，对县域政治、官员晋升及基层治理都有较大影响。

“安全”是非明确任期下县委书记的最大考虑

X 县属于革命老区，在 W 市的区县中属于贫困落后地区，经济发展滞后，工业基础薄弱，农业依然占主导；基层公务员队伍老化，积极性不高，群众观念落后，党群干群关系不扎实，使得 X 县后发潜力很大但是难以挖掘。县委书记作为 W 市调配的干部，一般都不愿意到经济发展和基础落后的县区来任职。因为发展潜力很小，很难在短时期内做出政绩，得到上级认可，还可能因为群众基础差而在发展过程中带来新的问题，影响县委书记的政治前途。即便被上级组织安排下来任职，也不会真正安心在此地待上数年，将此地作为自己执政生涯和实现抱负的重要站点，而是把在此地任县委书记当作资历，以便能往更高更好的岗位跳。因此县委书记从任职起就想着怎么调走，这就使得县委书记的任期更加不明确。

县委书记急着把自己调走，但是又不确定什么时候能够调走，那么，对他而言首先要考虑的是安全，也就是确保任职期间不出现大的社会矛盾和官员矛盾，不出现大规模的群体性上访和敏感的新闻事件。只有安全他才能够顺利调走，为了安全，他就不能去触碰辖区内的既定利益和利益矛盾，不会深度介入地方社会关系和地方利益。因此，他既不会想着捞钱搞腐败，也不会去搞改革创新、抓腐败。但又不能表现出消极无为，所以在推动上级任务的落实和本地的经济社会发展上，还是要有举措有动作，而积极稳健就是其重要的政治选择和表现。

对于基层领导干部来说，最重要的利益是职务级别的晋升及权力的增长，即提拔重用。因此，调动基层官员积极性的重要杠杆是调整干部。最优化的方案是所有的干部都能够人尽其才、人尽其用，各方面都安排妥当。这是理想状态，在实际操作中做不到。因此在干部调整中，即便县委及组织部门做得再好，考虑得再周到，总会有一部分人不满意。不满意就意味着触碰了他们的核心利益，这些人一定会将自己的意见反映到上一级党委、组织部门，上级就得下来调查取证。这期间，县委书记、组织部长及相关人员就要接受调查，取消一切调动提拔和外出工作事项。当然，上级党委、组织部门会从保护主要干部的角度出发平息事件，一般定性为没有问题。这对于不需要调动的县委书记来说是还了清白，唯一的成本就是他要花时间精力来解决这件事情。而对于要调动的书记来说，虽然没有问题，但是被告状了总归是不好的。尤其是讨论干部的时候，上级党委主要领导中有人提一句“他被人告了状”，那么他的调动就可能搁浅。

所以，为了尽早安全地调走，县委书记在任职期间就不会大规模动干部。即便是到了换届期间，或者因调动、退休等腾出不少岗位，组织部门向县委书记提议动干部，县委书记也会以时机不成熟为由不动，或者说“再等等”。这样就会出现以下情况：一是大量岗位空缺没被填补，二是积压了大量等待提拔调动的年轻干部，三是一些到年龄要退居二线或换岗的干部继续在原职不动。

发生第一种情况，会使一些单位主要领导缺位，有些事情没人干，有些责任没人负。但并不影响全县工作大局，也不会引起太大的社会矛盾，县委书记大可不必为此事操心。

发生第二种情况，很可能使很多干部错过这一次机会，之后就会一步落后步步落后，甚至很快就过了提拔重用的年龄，耽搁了政治前途，进而造成下面积怨很深，做事没有积极性。

就第三种情况来说，那些要退居二线或要退休的乡镇党委书记、委办局一把手，是县域政治中的既得利益群体。他们深耕县域政治数十年，在地方有一定的影响力，县委书记不动干部，对于他们来说是有利的，他们可以在岗位上多待些时候，也自然会支持县委书记的工作。而上级下来找人谈话，一般也是找这些老乡镇、老局长。

本土干部与县委书记建立信任关系需要时间

在县域政治中，还有一类担任乡镇党委书记、大局局长的正科级干部，从资历、能力和抱负来讲，他们都希望能够升任副处级职务，甚或被提拔为县委常委、副县长等实权职务，再不济也想提升一下行政级别。在党政体系中，从正科到副处是一道坎，迈过去了就真正成为国家干部了。副处级干部可以在全市范围内调动，再往上升的空间更大。所以，那些担任过数个乡镇党委书记的人，以及担任过党委书记的委办局长，作为县域政治的“老资格”，会觉得自己还能够再往上走一步。但是再往上走，除了资格和能力以及把现岗位工作做好之外，还需要有人提携。

提拔副处级干部的权力在市里，但是决定能否被提拔的关键是县委书记。在乡镇和委办局，能够与市里领导建立关系的正科级干部属于少数，大部分乡镇党委书记、委办局长是从基层上来的“土干部”，其关系触角最多延伸到县级干部。他们在工作中也难以接触到市一级领导，因此无法构建超县域关系网络。即便是能与市领导扯上关系的乡镇党委书记，要升任副县级干部，也要满足一个条件，那就是县委书记点头。而与市里领导没有太硬关系的人，只要县委书记力荐了，十之八九也是可以被提拔为副县级干部的。

副处级干部的任命权在市委组织部，讨论决定权在市委常委会。县委书记有提名权和否决权，县里补充副处级干部有两个途径，一是空降和外调，二是县里提名。一般来说，市委会尊重县里的提名。本县的正科级干部提拔到外县担任副处级干部，也需要过县委书记这一关。可以说，县委书记能卡住全县正科级干部的脖子，还有“想法”的乡镇党委书记、委办局长自然就希望得到县委书记的关注和青睐。

但是，县委书记是异地任职，除非从县长直接干上去，否则一般对本地“土干部”不熟悉。全县乡镇、委办局很多，数十个到上百个不等，正科级干部也很多。县委书记要对这些人做到心中有底需要时间，要做到了如指掌就更难。一般来说需要一两年时间，才能通晓这些乡镇党委书记的基本情况，包括资历、资格、能力、个性、社会网络、政绩情况、家庭情况等。但是即便县委书记了解到了这些正科级干部的情况，也不是直接从资历、能力、官声列表及胜任岗位上去考虑副处级干部的提名推荐的。县委书记在提名中还要考虑一个因素，即提拔上来的人是否值得信任。因为值得信任的人才会无保留地执行自己的政策，贯彻自己的意志，而不至于成为自己的对立面。值得信赖的人不会给自己添堵，只会给自己开路。所以，县委书记在提名副处级干部时十分谨慎。

了解需要时间，建立信任更需要时间，加起来就两三年时间，这也正是县委书记的实际任期。当县委书记刚好熟悉并跟乡镇党委书记建立了信任关系，还没来得及提名推荐副县级干部，他就被调走了，弄得辛辛苦苦与县委书记建立了信任关系的干部空欢喜一场。在新书记到任后，有抱负的乡镇党委书记还要重复与前任的关系构建过程。最后即便被提拔了也错过了最佳年龄，后面的机会越来越少，这样容易造成努力干活表现自己的乡镇党委书记得不到应有的政治激励。

制度上给予县委书记提名权的目的，是提高县委书记对正科级干部的动员能力。在县一级，正科级干部算是到了天花板，他们努不努力干活，政治地位都摆在那里。大乡镇、老资格的乡镇党委书记最后到一个好的委办局担任一把手退休，一般乡镇的党委书记也可以到一个小局任正职退休。县委还掌握一定量的副处级岗位的提名权，可以形成对这些正科级干部的吸引力，特别是对那些二三十岁就到了正科级的乡镇党委书记有较大激励，他们想象未来还有较大的上升空间，因此会向县委书记发送政绩信号，取得县委书记的信任。然而，县委书记非明确任期降低了该制度的功能。县委书记五年任期届满则可以充分发挥该制度的功能，前两三年大家都觉得有机会，拼命地干活，中间提拔一批；后两三年县委书记在熟悉信任的情况下定点培养一批，这些人会拼命地干活，给他制造政绩。

非明确任期要求县委书记“大干快上”

县委书记非明确任期制还有一个重要影响，那就是县委书记必须在短时期内做出政绩来。县委书记到任之后，知道自己不可能任期届满，但是具体任职到什么时候，他自己也不清楚，只知道一两年或两三年内随时可能走人。那么，理论上留给县委书记的时间就不多，他就不能按照五年任期而是两三年的时间来规划自己的县委书记生涯。要在如此短的时间内出政绩，他就会将体制的功能发挥到极致。

县委书记要在短时期内与其他县委书记竞争并获胜，就得拿出像样的成绩单，他就会这么做：一是通过党政体制整合资源，更多地搞运动式治理，在短时期内实现某些重要领域的治理面貌变革，如城镇更新、生态环境建设、全域旅游打造、招商引资等。二是领悟中央省市的精神，重点打造亮点工程。上级抓的重点工作、重点工程，县委书记也要重点抓，还要抓出经验、抓出典型来。三是在上面下达的各项考核指标上加码，再分配给下面各单位，通过政治动员的方式将全县动员起来，加大政治激励（各种评比、排名、奖惩等）激发单位之间的竞争，以使各项指标超额完成。四是调动一切力量向上向外争取资源，包括争取大项目、大企业、大工程等落地生根。

挂职干部的职业生涯

下派挂职的想象

省厅一副处长要下去挂职副县长，1980年生的他一直在厅里工作，三年前被提拔为副处长。省里对每个厅局单位都有下派副处级干部挂职的名额要求，这是干部交流的一种重要形式，便于省厅具体制定政策的处级干部们了解基层实际，掌握政策执行的具体遭遇，从而制定更符合实际的政策。

被单位领导选中下派挂职，自然是件幸运的事情，说明领导对自己的认可和重视。挂职期满后可能有两种去向：一种是自认为留在县里有政治前途，申请留在县里继续担任副县长，或可能很快提拔为常务副县长；一种是回原单位安排其他副处级岗位，挂职经历成为后面晋升流动的重要资历，如果领导得力还可能回来就提拔为正处级干部。这些都是比较好的前景，但副处长也有自己的忧思。

下派挂职的权力

最大忧思是，挂职副县长很难做出政绩，更难做自己想做的事情。在县乡基层，领导的权力来自三个方面。

一是职位权力。这是制度性权力，制度赋予的权力越大，领导所拥有的权力就越大。副县长在制度上有分管、联系的职权，起到的是协调、沟通和桥梁的作用，对下他协调所分管的委办局之间的关系，对上他沟通委办局、乡镇副职与县长、县委书记之间的关系。因此，副县长本身并没有实质性的决定权，他需要通过分管的委办局、乡镇来用权。

在用权上，副县长权力的大小与两个方面有关系，一方面是副县长所分管的委办局的权力大小。分管重要的、有钱、有资源的委办局，权力就大，分管无权、无资源的委办局，则权力小。挂职副县长一般分管不重要的、不容易出事的小委办局，比如科技局、档案局、县志办、妇联、工会等。即便这些委办局都听从挂职副县长的调遣，他手上也没多少权。

另一方面是副县长同分管委办局一把手的关系。如果副县长是从乡镇、委办局上来的，那他跟下面委办局一把手们有关系，甚至关系较好，否则就没关系。从乡镇、委办局上来的副县长，在县域政治中地位和声望较高，乡镇、委办局一把手“不看僧面看佛面”，对他都会有三分礼让、敬畏。另外，有地位、有人脉关系，他就可以在一定程度上决定下面乡镇一把手、副职和委办局一把手的升迁，比如他跟组织部长、县委书记关系好，向他们推荐一下，提拔镇长为书记。如此，他就更能调动下面人的积极性，他的权力就大。

二是个人魅力。这是因个人的能力或事迹在县域政治中所彰显出来的人格权力。官员个人的能力越大、做出的政绩越突出，在同僚、下属面前就越有威信，表明其人格权力就越大。副县长有人格权力，下面的委办局一把手就可能心甘情愿地接受差遣。比如副县长是从乡镇党委书记上来的，任职过几个乡镇的党委书记，成功处理过群体性事件，那么他不仅资历深，处理问题的能力也有目共睹，乡镇一二把手、委办局一把手在他面前就不会打马虎眼。

挂职副县长在委办局一把手面前没有任何优势，谈不上个人魅力，无论是说，还是写，抑或协调。人家委办局一把手都是从最基层科员摸爬滚打上来的，在不同岗位、不同层级历练过，“站起来能说，坐下来能写”，各项能力都不输挂职副县长，甚至比挂职副县长强。

三是社会关系。对于挂职副县长来说，他在县里没有复杂的社会关系，他来到县里就是一张白纸，这对于开展工作十分不利。因为他不在复杂的县域社会关系网络之中，就不知道内部的隐秘情况，许多事情就只能看表面，而难以找到症结，对问题的处理就不可能恰到好处。比如，问题表面上是由某件事引起的，可其背后却有更深层的根源，但是挂职副县长只能看到表面，那么问题就不可能得到很好的解决，或者还可能爆发更大的问题，或者处理起来会触碰当地既得利益，总之这对他工作都不利。

下派挂职的忧思

挂职副县长在县里没有多少权力，对于厅里的副处长来说，下去挂职并不一定是件好事。在厅里当副处长，掌握着全省范围某领域的资源，在下级对口部门、服务对象面前还能有些威严。但是下去挂职副县长，乡镇党委书记都未必买面子。

省厅的受访人说，挂职副县长在下面待满三年后就要尽快上来。如果还待更长时间，厅局一把手换了，新的厅长都不知道挂职副县长是谁了，上来也没有好位置给他，原来的位置又被其他人占据了，这就可能在下面一直待着了。挂职最悲哀的是，安排自己挂职、给自己承诺的领导，在自己还没有回来的时候就调离或退休了。

如何当好乡镇党委书记

“书记做主不当家”

按理来说，乡镇是基层治理的一线，乡镇工作人员应该务实接地气，不会讲那么多的大话、空话、套话。但是调查中，乡镇党委书记认为自己就应该讲“大话”“空话”，不能讲得太具体、太实在。这其实涉及乡镇党委书记的定位问题，特别是他与乡镇长的工作关系和分工问题。如果党委书记把具体问题都想到了，具体事情都做完了，那乡镇长做什么，他的位置怎么摆？从调查来看，党委书记与乡镇长配合得比较好的情况，一般是党委书记出主意，乡镇长具体落实。用邵阳市某镇党委书记的话来说，就是“书记做主不当家，镇长当家不做主”。

在江西某镇，党委书记是“70后”，从县委办秘书下去担任过一届乡镇长，既有政策制定经验，也有基层工作经验。乡镇长则是从乡镇一步步上来的年轻干部，工作务实干练。“60末”的副书记则在多个乡镇任过班子成员，是名副其实的“老乡镇”。该乡镇三巨头的分工较为有意思，党委书记只在办公室办公，他每天上午把镇长、副书记叫到办公室来分配工作，把意思大致表达之后，镇长、副书记就各自干活去了，他则要么往上面跑，要么在办公室，待到下午或晚上的时候，镇长、副书记再向书记汇报工作情况。镇长既负责全镇人员的考勤和吃喝拉撒，还要将书记交办的事情安排下去。副书记从来不在办公室办公，他最大的乐趣是调解农村矛盾和攻坚克难，所以他永远是冲在工作最艰难的一线，很享受解决具体问题带来的成就感。这样，镇长把全镇打理得井井有条，副书记把矛盾都解决掉了，书记自然就可以安心地当他的“甩手掌柜”。

后来该镇副书记调任另一个乡镇的党委书记，他仍然不愿意坐办公室。他每天上班后第一件事就是将文件快速阅览签发，再到乡镇长的办公室跟乡镇长交代一些事情，然后带着几个人到征地拆迁和小城镇建设一线去了。乡镇长留守乡镇负责大小事务，包括公务接待和处理突发事件。乡镇长称书记应该待在办公室，而不是冲到一线。书记却说，镇长是大管家，他把具体的事务都交给了镇长，书记只把握方向和管重要的事情。

虽然两位党委书记处事风格不同，但异曲同工的是他们在与镇长的分工上都做到了协调配合，书记管宏观，镇长管具体。书记乐得清闲，镇长无所拘束。

“只出主意不做事”

一般来讲，书记是乡镇的一把手，要有大局意识和把控能力，抓的是乡镇最重要的事情，包括思想、队伍与方向。乡镇干部的思想状况和动向，涉及乡镇干部的凝聚力和战斗力问题，党委书记要整体把握；乡镇干部的思想要提升到哪个层次、集中到哪些方面，党委书记要想办法解决。干部队伍建设包括班子成员安排、工作机制设定、年轻干部培养、晋升和流动等，这些都是党委书记主抓的工作。队伍建设得好与坏，尤其是班子带得好与坏，关涉到干部的积极性和主动性问题。方向是指乡镇年度或阶段性及具体工作的最终目标是什么，要达到什么样的要求。党委书记对乡镇工作定目标和要求，而不规定怎么做。质言之，抓思想就是“搞团结”工作，抓队伍就是怎么“用人”的问题，定方向则是“出主意”做事情。

在具体的乡镇工作方面，党委书记只“出主意”而不做事情。在乡镇工作中，哪些事情要干，哪些事情不要干，哪些事情比较着急干，哪些事情可以缓缓，调配哪些人去干，干到什么程度，等等，都是党委书记思考的事情。定下来之后，再由乡镇长具体去办。

对于党委书记来说，方向定了之后，就不能再大改了。在这个问题上需要独裁，这是书记的专断权，但可以视具体情况微调。至于怎么做，党委书记不给下面设定框框，让下面在实际工作中八仙过海各显神通，具体问题具体分析。这样做的好处是可以让镇长及下面的人有较大的发挥余地，发挥他们的主观能动性，充分考虑具体做事的情境。这样，不仅可以具体问题具体解决，还能够将特殊情况充分反馈上来，为更好地解决具体问题提供依据，也为后面政策调整提供参考。在做事方面，党委书记要多些民主，少些专断。

如果乡镇党委书记对做事指导太具体，一会儿一个主意，一拍脑袋一个想法，就会让下面手忙脚乱，无所适从。如果书记在做事的方面定得太死，下面就得逐一对标去做，做不了硬着头皮也要做，就会忽视大量具体情况，使下面干部施展不开手脚，具体执行陷入被动，特殊情况反馈的机制也会被堵死，最终还可能导致下面以形式主义来应对书记的决策。

有这么一个案例，新任党委书记在调查中感觉有两个村的支部战斗力不强，交办的任务无法保质保量完成，问题的根子在支部书记身上。党委书记了解情况后，立马成立了分别以自己和乡镇长为组长的整顿小组，并且提出支部书记不行就直接撤换掉。但驻村干部认为，其实两位支部书记都才上任一年半载，工作做到这个程度已经不错了，不应对他们过多批评，要从保护干部积极性的角度，鼓励他们改进工作，况且，撤换支部书记后还找不到合适的人选接任书记。于是，党委书记便接受了在不撤换书记的前提下进行整顿的方案。

在这个案例中，对村两委班子进行整顿是党委书记定下来的方向，不能变更为“鼓励”。但是在落实的过程中，也确实发现两位支部书记并非主观上有问题，且撤换后又难以找到人接任。这是特殊情况，被反馈上来了，成为党委书记做进一步决策的依据。于是党委书记在具体做法上采纳了驻村干部的意见，对既定方向只做了微调，不撤换但一定要整改。

“镇长说得很好，按镇长说的办”

所谓党委书记的“大话”“空话”，就是在乡镇工作的大方向、大目标上，讲大一点、抽象一点，在方法手段上讲原则性、底线式一点。这样就可以让下面执行的人能够结合实际情况对大的方向和目标进行分解，转变为可以具体操作的方案。党委书记不对具体操作方案进行监控，只要求结果达到目标。

党委书记讲“大话”“空话”，给特殊情况反馈提供了空间。一方面是因为操作空间掌握在具体执行者手中，执行者可以选择多个方案达到目标要求。如果仍然无法达成，就可以向书记反馈情况。另一方面，书记的目标要求也是抽象的和大致的，当具体手段用尽都达不到书记想要的“最优”结果时，书记也可以在大方向上做微调。这样就可以使书记的大方向与下面的具体实践通过多个反馈得到修正，最终达到比较好的“次好”的目标。

我们参加过数次乡镇周一上午的大会和班子会议。在讲话中，无论安排何种事情，镇长讲话都较为具体翔实，要求较为严格，而书记讲话则言简意赅，什么事情都讲个大概，鼓动、鼓劲、施压的多，讲具体怎么做的少，一句话就是“镇长说得很好，按镇长说的办”。

如果书记对于安排的工作说得太具体，可能出现以下问题，一是书记说过的话相当于“圣旨”，有指示就必须执行，使得事情不再有回旋余地。一旦各种手段用尽都无法达到目标时，就会给书记的威信带来影响，也影响乡镇的公信力。二是执行过程只有贯彻没有反馈，从而不能在执行中不断修正政策目标。事实上，原则性的目标是在执行过程中不断具体化和明细化的。党委书记在政策执行中，通过反复反馈来了解实际情况，如果他将具体做法都定死了，反馈就没有了。

总之，党委书记在执行中要多搞些民主，不干预太多，要允许有多频次反馈。只有这样，才能将党的政策、当地的实际与自己的思路有机结合起来。

“镇长当家不做主”

乡镇长虽然不做主，但是要当家，乡镇长除了党建和人事之外，其他的事情都要管，没有做好是他的问题，出了问题他要负责。如果党委书记放手，乡镇长在做具体事情的时候，就有较大的自由裁量权；而党委书记太强势，管得太多，乡镇长的发挥空间就小，这种情况下还可能影响党委书记与乡镇长的关系，带来班子的不团结。

乡镇长可能有的权力，体现在以下几个方面。

一是调配权力。党委书记定方向之后，乡镇长可以调动乡镇的人员、财政及其他资源去执行。执行一项政策，要多少人力、多少经费、后期怎么保障、怎么做更稳妥又没有风险等，都由乡镇长自由裁量。乡镇长管钱袋子，书记一般不管镇长怎么用钱。所以乡镇长在用钱上自由度较高，可以较好地通过经济分配安排工作。一定意义上，乡镇长的调配权力体现在资源保障上，如果一项任务安排下去，乡镇长无法提供相应保障，以至于工作难以开展，表明乡镇长工作不力。乡镇长还可以按照自己的思路来执行党委书记的决定，甚至在书记的支持下可以加入自己的想法和意志。所以，作为镇长，如果得到党委书记的支持和认可，大可以在乡镇上干一番事业，会有较大的成就感。但是，如果决策和执行党委书记都揽到手上了，乡镇长就会被撂在一边，做也不好，不做也不好，出了问题还得到自己头上来，这样乡镇长的位置就比较尴尬。

二是反馈权力。党委书记一般不会对镇长干事干预太多，干预太多镇长就会很敏感，畏首畏尾，施展不开手脚。党委书记最好的搭班子对象具有以下特点：有领悟能力，能够领会书记的意思；少说多做，领完任务就下去安排工作；做的时候不说、不埋怨，做完后汇报一下。与这样的人配合就比较默契，党委书记可以当得很舒服，少操具体工作的心。但是并不代表在做事的过程中，镇长不能反映问题，不能提困难。在执行过程中，镇长实在解决不了或者拿不定主意的时候，就向书记反映情况，让书记出马解决或作决定。书记的圈子和乡镇长不同，掌握的资源也不是乡镇长可等量齐观的，信息的对称性也有较大差异。那么，有些问题乡镇长解决不了或想不到，书记可以解决、可以想到。乡镇长的反馈权力是一种消极权力，即有什么事情后面还有书记顶着，乡镇长就可以大胆地去干。但是，党委书记定得太细太死，乡镇长只能硬着头皮执行，也就无所谓反馈权力了。

三是评价权力。乡镇的人事权在党委书记手上，乡镇长没有人事决定权。乡镇长的调配权力越大，对手下干活的人的评价影响力就越大。乡镇长是具体配备力量做事的，他对做事的人评价如何，会影响党委书记对其的印象和人事安排。乡镇长明确说不行的人，党委书记不会大胆起用，否则下面的人就不会听从乡镇长的安排。上面来考评或考核干部，乡镇长的评价虽不起决定性作用，但也是重要参考指标。如果党委书记大权独揽，乡镇长没有做事的空间，也就没有评价的权力。

总之，乡镇长在党委书记管宏观的情况下，会有较大的施展空间和发挥余地，可以很好地配合党委书记将乡镇工作做好。从乡镇长的角度讲，他是当家而不做主的人，他就希望党委书记只提大的要求，而不对具体做法指手画脚，这样他就可以把事情办好，当好这个家。如此，做主的书记讲“大话”“空话”，镇长感觉最舒服，这样的书记也做得舒服。

“大话”和“空话”

根据上面的叙述，可以得出以下结论。

其一，从政策执行层面讲，党委书记讲“大话”“空话”，便于下面放开手脚，根据实际操作执行，创造性地达成政策目标。

其二，从班子团结层面讲，党委书记讲“大话”“空话”，有利于乡镇长与党委书记分工协作，各司其职，各尽其责。书记不揽权，不事必躬亲，不究细节、钻牛角尖；镇长不越位，不抢书记的风头，书记没说的不做。

其三，从政策决策层面讲，乡镇党委书记尚且要讲“大话”“空话”，越大的领导讲话越有分量，就越应该讲“大话”“空话”，甚至不讲话。领导讲得越细、越具体，下面越不好操作。从决策上讲，框得越死，越没有动员效果；目标定死了，方法也定死了，具体执行的人就成了机器，没有了主体性和主动性，就不会有特殊情况的反馈，政策也就不会有调适调整的机会和空间。一旦目标和手段与实际有偏差，就可能造成不良的结果。

总之，越是上级的政策，越到中央层级，在目标上越应该有模糊性和伸缩空间，在方法和手段上越应该是原则性和底线式的。

乡镇领导的人事权

书记有地位，干部有面子

中西部某城关镇地处“天子脚下”，许多事情与县委县政府主要领导牵头的中心工作重叠，县级领导检查视察很多，乡镇党委书记、镇长接待不过来，所以，除非县委常委，其他领导下来党委书记一般不参与接待。其他领导也识趣，不会计较太多。若在其他乡镇，一位副县长下来检查工作，乡镇党委书记和乡镇长如果不是特别的公务都会陪同。这种区别，与城关镇的重要事务较多有关，更与城关镇及其党委书记的地位有关。城关镇党委书记是县委常委的候选人，较一般非常委的副县级干部地位高。

该镇当时刚上任的党委书记是一位32岁的“80后”，之前在一农业镇担任过两年镇长。由于该县还没有这么年轻的干部担任过城关镇的党委书记，大家都猜他有较大的来头。因为年轻，又被神秘化，党委书记索性将架子拉得更大，除县委书记、县长、纪委书记、组织部长外，其他常委领导下来，他概不陪同接待。

党委书记对调查人员说，书记越有架子，下面的干部就越有地位。意思是乡镇党委书记在县域政治中地位越高，乡镇的干部走出去越风光，外出办事人家也会多给面子。为此，乡镇党委书记在干部中也会受到更多尊重。党委书记称，在下属面前可以没有架子，但不能在县级领导和部门领导面前没有架子，否则就会泄了乡镇干部的气，不利于工作的开展。

乡镇党委书记的架子，除了会让乡镇工作人员更有面子、底气、办事方便之外，更重要的是会给予他们更多的晋升流动机会。乡镇党委书记要调动干部的积极性，除了用先进的理念和为干部职工争取福利待遇外，最重要的激励措施是加快干部的晋升流动。

决定权重要，建议权关键

人事权是乡镇党委书记的重要权限，主要表现在两个方面，一个是对中层干部提拔重用的决定权。党委书记提拔年轻干部担任中层干部，既是对他们的培养，也是给予他们政治激励。党委书记还可以通过调整中层干部的岗位，将一些有能力的人放到重要的岗位上，让他们人尽其才，有受到重用的感觉，对他们也能起到较大的激励作用。

另一个是将中层干部推荐为副科级干部，或者将班子成员推荐为正科级干部。科级干部的任免权在县里，党委书记只有建议权。在乡镇，正股级干部虽然属于中层干部，但是其实没有正式级别，只有到了副科级，才算真正进入了组织部管理的干部队伍序列，在县域政治中才有政治地位。要提拔普通干部为中层干部，除了中层退休外，那就是中层晋升，晋升的人数越多，中层留下来的空缺就越多。这样会加速中层岗位的流动，对普通干部来说就有很强的期待。那么，要加速中层的流动，就得加速科级干部的流动。乡镇正股级升任副科级、副科级升任正科级干部，有两个方向，一个是在乡镇内部晋升，从乡镇的中层岗位晋升为班子成员，或是从副科级的班子成员晋升为政协工委主任、人大主席。另一个是将干部往外输送，向县组织部门推荐正副科级干部。本单位晋升越多，或者流动出去的越多，留下的空缺就越多，下面能够填补进来的人就越多，从而整体上加快了干部流动速度。

在乡镇，中层岗位毕竟较少，而能够胜任的干部又相对较多，这就使得党委书记对中层岗位提拔重用的权力受限。党委书记只有通过建议权加速干部流动，才能使中层岗位流动更快，以充分实现其干部人事的决定权。所以，建议权才是党委书记人事权的关键。

干部人事的决定权是党委书记的法定权力，而建议权的大小则与党委书记在县里的地位高低有关系。乡镇干部对党委书记有期待，也就是对党委书记的建议权有期待。建议权的大小，就是党委书记架子的大小。

乡镇党委书记人事建议权的大小，与以下几个方面有直接关系。

一是党委书记在县域政治中的地位。党委书记在县域政治中的地位，与其任职经历有关系。任职主要领导的经历越丰富，资格就越老，地位也就越高。比如，在几个乡镇担任过乡镇长、党委书记，或者在局委办任职过一把手；或者党委书记干过惊天动地的大事，比如成功处理过影响较大的群体性事件，或者将差乡镇治理成好乡镇，在县域内声名鹊起。政治地位高，在县域政治中就有话语权。另外，资格老的党委书记社会关系广、门生故旧多，在关系网络中他也能说上话。

二是党委书记同县级领导的关系。党委书记与县委书记、组织部长关系好，他向领导推荐干部，领导会更加重视，更容易接受他的意见，支持他的工作。比如，乡镇党委书记本来就是从组织部副部长下来的，作为“娘家”的组织部会给予他更多配备干部的权力；再如，县委书记秘书下去的党委书记，他想调换搭班子的镇长都没有问题。

三是党委书记的政治前途。不与年轻有前途的干部过不去，是基层为官处事的潜规则。年轻的党委书记政治前途无可限量，不仅组织部门会高看一眼，县委常委也会更多地支持他。

那么，在党委书记强势、关系硬、年轻有前途的乡镇，在调整干部、补齐空缺时，被推荐的干部更容易获得通过，走出去的干部也就多。干部流动大，干部机会就多，就提得快。在这样的乡镇工作，干部不仅有地位而且有盼头，自然积极性高，能动性强，也更能团结在党委书记周边干事创业。党委书记就更能把乡镇的事情办好，风评也会更好，县委县政府会更加看重党委书记，他推荐的干部也就更能获得认可，形成正反馈。

干部被提拔，领导有权威

人事权作为一种政策工具，可以更好地调动干部的积极性，使其能为单位主要领导所用。加速干部流动，能够有效提高单位整体士气。被提拔重用的干部士气会更高，也会对提拔推荐的领导有感激之情，更容易被领导动员起来。进而，在领导与被提拔干部之间建立起权威与忠诚的关系。

组织的培养与关心需要通过具体的领导来体现。无论哪个级别的干部，都想得到领导的关心，获得提拔重用的机会。如果一个干部是现任领导提拔起来的，领导在工作中骂他几句，他不仅不会回嘴，还会有感恩之情，他认为这是领导对他的关心和指导，在领导面前老老实实、办事不讲条件。领导要布置任务，不待领导开口，被提拔的干部就会心领神会地把事情干好。

比如，某副镇长是现任党委书记一手提拔起来的，党委书记让他在自己分管的办公室安排一个副主任，副镇长会想尽办法把事情办妥当。如果该副镇长是"前朝旧臣"，他就会有自己的主见，说"这个人我看不行，办公室副主任要求文字功底好，这个人写材料不行，不服众啊"；或者党委书记安排副镇长做某事，副镇长就不会那么上心，专跟党委书记讲原则、兜圈子，说"书记啊，这个事是违反县里规定的，我不敢动啊"。

这便是说，当提拔自己的领导吩咐事情的时候，下属干部一般不会推三阻四，而当非提拔自己的领导安排做事时，下属干部不一定对领导言听计从。尤其是，对于领导布置的带有私事性质或者灰色地带事务，非自己提拔上来的干部会找借口躲远，而自己提拔上来的干部则会滴水不漏地摆平理顺。对于那些领导任职多年都没有得到“关心”的干部，领导更加使唤不上。

自己提上来的人才好用。这是领导一般不会用前任秘书的原因，也是新领导上任后会大动干部的缘故。原来权力结构中的干部都是前任领导提拔重用起来的，这些人在前任领导那里该得到的政治或经济利益都得到了，新任领导无法给予他们更多，因而他们与新领导难以建立权威与忠诚关系。新领导通过调整干部，提拔一批，重用一批，留用一批，给予他们在前任领导那里没有得到的，从而将下属干部的命运与自己任职联系起来，建立新的权威与忠诚关系。新任领导通过调整干部，建立以自己为中心的新权力结构。对提拔和重用的干部来说，他们感受到了新领导的关心，从而会对新领导有感激之情，与新领导的关系就不再仅仅是工作关系，而带有伯乐与千里马的关系。当然，这种关系远没有达到“自己人”关系那种程度，但是只要领导在单位任职，被提拔的下属就会知恩图报、唯命是从。

为了自己好开展工作，主要领导就要在单位里多提拔干部，加快干部流动。对于加强班子团结来说，班子成员中单位主要领导提拔上来的人越多，跟自己一条心的人就越多，自己的决策就更容易在班子中达成一致。比如班子中九个人，有五个人与自己提拔重用有关，那么单位主要领导在班子中完全可以做到“令行禁止”、没有杂音。对于单位主要领导来说，他要加强单位内干部的流动，其实更多的不是要将中层干部往外推送，而是要将他们提拔起来，使其进入班子之中，这需要单位主要领导有两个相辅相成的运作手段。

一是将原有班子中非自己提拔起来的干部调整到其他单位，使班子中出现岗位空缺。调整出去的干部既可以是提拔重用，也可以是平级调动。一般来说，到了乡镇班子成员级别的人，在县里都有一定的人脉关系，如果没有犯错误硬生生地把班子成员平级调动出去很难说得过去，而提拔重用则符合一般的组织原则和干部期待。比如，镇长或副书记跟党委书记经常意见相左，那么这个时候，党委书记就要运作将二人调出去，如将镇长调到另外的小乡镇当党委书记，副书记到某乡镇任镇长。把班子成员推荐到更高或更重要的岗位，可谓一箭双雕，既减少了施政的阻力，留下了岗位空缺，加速了干部的流动，同时又顺带送了人情，这样的运作需要乡镇党委书记有较大的能耐。

二是留下来的空缺由本单位提拔重用的干部填补，实现本单位干部的流动晋升。副科级干部是全县调配的，一个单位出现副科级干部空缺，除了组织部门在考虑谁来填补空缺外，县域相关政治人物也都在打这个空缺的主意，都想推荐人填补进去。本单位的主要领导自然是希望从本单位提拔重用，这就要看主要领导与其他政治力量之间的博弈情况。这个时候主要领导就要到县委书记和组织部长那里运作，比如在跟组织部长或县委书记吃饭、拉家常的时候，党委书记跟领导反映，某某能够攻坚克难，刚拿下了几个最牛钉子户，乡镇未来征地拆迁的工作量很大，需要这样的同志来担当大任。上级为了让党委书记更好地开展工作，一般会尊重党委书记的意见。当然能够与县委书记吃饭、拉家常，二者的关系本来就不一般。如果乡镇党委书记得力，他就能够控制班子成员空缺。有些重要岗位的空缺因为博弈主体更高，可能直到公示时，党委书记才了解情况。

单位干部流动速度与单位主要领导的运作能力成正比。运作能力强既能制造班子成员的空缺，又能阻止外部人员调入补充。这样，对于下面的干部来说，向上流动的机会就多、空间就大，流动速度就快，他们对主要领导就更服气。对于主要领导来说，班子中自己提拔上来的人越多，其在班子中的地位和威望就越高，政令更畅通无阻。在某单位调查，老领导在任时提拔了一大批人，所以他在单位很得意，经常开会讲："一个领导有没有人格魅力？你有人格魅力的话，你振臂一呼，一呼百应；没有人格魅力的话，振臂一呼，应者寥寥。"该领导是从组织部门调任过来的，他能够动的"人事"就很多，在他任单位负责人的五年内，单位里一大批人都得到了不同程度的提拔重用，成为他振臂一呼的"应者"。

相反，那些跟县委书记不好，或者是他们关系中"边缘人物"的单位主官跑去跟县委书记谈人事问题，后者不听他们的，或者根本不敢去谈。那么，这些单位主要领导就没有多少"人事"可以动用，乃至本单位好不容易空下来的岗位都可能被人抢走，这些主官在单位也就不会有太大的人格魅力。

在领导任内进步的人越多，能够给领导"抬桩"的人就越多，领导在单位说什么都很有权威，到哪儿都前呼后拥。如果领导任职数年，下面的干部基本没动，领导在单位还对下属指手画脚、呼来唤去，那么下属从内心就很抵触，乃至怨气冲天，就不可能真心实意地给领导办事，更不可能对领导死心塌地。

推动流动，积极选拔

在中国体制内，事情的关键都在人事上。理论上，单位主要领导可以通过人事来推动工作，但在具体操作当中要看主要领导的社会关系和运作能力。单位主要领导除了在新官上任后会大动干部外，还会在单位或全县有空缺时动干部。如果本单位有空缺，首先要保证从本单位补充，否则至少要进一个出一个，不然下面的干部会有意见。而全县要动干部，大调整大运作，小调整就局部运作，这些都是单位主要领导的基本工作。

然而，领导最大的人格魅力还不在于能够填补空缺，而是在本单位干部够条件时能够适时通过人事调整让干部上。所有的提拔都需要空缺，但是领导需要提拔某人时不能干等空缺，而要主动进行人事调整。够得上让领导运作空缺的干部，有两种人，一种是领导信任的人，为领导鞍前马后服务，既有功劳也有苦劳，需要在基本条件满足的情况下，提拔到某些重要岗位。一种是掌握某些特殊技能，各单位、科室都抢着要，领导就需要通过提拔重用来让他安心工作。

在一个乡镇可能多少年都没有正科、副科级干部退休或退居二线，因而难有自然空缺的岗位。但是在一个县的范围，正处级、副处级、正科级、副科级干部每年都会有退休退职的情况，如正处级岗位有人退休，那么副处、正科及副科就得逐级填补进去，也就会留下副科级岗位出来。如果党委书记想自己班子中的岗位能够空出来，就得将班子成员中的某个人调出去填补这个副科级岗位，然后再推荐本单位中层干部晋升副科级干部填补空缺。这是一种运作方式。再如，将工会主席安排出班子成员，再跟组织部说让他列席班子会议，这样就腾出一个班子成员的位置来；或者是让年龄大的班子成员提前退居二线，但仍享受班子成员的政治待遇。在中部某县，县委书记为了给年轻干部腾出岗位，实施了超过 55 岁的正科级、副科级实职退居二线的一刀切政策，这样的政策虽然得罪了老干部，制造了一些群体上访事件，却俘获了一大批年轻干部的心。

调整出岗位，需要耗费单位主要领导更多的资源，但是有些人值得他们这么做。那些到点提拔的人，会对主要领导十分感激和信服。如果一个单位这样提拔重用的人多几个，主要领导的威望就会高出许多。

第四篇

基层干部的晋升与流动

基层晋升法则：能力、关系与资历

关系在中国人情社会中尤为重要，在体制内也确实不乏关系因素。人们往往听到某某提拔了，首先想到的是此人跟上面谁有关系。但是如果把关系视作晋升的决定性因素，就难以解释中国体制的活力所在，也难以理解中国经济社会快速发展的政府角色。干部之所以得到晋升，关系只是其中一个因素，还包括能力与资历，三者中至少要满足其中两项。基层调整干部，不仅要人尽其才、人事匹配，还要上下、左右相对服帖，不满意总是会有的，但要降到最低点。所以，必须在能力、关系、资历三个方面做平衡，综合考察。

能力是首要的

能力是首要的。从乡镇调查来看，能够做到乡镇党委书记一级的官员，相对来说，不说出类拔萃，也是各方面能力都十分突出的，这些能力包括掌控局势能力、群众工作能力、向上争取资源能力、平衡利益能力、应对突发事件能力、协调各方关系能力等。在基层强调晋升锦标赛的情况下，能够保持主政一方稳定、贯彻落实上级政策和推动当地经济社会发展的领导干部，往往容易进入上级领导视野，因而更有机会得到提拔。

上级领导要出政绩，就需要能根据自己的思路卖力干活、贯彻自己意图的人。如果这些人得不到提拔，就不会有人给他卖力。上级领导喜欢的是那些“想干事，能干事，干成事，不出事”“有条件上，没条件创造条件也要上”的能吏，而不是仅仅不出事的官员，封疆乡镇、重要委办局的干部尤其如此。当前经济增长下行，许多干部为自保不敢干活，更需要真正能干、肯干、敢干的干部。江西某县的刘书记和湖北某县的王局长是这类基层干部的典型。

刘书记到三十八九岁还是乡镇的副书记，大家都认为他晋升已无望，但他并没有因此得过且过，依然是铆足了劲，跟个年轻小伙似的拼命干工作。他整天往农村跑，乡镇在农村搞建设所有的矛盾和问题都由他出面处理，党委书记说乡镇三分之二的活都被他干了。在大家都不看好的情况下，由于他所在乡镇搞得有声有色，换届时不仅党委书记升任副处级干部，镇长接任书记，他也在 42 岁“高龄”出人意料地被调到一个只有六个村的小乡担任乡长。小乡镇没有资源、没有特色，不容易出典型、出政绩，难以引起上级领导的关注和重视，这里的干部被认为是没有前途的，在县域官场中也没有地位。但刘书记依然像做副书记时那样卖力，把镇里、村里的事情处理得妥妥帖帖，三年后党委书记考走，他接任书记。刘书记把小乡镇当作大乡镇来建设，在做书记的三年里，在没有任何底子和条件的情况下，硬是把本乡的小城镇建设搞了起来，积极配合了市委中心工作，引起市委书记关注，市委书记曾三次到该乡镇现场办公。2015 年 8 月他说自己 48 岁了，过一两年就到县里某个局谋个副局长。但是 2016 年 7 月刘书记等来了他人生的再一次飞跃，他被市委书记亲自点名从乡镇党委书记晋升为副处级干部，整个地级市只有两个人享受此种殊荣。

王局长原是某镇副书记，对农村群众工作情有独钟，不习惯待在办公室，反而乐于接触群众，尤其是喜欢攻坚克难。他负责信访维稳工作，几十年的老信访户被他感化而不再上访，新的上访农户到他这里后基本上不会越级上访。曾经有个小学女老师被丈夫“怂恿”上访十几年，在他数年如一日地感化和劝说下最终与丈夫离婚，不再上访。由于工作积极性高、业绩突出，县林业局局长找他谈话，想让他到局里担任二把手，过几年接任局长的位置。副局长选拔的条件就是专门为他量身定做的。

刘书记和王局长都出身农家，在体制内没有根基，学历也仅是大中专毕业，能一步步得到晋升关键因素在于能干、肯干和敢干。刘书记说，如果没有能力，就算是市委书记的儿子也得不到提拔，至少不会提拔到关键岗位，更不用说封疆乡镇。能力是官员晋升的基础，能在基层晋升到一定位置的官员，多数不缺乏能力。能够封疆乡镇的干部经过多个重要岗位的锻炼，并在乡镇党委书记的位置上纵横捭阖，能力自然不可小觑。

关系是晋升的重要因素

关系确实很重要，但是体制外的人更容易将关系往负面、阴暗、庸俗方面理解。关系事实上还是资源，既是个人的资源，也可以成为公共的资源，关系的动员与协调本身也是治理能力的重要组成部分。

关系是官员得到晋升的重要因素，县委书记要提任干部，县委常委要推荐干部，都不是无的放矢。除了能力外，关键是要把与自己有关系的人提上来，或者要照顾好上面的关系户，而且不重要的委办局（如体育局、档案馆、党史办、党校），对领导能力的要求并不高。对于领导来说，他们要主政一方，要实现自己的执政理念和意图，必须有自己的人马，只有自己人才会贯彻自己的意志，按照自己的方略来施政。那些跟自己走得近，对自己意思领略比较深的，向自己递过“投名状”的官员能得到青睐，容易提拔到重要岗位。那些跟自己没关系或不是一条心的人，如果提拔到关键岗位，可能不会卖力，无法贯彻自己的施政方略，还可能使坏、使绊子。这些人即便能力出众，也不可能在自己的任期内被提起来。

对于希望晋升的基层官员来说，在其岗位上除了干好分内之事外，还要利用岗位的便利，与县领导建立关系，以及在乡镇、委办局层面营造良好的关系氛围。与某位县级领导建立关系，成为他的“自己人”。“酒香也怕巷子深”，自己再有能力也要有人知道、有人欣赏，通过建立关系向领导展示、推荐自己。体制内的思维是：调整干部时大家都在盯着某个岗位，为什么偏偏落到你的头上，不是无缘无故的，大家都在跑，只不过你跑得更到位，关系更硬罢了。

跟各乡镇、委办局主要领导构建的关系，是展开工作的重要资源。在基层，很多事情都不是本岗位、本单位的资源能够做好的，要用到其他岗位、其他部门的资源，如果与各乡镇、委办局的领导都有较好的关系，那么他们的资源就可以为你所用，你就可以更好、更快地把事情做好。就乡镇来说，各乡镇之间有竞争，竞争谁能更好地完成县级中心工作，更好地搞好经济社会发展。那些能够调动、协调更多委办局资源的乡镇，可以更好地做好这些事情。另外，单位工作上出了什么问题，通过协调各种关系把问题处理妥当，就不会给领导添堵、添乱，不会给自己留尾巴。这些都是体制内很看重的关系协调能力、资源动员能力。

关系构建与运作是一种很重要的能力。那些自认为有才华、能干事但没有得到提拔重用的基层干部，可能缺乏的就是这样一种能力。

资历是很重要的个人资源

资历是官场中很重要的个人资源。这里指的是广义上的资历，包括资格、资历和履历，一个资格老、资历深、履历好看的干部更容易得到晋升。

资格说的是满足升迁到高一级别、相对重要岗位的限定条件，包括年龄、学历、任现职年数、专业技术等。在某个岗位上待过是晋升到上一级岗位的重要资格，虽然科员到乡镇党委书记，中间只隔了副科级，但是乡镇干部要经历数个岗位的锻炼，包括科员、党政办副主任、主任、副镇长、党委委员副镇长、组织委员（纪委委员）、副书记、镇长等，才能升任党委书记。一般情况不倾向于越岗提拔，且每个岗位要晋升到上一级岗位必要的时间是三年，一个科员如果按照这个路径晋升需要花费二十几年时间，到四十多岁方能晋升到党委书记。设置这么多层级的岗位，是基层人多、级别少的情况下激励干部的隐性措施。基层干部在漫长的等级攀爬中，既为了晋升而加足马力，同时又将其政治生命耗费在其中，使其不会因为退休时没有晋升到更高级别而感到羞愧。少数能力特别强、关系特别硬又为主要领导分忧解难的干部，能够在短时期内越过数个隐性层级而得到提升，为其政治生涯节省时间。

某人在某个岗位或级别上待的时间越长，说明这个人资格越老。所谓“老资格”，就是说某人更有资格晋升到上一级岗位。

资历是指在数个岗位或单位上锻炼过的经历，特别是在重要岗位上的经历。在重要岗位上锻炼的时间越长，说明资历越深。如果一个官员在乡镇的多个主要岗位上待过，并在数个乡镇担任过党委书记，就是一种很深的资历。上级即便不提他到副处，也要安排他到一个资源多、权力大的委办局任一把手，否则不仅此人会闹情绪，其他人也会为他鸣不平。

如果待的岗位少、年限短，则资历浅。这样的干部还要多加锻炼，如果硬提拔，会招致不满。

履历是干部在不同级别的单位和部门锻炼的不同经历的组合。

资历强调的是不同岗位及长时间在同一重要领导岗位上的经历，履历强调的是在不同级别、性质的单位（岗位）的经历。譬如乡镇一级、县市一级和省厅一级，这是不同的级别；县委秘书长、乡镇党委书记、省委办公厅副处长、省委党校处长等则是不同性质的岗位。资历讲究的是深浅，履历讲的是好看与否。好看的履历一般既要有不同级别的单位或岗位（基层、省市、中央）的经历，又要有不同性质的单位或岗位（封疆县乡、综合部门、专业部门）的经历，这些经历的组合就是好的履历。履历越好看，说明经历越丰富，具有不同的行政经验和行政能力，仕途就越被看好，也就越可能晋升到更高、更重要的岗位。

晋升是综合条件作用的结果

当然，即便满足能力、关系、资历等条件的基层干部，也不一定就会得到提升，还有许多偶然因素会影响一个人的晋升。晋升是综合条件作用的结果，也可能是一种机缘巧合，甚至就是县委书记的“一念之间”。但是，只要晋升到县乡主要领导岗位的干部，就一定满足以上三个条件中的至少两个。

“制造流动”：基层的人事激励

乡镇处在政府序列最低层级，有级别低、岗位少、权力小、资源稀缺等特点。工作人员是乡镇最重要的资源，调动他们的积极性，给予他们恰当激励，是乡镇治理的关键。政治激励是党政机关最重要的激励，受制于级别低、岗位少，乡镇干部出口小，干部挤压严重，流动性弱。乡镇通过制造各种形式的干部流动，最大限度地调动干部积极性。

制造岗位空缺，让干部流动起来

制造空缺是使干部流动起来的重要方式。有空缺，干部才能填补进来，拉动干部流动。使职位出现空缺的方式有多种，如干部退休、退居二线，这种方式较为被动，如果干部普遍年轻化则时机难待。再如干部被免职或升职，这些都是上级党委作出的决定，乡镇难以左右。乡镇要想给予内部工作人员以激励，必须刻意制造空缺，主要有两种形式。

第一种是把干部推出去。首先是把股级干部推上去，从股级升任副科级干部，进入党政班子才算是进入了领导干部行列。股级干部的晋升有两种渠道：一是当本乡镇班子成员中的副职有升任或调任其他单位时，留下了副科级岗位空缺，由本乡镇中层正职填补进去；二是当其他单位出现副科级岗位空缺时，本乡镇的中层正职能够填补进去而获得晋升。这两种渠道都能令本单位中层正职出现空缺，需要中层副职或科员去填补，从而带动干部向上流动。

其次是将副科级干部推出去。乡镇副科级干部的流动一般是往外流动到更重要的单位或岗位，为本单位留下副科级岗位空缺，再由本单位中层正职填补。这两种将干部推出去的方式，都是乡镇党委书记刻意而为，为的就是制造本单位的空缺。乡镇党委书记不仅需要将副科级、正股级干部推到其他单位任职，而且需要在本单位副科级岗位出现空缺时，阻止外派干部进来，以使本乡镇的中层干部填充进去。这样才能真正制造岗位空缺，促进干部流动。

最后是鼓励借调或往上考。当强势县直部门向乡镇提出借调时，乡镇会把年轻、有晋升空间的中层正职推出去。同时也鼓励中层正职或副科级干部通过公务员及其他方式考入省市更好的单位或岗位。这样既将干部推出去了，也给本单位留下了一些岗位空缺。

第二种是搭建事业平台。年轻干部的成长，除了岗位和级别的晋升之外，更重要的是要创造平台和机会让他们成长。本领的增长是对年轻干部最重要的激励，也是他们跳跃到更高岗位的基础。这方面主要是给年轻干部营造干事创业的氛围。一方面，班子成员要团结，要心往一处想，力往一处使，共同把乡镇的事情做好，而不是钩心斗角。这样，乡镇给县里的印象较好，乡镇主要领导就更能得到县级领导的肯定，他们在县域政治中就有地位，他们推荐的干部就更能获得认可。另一方面，要为年轻干部的成长创造条件。乡镇干部是综合性干部，年轻干部既要在办公室里培养材料写作、综合协调、接待服务、理解宏观政策等能力，又要有深入农村、联系群众、做群众工作、处理复杂问题等方面的本领。许多乡镇将工作机制与人才培养机制结合起来，让年轻干部在治理实践中得到成长。

一个乡镇干事创业的氛围越好，年轻干部在其中的成长就越快，往外流动的干部也就越多，反过来也能激励干部干事创业的信心和决心，使乡镇工作做得更好。

增加隐性层级，激活干部人事

乡镇级别低，职务层级少，只有中层副职、中层正职、副科级、正科级四个级别。理论上，如果一个干部每三年升一级，从科员到正科最多用十二年时间。但是在实践中，绝大多数乡镇干部无法晋升到科级干部行列。在这种情况下，如果一个干部到了一定年龄，自觉触及了天花板，无法从中层正职晋升到副科级，或难以从副科级晋升到正科级，他们的积极性就难以被调动起来。

但是这批干部是乡镇的中坚力量，他们有丰富的工作经验和较好的人脉关系，通过调动他们可以很好地盘活乡镇人力资源。于是在实践中，乡镇就出现了大量的隐性层级，通过推动隐性层级的流动来激活干部人事。

乡镇隐性层级主要有两个方面：一是乡镇站办所之间的隐性层级。指的是乡镇内设的站办所之间的隐性等级划分，由以下因素综合构成。其一是离乡镇主要领导的远近，如乡镇党政综合办离乡镇党委书记、镇长最近，是直接服务于他们的机构。再如新成立的党建办，是由党委副书记分管、组织委员主管的办公室，直接业务是乡镇的干部人事。在这些机构工作的乡镇干部能够便捷地接触到乡镇主要领导，他们的工作更容易让主要领导看到，也容易影响主要领导的意志。而环境办、水利站等，则远离乡镇主要领导，其工作人员的工作很难进入主要领导视线。所以，综合办、党建办的地位就要高于环境办、水利站。

其二是工作的重要程度，有些机构的工作一直是重要工作，如综治信访维稳办的工作；有些机构的工作则是常规性的，如民政工作，无所谓重要不重要；有些机构的工作则某一长段时间内是重要性的工作，如计生办的工作在放开二孩之前是重要工作。在北京郊区，大气治理是长期重要的工作，大气办就显得尤为重要。相对于承担重要工作的机构，一般的站办所在乡镇的地位就显得较低。

其三是领导个人关注的工作，这与乡镇主要领导的施政理念相关。主要领导关心的工作被哪个站办所承担，该站办所就会成为重要的部门。

透过这些综合因素，就可以对站办所进行等级排序，哪些站办所最重要、哪些次之、哪些再次。之所以如此，与乡镇主要领导所掌握的权力和资源有关。与乡镇主要领导越接近，就越可以接近这些权力、资源。乡镇领导重视和关注的工作，与乡镇主要领导的政绩、意志相关，能够为主要领导分忧解难的乡镇干部，自然较为容易分享他们的权力和资源。

那么，对于普通干部来说，从不太重要的站办所调任到相对重要的站办所工作，属于向上流动。中层副职从重要的站办所副职调任到不太重要的站办所任正职，是晋升流动。中层正职从水利站站长转任党建办主任或任综合办主任，级别没有变，但属于提拔重用。

二是副科级岗位之间的隐性层级。在乡镇，党委书记、乡镇长、人大主席三人是正科级干部，其他班子成员一般是副科级干部。在有的地方，乡镇党委副书记兼任政协工委主任，其级别亦可能是正科级。

在副科级的班子成员中，他们的地位并不是同等的，党口干部地位相对较高，从高到低分别是副书记、纪委书记、组织委员、宣传委员，其后是党委委员副镇长，最后才是普通的副镇长。武装部长是党口干部，但在不同乡镇有不同排位，有的乡镇排在常务副镇长之前，有的乡镇排其后，这与乡镇的习惯有关系，也与充任该职位的班子成员的资历有关系。排位最靠后的一般是刚从中层正职晋升的副镇长。

在乡镇七八个副职岗位中，每一个排位都是一个隐性阶序，每向上晋升一步都需要三年左右的时间。那么，一位刚荣任副镇长的干部，要晋升到镇长职位需要爬9个等级，长达27年。即便中间诸如普通副镇长之间、组织委员和宣传委员之间等级不明显，去掉3个等级，也还要登6个等级，花18年时间。加上在晋升副科级之前所熬年限，一个普通乡镇干部要逐级往上升，升到乡镇长或副书记，普遍都到了四十多岁的年纪。

除了班子副职之间有隐性等级，虚职与实职之间也存在等级。比如同样是副科级干部，有副科级领导与副科级非领导之分，前者是乡镇班子成员，后者是副主任科员，不一定进班子。还有如部分乡镇纪委副书记、团委书记或妇联主席等，充任者享受副科级待遇，但是不在班子之列。有的非领导职务也可能进入班子、分管一方面工作，比如北京市郊区的乡镇级别是正处级，由于领导职数有限，有些干部虽然晋升为副处级领导，但是没有具体的职位，称为“副处级非领导”。

乡镇班子成员之间的等级之别，很大程度上与干部任职资历有关，而与所分工的工作重要程度无关。有些资历浅、排位靠后的副镇长可能分管一些重要的、容易被一票否决的工作，而有些排位靠前、资历深的党口干部，可能分管一些较轻、较虚的工作。在通常情况下，班子成员在隐性等级之上，地位就越高，资历越深，在单位的分量就越重，也就越有可能升任到更重要岗位、更好单位或更高级别。所以，班子成员也很在乎隐性层级的流动。

设置中层岗位，调动“老乡镇”

从乡镇主要领导的角度来看，在推动工作方面，最需要调动的是“老乡镇”的积极性及其资源。这些人在一个乡镇待了十数年、数十年，有经验、有关系，也不乏能力。但是这些人要么是事业编，没有上升的空间，要么是过了年龄的公务员，对晋升不再抱期待。因此，他们对工作没有多大的干劲，是最需要调动又最难调动的一拨人。

从乡镇经验来看，对他们积极性调动最有力的措施，是将他们安排在中层正职的岗位上。中层正职岗位是除班子成员之外最重要的岗位，是主导一方面工作的领导干部，掌握一定的实权和资源。一些重要站办所的一把手有较高的地位和话语权，也更容易接近主要领导。将“老乡镇”安排在站办所一把手的岗位上，体现了乡镇主要领导对他们的重视。在体制内，“领导重视”对下级来说是非常重要的激励，至少说明“领导看得起”。既然领导看得起，就要将领导安排的事情办好。另外，事业编进入体制的最高期待是晋升为中层正职，将他们安排为中层正职，对他们来说是最有效的激励。

然而，乡镇的中层正职岗位毕竟有限，而“老乡镇”却相对较多，那么要尽可能地调动他们的积极性就需要更多的站办所。新一轮的乡镇机构改革后，不仅乡镇的站办所减少，还要求站办所一把手必须是公务员编制，这就阻挡了主要领导对“老乡镇”特别是事业编“老乡镇”的调动。乡镇在这种情形下，依然还有运作空间，那就是自主设置中层岗位。从调查来看，各地乡镇主要有三个方面的措施。

一是设立内设机构。以完成上级某项长期性重要任务为名，设立常设性的站办所，由“老乡镇”来充任这些站办所的一把手。比如北京地区重视大气治理，乡镇就设立大气办，让得力的“老乡镇”做大气办主任，再招聘两三个编外用工。环境办、治超办、河长办等都是如此，这些机构在“三定”方案之外，其一把手也没有得到上级组织部门的认可。有的站办所一把手还可能不是公务员和事业编，而属于工勤编制，根本没有级别。有的一把手虽然是公务员、事业编，但是其级别并不是正股级。但乡镇认可这些一把手为中层正职，享受乡镇中层正职的政治和经济待遇。

二是设立临时机构。乡镇根据某一阶段的中心工作或重点工作，设立临时办公室、指挥中心，如某村落拆迁指挥中心、某高速公路建设协调办、某企业落地协调办等。在邵阳某城关镇，根据区县条线重点工作，设立了与之对接的“重点线”机构，每个“重点线”的工作都设有一个指挥办公室，办公室主任由最能够胜任该工作的“老乡镇”担任。这些重点工作越多，设立的临时机构就越多，也就能够安置更多的“老乡镇”，更好地使他们人尽其才。设立临时机构的好处是一件事情完成，临时机构解散，新来一件事情，可以再设立相关机构。

三是设立管理片区。在乡镇与行政村之间设立管理片区，管理 5 到 10 个不等的行政村，每个管理区有书记、区长、副区长、普通成员等 4 到 5 名包片成员。书记、区长享受中层正职待遇，副区长享受中层副职待遇。一个乡镇如有 20 个行政村，可以设置 3 到 5 个片区。片区书记一般由经验老到的“老乡镇”充任，区长可以是“老乡镇”，也可以是安排下来锻炼的年轻干部，副区长和普通成员可以是年轻干部，也可以是有经验的干部。

实施行政包干，创造性开展工作

所谓行政包干机制，就是将某一项工作、某一类工作、某一方面工作或某一辖区工作全权交由某些人负责，让他们集中力量完成并获取剩余索取权的一种工作机制。包干制的前提条件是要打破乡镇机构和编制来使用人员，实行混编混岗，让乡镇工作人员能够从原有岗位中流动到包干机构或团队中来。

乡镇包干制主要有两个具体的工作机制：第一，领导包干制，就是由某个班子成员带领一班工作人员以共同完成工作的机制。这些工作一般是非常重要的工作，需要乡镇领导出面调动资源和协调关系来完成。第二，临时机构包干制。临时机构由“老乡镇”担任领导，临时机构包干制是乡镇最重要的包干机制。

乡镇包干制对工作人员有较强的激励效应：一是乡镇主要领导对包干领导只看结果不管过程，包干团队有很强的自主性和主体性。包干团队按照工作目标自行定义工作的方式、手段、流程，自行调动干部的积极性和主动性，创造性地开展工作。这样能够最大限度地激发他们的主体性，而主体性本身对于行动者来说是最重要的激励之一。

二是包干制给包干团队较多的剩余索取权，包括使用相关资源、权力和手段，还包括获得完成任务后的经济收益。包干团队会将所包干的事情当作自己的事情来做，避免偷工减料、磨洋工。同时，给自己干活，相互之间的监督成本最低。节省下来的资源越多，剩余收益就越多。

三是包干团队是通力合作的团队，他们内部实行扁平化管理，相互之间能够建立较深的私人友情。在包干之初，包干团队负责人和乡镇工作人员进行双向选择，双方会选择与自己有工作交集、相互熟悉的人。工作人员一般会跟着自己过去的领导走，他们有交情，不需要再磨合，而且相互熟悉又没有竞争关系的人在一起工作本身就是一件愉快的事情。对于没有晋升前景的事业编来说，营造一个“自己人”情感的工作环境，使自己心情舒适地工作，就能最大化地激发工作积极性。对于包干团队负责人来说，工作人员与自己是兄弟关系，可以节省沟通、协调和监管的成本，较低成本地激发团队积极性。

四是包干制是一种“责权利”相匹配的机制。包干制将任务、责任、权力包干给承包方，承包方也获得相应的剩余收益。

领导交办事情，制造越级流动

乡镇有一类工作是领导交办的事，这类事情不是岗位职责，而是领导临时交给的任务。这些事情既可以是单位的工作，也可以是领导的私事。经常承担这些事情的干部被认为是与领导亲近，受领导重用的人。这些人的级别既可以是班子副职，也可以是乡镇中层干部、普通工作人员。领导可以越几个级别给乡镇干部交办事情。这些乡镇干部一般有如下特点：一是有特殊或综合才能；二是值得领导信赖；三是年轻人居多。也有过了提拔年龄又没有安排中层岗位的“老乡镇”，领导个别交办任务给他们，既是对他们的尊重，也是对他们的重用。

领导交办事情的机制之所以有较强的激励效应，与以下方面有关：一是领导个别重视，有较强的针对性，能够激发干部个人的自尊心；二是经常性地跟领导接触，是离领导最近的人，能够获得领导的言传身教，有较多的成长机会；三是成为领导在单位的班底成员，在单位尽管级别很低，但是地位高。领导通过交办事情的方式，制造了干部特殊的越级“流动”形式，激励了这些干部，调动了他们的积极性。

如何激励基层干部

基层人事激励的类型

过去若干年各级政府加强了向上集权和向下压责，向基层下达的任务越来越多，要求越来越严，基层承担的责任越来越大。但是，基层人财物权等资源没有显著增加，对资源的使用却不断趋严，使基层“责权利”不匹配现象越发严重。在此条件下，基层政府要完成上级交办的任务和辖区治理事务，就必须充分调动工作人员的积极性，此时干部人事激励就至关重要。

然而，越到基层，激励措施和政策工具越少，中央八项规定出台后，基层过去不规范的经济激励措施逐步取消，基层干部人事激励手段更加捉襟见肘。因此，基层必须创新激励机制。从激励措施与工作之间的关系出发，可以将基层激励分为配套式激励与内涵式激励。

配套式激励的特点与形式

配套式激励是一种外在于工作的激励措施。科层制讲究责权利匹配，每项工作除了有相应的工作要求和相关权力、经费和物质保障之外，还须配套相应的奖惩措施。

在配套式激励中，激励与工作是并行的两套系统，有专门的机构对工作进行监督、考核和评价。激励的实施有过程激励和结果激励之分，过程激励意在使既定的工作做得更好，是上级推动工作落实的一种方式。结果激励是对工作结果给予定性评价，以激励工作人员未来工作的积极性。

配套式激励是一次性或阶段性的激励，激励效果会随着时间的推移而弱化。基层配套式激励的发展趋势是，一次性激励、结果激励向多次性、过程激励发展。随着微信工作群的发展，激励信息推出的间隔越来越短：比如某项工作每隔一个星期就在工作群里排名一次，这会给排名落后的单位及个人带来压力。

配套式激励有三种主要的激励方式，分别是政治激励、经济激励和情感激励，它们都包含正向激励和负向激励。

政治激励是通过政治上的奖惩来达到对干部激励的一种方式。正向政治激励包括评先评优、领导肯定和晋升流动。评先评优有针对单位和个人两种情况，被评为年度优秀的单位，单位职工可以多发一个月的工资，单位主要领导在晋升流动中可得到更多眷顾。获得提拔重用的乡镇党委书记，其乡镇一般是连续三年在全县综合排名靠前，或进步名次较大。个人先进对个人有较大政治影响，年轻干部连续评为县级先进对其进步有推动作用，而公务员连续三次立三等功可以在职级上晋升一步。评先评优如果不附着经济奖励的话，对事业编没有影响。所以，评先评优在公务员群体中有较大竞争性，为此有些单位是职工轮流获评，有高风亮节传统的单位会把名额让给年轻人和要退休的人。

领导肯定是比较重要的正向政治激励，表明领导对工作满意，也表示领导对干工作的人或单位认可。领导肯定没有正式文件，但是领导的注意力是稀缺资源，获得领导肯定会对后续工作、晋升流动有助益。比如领导会在工作上给予更多支持，会到该单位来视察、调研或召开现场会，在会议上公开表扬（单位或个人），或授权个人参加某些重要会议。

晋升流动是最大的正向政治激励。个人工作做得好，在有岗位空缺及其他条件满足的情况下，可以获得提拔重用。单位工作做得好，其工作人员在与其他单位竞争中有优势。由于基层岗位稀缺，实践中制造了许多隐性层级，比如领导排位层级、职务虚实层级、岗位重要性层级、单位权力层级、辖区经济发展层级、离领导远近层级等。在隐性层级中每进一步都是正向激励，都会让干部“高兴一回”。当然超越隐性层级的流动，激励强度会更大。

相应地，负向政治激励有末位淘汰、领导批评、政治问责几种情况。在某项工作中，如果数次排倒数几位，在同僚中没有面子，给领导印象也不好。在年终排名上，如果一项工作排名靠后，虽然不好看，但是其他工作排在中间或者前头，工作也算过得去，不会太丢面子。但如果有两三项工作都排名靠后，不仅脸丢大了，领导也会考虑是不是工作能力或工作态度有问题。在乡镇对各村的排名中，也会遇到上述情况，各村想的办法是，相互商量，这个月这项工作你排前面，下个月我排前面，到年底大家的脸面才都好看。

领导对身边人的批评是爱护教育，对下级单位领导的公开批评则是负向政治激励。领导不会随便公开批评下级领导，即便工作上有意见也多私下沟通。领导公开批评或不太正面评价，被视为领导不支持工作，会给下级领导带来较大心理压力，以至于难以开展工作。

政治问责主要是党纪问责。政治问责是事后救济措施，基层为了推动工作，把它推到了前台。在推动工作中，如果没有达到既定进度，或者在多次排名中靠后，出现问题没整改，都可能面临问责。在纪委年度重点工作安排中，会主动督导检查一些重点领域、重点工作。政治问责无论是轻处分还是重处分，都会对领导干部的政治前途产生影响，很少有领导敢提拔重用一个受过党纪处分的干部。

不同的治理事务配套的政治激励有差异。在县域，政治激励较强的事务有三类，分别是中心工作、领导推动的工作和领导交办的事。中心工作涉及辖区全局工作，县级党委政府对各乡镇一把手的考察，主要看他们在中心工作中的表现。领导推动的工作既可以是中心工作，也可能是某一领域的事情，既可以是综合性事务，也可能是专业性事务。积极响应和支持领导推动的工作，会得到领导的肯定和重视。领导交办的事一般在单位比较多，领导将一些无法分配到具体科室的活派给工作人员，这些事情对于工作人员来说要消耗额外的精力和时间。完成领导交办的事情越多、越好，提拔重用的概率就越大。

正向经济激励在中央八项规定出台前在县乡都很多，除了每项重要的工作有工作经费之外，县乡还对任务完成好的单位或个人进行物质激励，每个项目都有一定数额能够自支的工作经费。政治荣誉背后也伴随经济奖励，比如“创卫”成功，给每个乡镇奖励100万元，单位给个人奖励5000元。各单位都有自己的小金库，年节福利和一些没有纳入预算的经济刺激项目从这里出。中央八项规定出台之后，各单位取消了小金库，各种优秀、先进等只有政治荣誉而较少经济奖励。工作经费和项目自支经费的开支也越来越严格，工作人员很难再自主支配这些经费。负向的经济激励成为基层尤其是乡镇经济激励的主体，乡镇将干部工资分为两大类，一类为基础工资，每个月打卡发放，一类为绩效工资，用于年底发放。如果干部考核没通过，就扣掉一部分，将这部分经费用于奖励考核优秀的干部。虽然用于考核的绩效工资较少，平均到每月也就两三百元，但也能起到一定的激励效果。乡村干部看重的不是钱的问题，而是面子问题。

情感激励在单位内部较明显，主要表现为领导对下级成长、家庭、工作状态、精神状况的关注和理解。比如领导知道某某工作努力，为单位作出了贡献，在单位大会上提到做该项工作很辛苦、不容易。虽然公开不点名，但是承担这些任务的人认为领导理解自己，心里也就释然了。某镇长关心办公室年轻人的成长，经常跟他们一起改稿子，解决他们工作、成长中的困惑，带领他们到治理一线处理问题。这些年轻人感受到领导对自己的真关心，自己也得到了真成长，就会受到很大的激励。领导跟下属打成一片，消弭等级界限，还经常有私下聚会，也是一种沟通感情的方式。

配套式激励的缺陷

配套式激励的优点是针对某项（些）工作进行激励，能够起到立竿见影的激励效果，但是也有缺点。

一是越到基层，激励措施越少。正向政治激励中的评先评优有名额限制，普遍不得超过单位人数的 20%。能获得领导肯定的人，也是领导能够接触到、了解其情况的人，大部分人及其工作不能被领导掌握。越到基层，干部出口越狭窄，难以通过晋升流动获得正向激励。乡镇较上级部门的经济状况差很多，保运转和吃饭财政是乡镇经济状况常态。一些正常的经济激励措施，到乡镇也很难实施，如下乡补贴、加班补贴，许多乡镇落实不到位，但县直部门就可以按政策执行。

二是激励面不广，正向政治激励的对象是主要领导、班子成员及少数普通干部，对广大普通干部激励不大。中心工作激励的是乡镇党政领导；领导推动的工作激励的是与该工作相关单位的主要领导及少数普通干部；领导交办的事激励的是领办任务的个别人。

三是外在激励，不能激发干部的内在动力，难以持续发挥效力。

基层经济激励措施较少，正向政治激励面过窄，与基层越发强调压实责任的要求产生了矛盾。如此，县级就会大量启用负向政治激励，也就是政治问责来推动工作。政治问责具有普适性，从领导到普通干部可以一网打尽。政治问责的门槛较低，领导的主观意志发挥的作用较大。政治问责的后果很严重，各种不同处分都有固定的影响期限，但实际上，干部可能终生受影响。实施干部选拔任用终生责任制后，谁都不敢轻易提拔重用受过处分的干部。无论领导还是普通干部，都忌惮于政治问责。那么，纪委监委先期介入工作推动过程，能够起到对领导干部的鞭策作用，强化他们推动工作的力度和效度。

通过政治问责来推动工作，也带来了一些负面效果，主要是政治问责太刚性，领导干部带着负面情绪和压力工作，使工作成了被动完成任务，而不是在过程中获得愉悦和成就的积极体验。调查发现，越是重要工作、重要岗位、重要领域，纪委介入得就越多，对于工作人员来说风险就越大。可能做得越多，错的也就越多，被纪委问责的风险就越大。为了不被问责，许多领导干部干脆就不再从事重要的工作，或调离重要的岗位、领域，到一些清闲、不重要、出错少的部门去。

到乡镇一级，资源稀缺，配套式激励往往有名无实。事业编和村干部没有政治前途，对政治问责持无所谓的态度。所以在乡镇，以政治问责作为激励手段的不多。

内涵式激励的特点与类型

乡镇在实践中创造了机制，使乡镇干部能从工作中得到激励。这是一种激励内嵌于工作的机制，工作中蕴含了激励的要素，能够激发工作人员工作的内在动力。

相对于配套式激励的外在性，内涵式激励有以下几个特点。

一是内在性。内涵式激励不是与工作并行的激励措施，而是工作本身的应有之义和内在要求。配套式激励是每项工作都有相应的配套激励措施，越是重要的工作，配套的激励越大。内涵式激励激活的是工作人员的主体性、主动性和创造性，在工作中有愉悦感、价值感和获得感。

二是持续性。配套式激励是一次性的，其影响难以持续，需要周期性地激励刺激。内涵式激励的要害在于只要干工作，就能得到积极正面的体验，形成干工作的正向反馈。

三是正向性。配套式激励有正向和负向之分，内涵式激励是正向激励。

四是低成本。乡镇通过机制创新，在不付出额外激励成本的情况下，使干部把工作干好。

从调查来看，具有内涵式激励的工作机制有以下几种类型。

一是营造工作氛围。领导将单位的氛围引导到干事创业上来，而不是让投机取巧、蝇营狗苟、尔虞我诈等负性行为占主导。这样从上到下就有积极向上的工作氛围，唯一的目标就是要将工作干好。方式是领导与普通干部打成一片；领导以身作则，冲在治理事务的一线；领导关心年轻人成长，给他们制造学习和进步的机会；以工作业绩而不以关系、地位和亲疏“论功行赏”。对于年轻人来说，这样的工作氛围是一个很好的成长平台，他们能够在与领导、同事一起工作中成长。单位整体工作干好了，容易得到上级领导的注意和重视，进而容易获得上级配套式激励。在单位内部，有着良好工作氛围的科室的工作人员容易获得提拔重用；在县一级，工作氛围好、班子团结、干群关系好的乡镇，培养和输出的干部多。

二是实行政治包干。将某个辖区事务或某些治理事务打包给某个领导干部或某个工作团队，实行责、权、利包干制。承包方对包干事务有较大的自主处置权和剩余索取权，也就是“说了算”的权力，这对于包干领导来说有较大的正向激励，他们会对所包干事务生发出责任感、使命感。当他们去做包干事务时，就不再仅仅是完成上级交办的任务，而是自己的分内之事，也就不会敷衍了事、应付了之。因为自主性较强，在做事的过程中就可以充分发挥主体性、创造性，工作就是创造价值、实现自我的过程，承包方就会生发出内在的自豪感、获得感和成就感。

三是实行优化组合，即对附着在体制上的人、财、权等资源进行优化组合，实现人与事、人与人、财与事、权与事的合理搭配。在乡镇，因为财、权少，主要是要通过机制创新实现人与事、人与人的有机匹配。从人与事相匹配来说，不同的人有不同的特点和优长，因而适合干不同的工作；个人兴趣、偏好不同，可能对干某些工作很有兴趣，而对其他工作不上心。通过创新机制实现人员优长、偏好与相应事务的匹配，就可以做到人尽其才、事尽其功。

从人与人的结合来讲，跟不同的人一起工作，会有不同的工作状态和氛围，进而会影响到工作人员的工作积极性。一般来讲，跟相互熟悉有交情、与自己对脾气的人一起工作，工作氛围会相对轻松，一起工作会相互体谅、同心协力、不计较得失。跟关心、理解自己的领导一起工作，下属会主动上前一步，把工作当作为领导分忧解难。人与人结合得好，可以降低工作中的组织、协调、监督成本。

四是制造隐性层级。作为乡镇干部，如果手下有一套人马，就可以负责领导、协调和指挥。手下人少时，就只能自己干活或带领干活，就不存在领导和指挥。所以一些乡镇，为了调动乡镇干部的积极性，就通过增设层级和增加人员的方式，让某些干部有当领导的感觉。比如某科室只有主任和科员两个人，主任就没有做领导的感觉。如果乡镇给该科室增加两三个科员，一是人多了，可以对科室内部事务进行相对分工，各管一摊子事，主任就可以相对脱离具体事务。这样，“乡镇—科室主任—科员”之间的层级性就体现出来了，主任就不再是“光杆司令”，真正地成了领导。二是有些事务分配的人员较多，如有两三人，就在其中挑选一个负责人。这对于此人是一个激励，他从普通职员成为负责一方面工作的“领导”，而对于科室主任来说，他直接指挥的人减少了，管理的事务更宏观了，相对地位就进一步提高了。

将工作与激励相结合

配套式激励的制度与工作制度一样，是体制的一部分，与体制资源、制度规定有关系。当体制资源稀缺，无法给予工作相应配套激励，或制度规定不允许配套激励时，配套激励就难以发挥作用。越到基层，资源越稀缺，配套式激励受到的限制就越大。于是，乡镇就通过机制创新，创制了将工作与激励结合在一起的内涵式激励机制。

内涵式激励的创制，有两个关键点。一是创新工作机制，将激励内嵌于工作之中。体制既有的工作机制多是与激励机制并行的，当缺少激励的时候，工作积极性就无法调动，工作机制就运行不畅。二是实现对人员的优化配置。通过工作机制创新，达到人与事、人与人的有机结合，以充分调动和激发乡镇干部的主体性、主动性和创造性。

公务员、事业编与编外用工

乡镇人事困境

乡镇面临这样的局面：一边是编制被锁定，公务员和事业编人员只出不进，一些乡镇公务员和事业编出现空编空岗现象；一边是上面下达的各种任务繁重，要求严苛，导致人力不够，工作压力大。为了应对这个局面，这几年各地乡镇都在招聘编外用工。

我们调查的京郊县 L 镇是一个农业型平原乡镇，常住人口不到 2 万人，下辖 18 个行政村。该镇工作人员中，有 39 个公务员编制，其中包括 15 名班子成员。班子成员之外的公务员和事业编总共 47 人，其中公务员编制 24 人，事业编 23 人。而最近若干年该镇通过劳务派遣方式招聘的编外用工却多达 307 人，可各科室都还在喊着要增加人员。调查期间，乡镇就给国土所增加了 3 个编外用工。乡镇党委书记形容说，看起来办公大楼没几个人，一到吃饭的时候，食堂就坐满了几百号人。

乡镇工作人员的人事性质有三类，分别是公务员、事业编和编外用工。这三类群体虽然同在行政体系内，在工作上有交叉、交集的地方，但他们在乡镇发挥作用的方向、重点和层面不同。厘清三者之间的关系和异同，有助于理解乡镇如何通过人事工作推动其他工作，也有助于乡镇更好地调动和发挥不同性质、身份工作人员的积极性。

作为“后备干部”的公务员

各地乡镇公务员在年龄上有一个断档，年纪比较大的公务员五十多岁了，年轻公务员多数在二三十岁的样子，四十多岁的公务员不多。老公务员未来几年逐渐要进入退休年龄，少数四十多岁的公务员也多进了班子，所以乡镇“90后”“80后”公务员都有较大晋升空间。

公务员编制又称行政编，在体制内的地位高于事业编和编外用工。公务员的身份是干部，事业编属于技术性岗位，不是领导干部的来源。在乡镇，公务员除了有晋升空间之外，在其他政治待遇、经济待遇和社会地位上都要高于事业编和编外用工。公务员会得到领导更多的眷顾和培养，新机构改革后，乡镇中层岗位一律由公务员担任。公务员的工资待遇、住房公积金要高于事业编。公务员是财政全额拨款，事业编分三种，分别是财政全额拨款、差额拨款和自收自支。公务员有车补，事业编没有。同级别的公务员和事业编退休后，前者的退休金要高于后者。县里的许多福利，公务员可以享受，事业编却不能。公务员有晋升空间，在社会上的地位也相对较高，事业编和编外用工自觉低公务员一等。为此，有些事业编中层领导就不习惯于指挥手下的公务员，因为很快公务员就可能被提拔为分管他们的副镇长，这会让他们很尴尬。在生活中，公务员与事业编有分化，事业编跟事业编、编外用工有更多交往，公务员的交往圈子也多是公务员。

从干部培养上来说，乡镇对新进公务员有一般化的培养路径，会将乡镇工作与干部培养结合起来。年轻公务员大部分是通过统考进来的，至少是本科层次文化，发达地区或大城市周边乡镇开始有硕士进来，边远乡镇的硕士是选调生。这批年轻公务员有较高的文化水平，较强的文字表达、领会理解、总结创新能力，乡镇一般会先将他们放到党政办公室、党建办公室，这两个地方都有大量文字工作，加班加点熬夜是常有的事情。把年轻公务员放在这些地方，既能发挥他们的特长，把这几个地方的工作干好，又可以让他们得到锻炼。一两年时间，他们写材料的能力、政策理解和把控能力都会大有长进。在两办工作，离领导近，可以得到领导近距离、多频次的指导，也可以受到领导言传身教的影响。党政办是综合协调部门，既要对接县两办，又要与村里打交道，还要服务党政领导和协调内部各科室，可以很好地锻炼年轻人的宏观政策把握能力、综合协调能力、服务对接能力，帮助他们熟悉乡村事务。在两办工作期间，乡镇还会安排年轻公务员跟随老干部驻村，熟悉农村情况，掌握群众工作方法。

有了办公室和农村基层工作经验后，年轻公务员就可能被安排到站办所担任中层副职，或者在驻村片区担任副片长，或是被选派到县级主要党政部门挂职锻炼。其中表现优秀的公务员会被提拔为党政办或党建办主任，成为乡镇后备干部。有的年轻公务员则会在多个中层岗位担任正副职后被提拔为乡镇副镇长，这样他们就有了在领导岗位上锻炼的机会，他们的站位高度、思考角度和所担当的责任、分管的工作都与一般公务员、中层正副职有较大差异，因此得到的锻炼又有差异。事业编干部不会有党政办、党建办、副职领导等岗位的锻炼机会。

由于乡镇公务员是“有前途的干部”，乡镇在培养他们的同时也会保护他们，不会让他们承担风险较大的工作，即便会接触这些工作，也是由老到的干部带着，或者承担的时间不长，否则出了问题，对乡镇不好，对年轻公务员的成长也有影响。所以，年轻公务员较少直接处理群众问题和复杂矛盾，他们在这些问题上只起辅助作用，获得的锻炼是了解复杂情况，知道怎么去面对这些问题。待成长为副职领导之后，他们过去不多的经验，再加上他们的岗位权威，就可以支撑他们处理复杂的群众问题或利益矛盾。因为副职的权威使他们的气场不同了，能够调动的资源也不同了，群众对他们的认可度亦不同了。

乡镇年轻公务员在乡镇获得较为丰富的乡镇工作经验，会成为乡镇工作的“万金油”，什么都了解一些，但难以成为某一方面的专家，尤其是群众工作专家。年轻公务员在两办工作，写材料是他们最擅长的工作，但成不了写材料的专家。他们对群众工作谈不上精通，达不到老将出马、一个顶俩的程度，可他们的优势在于得到了多岗位、多层级的锻炼。事业编也有多岗位锻炼，但他们的岗位多是平行的，层级性不够，经验的边际效应递减。

公务员的多层级锻炼，使他们既有多岗位的经验，可以全面了解乡镇工作，又可以站在不同层级岗位上看乡镇工作。层级不同，视野、角度和责任不同，信息的对称性也不同，掌握的资源也有差异，那么对同一工作就会有不同的看法，会做出不同的决策，获得不同的经验。比如，具体做事的人想的是把事情摆平理顺就行了，中层干部则要考虑对后续工作的影响，党委书记却要站在乡镇工作全局的角度思考问题。那么，因为站位不同，党委书记做出的决策可能就不被具体做事的人员理解，后者会认为分管领导是瞎指挥。党委书记是从具体做事的人成长起来的，他自然知道下面的人是什么想法，也知道他们在背后嘲笑自己。即便是党委书记和镇长，他们的站位、能调动的资源也有较大差异，思考问题和处理问题的方式也就会有不同，所以没有担任过党委书记的镇长就体会不到党委书记的酸甜苦辣咸。

公务员在不同层级获得的经验具有边际效益递增效应。乡镇对他们的培养方向是领导干部，而不是专业技术人才。如此，年轻公务员知道自己的角色、位置和责任，干活就会比较卖力，表现积极主动。安排他们工作，对他们严厉要求，经常召集他们开座谈会，组织读书会，指导他们的具体工作和职业安排，推荐他们外出学习，关心他们的生活，肯定他们的成长等，就是对他们最好的激励。不同岗位的流动让他们得到成长，不同层级的流动则让他们获得晋升的激励。公务员只要能够端正态度，工作积极肯干，就可能在乡镇得到更多关注，获得提拔重用，这是他们的身份使然。

从乡镇培养角度来说，乡镇对年轻公务员有相对明确的培养目标和相对成熟的培养路径。培养目标是领导干部，培养路径是

“办公室经验—农村工作经验—中层岗位经验—副职岗位经验”。只要是公务员身份，就能够获得较事业编、编外用工更多的锻炼机会和领导关心。对公务员的激励主要是政治激励，包括能力提升和职位晋升。

公务员对自己的身份有清晰认知，也有较高的角色期待，并在工作中严格要求自己。有了“身份”外加“努力”，他们更倾向于认为获得提拔重用是理所当然的事情。县乡公务员对自己的最低期待是晋升为副科级干部，如果在某个年龄段没有得到相应的职位，他们就会觉得这是对他们的不公平。他们作为公务员在事业编和编外用工面前有着天然的优势感，超过年龄没有得到相应提拔重用的公务员，普遍地会消沉下去，逐渐消极怠工，牢骚满腹，很难再被调动起来。譬如，公务员到三十岁担任中层正职，三十五岁时提拔为班子成员，四十岁时成为正科级干部，被认为是正常的提拔重用，这会对他们起到激励作用。但是如果公务员到四十岁时才被安排到中层正职，就起不到激励效果了，该公务员并不认为这是提拔重用，反而觉得是负担累赘，因为他认为他早就应该得到这个职位。

调查发现，担任乡镇中层正职的一般是年轻公务员和中年事业编，中年公务员较少。当他们没有晋升空间之后，他们会以各种理由推掉中层职务。但是中年公务员身份、地位、资格摆在那里，他们不担任中层正职，其他人担任之后也不好指挥他们。乡镇一般是将这些中年公务员调至工作轻松且不重要的科室或岗位，或者他们主动要求过去。所以，诸如信访办、土地科、环境办、安全办等任务繁杂且有风险的科室较少有中年公务员，而党建办则可能拥塞了一批中年公务员。有的乡镇会给他们积极争取副科级（“副科级非领导职务”）待遇，让他们虽然不是班子成员，但参加班子会议，分管一部分工作。

作为“中坚干部”的事业编

真正的“老乡镇”是工作十年以上、年龄在三四十岁及以上的事业编。乡镇事业编有以下几个来源：一是20世纪90年代通过各种渠道进入乡镇后再经过考试转为事业编的人员；二是毕业考入县职能部门而分配到乡镇“七站八所”的大学生；三是拥有城市户口的退伍安置人员，这部分人在有的地方是事业编的大头。事业编较公务员有更多的编制，许多单位进不了公务员，就增加事业编。新一轮机构改革，公务员和事业编都定编定岗了，乡镇进事业编也难了。

事业编没有晋升空间，这是他们较公务员的天然弱势。再加上他们来源复杂，文化层次相对较低，即便他们年轻有干劲，乡镇领导的注意力也不会在他们身上。刚进来的事业编一般不会被安排到党政办、党建办这些跟领导接触多的办公室，他们要么被安排到纯专业科室，要么被安排到与群众直接打交道的办公室。前者负责的是专业事务，如财务、统计、国土、民政等，好处是中规中矩，能按时上下班，缺点是难以做出成绩，领导关注度不高。后者是负责处理群众问题和矛盾纠纷，综合性较强，可以得到锻炼，但是也容易出问题、受处分。除了文字工作外，公务员能做的，事业编也都能做，二者工作交集较多，区分不大。

乡镇对事业编没有像公务员那样有整套的、体系化的培养路径，对他们的培养方向主要是做群众工作。这与事业编的身份有关系，一方面，事业编没有政治前途，除非招考而不能在层级上、单位之间流动，他们工作的第一站一般也是最后一站。他们长期在一个乡镇工作，对乡镇工作、乡镇工作人员、乡村情况、农村干部及县里各部门都较为熟悉，有利于他们开展群众工作。相比较而言，公务员的流动性大，在各岗位工作的时间都不长，难以深度熟悉农村情况，也不精通群众工作。另一方面，事业编相对于编外用工是正式身份，是乡镇干部，由他们来做群众工作更有合法性和权威性。编外用工在乡镇工作时间也可能较长，了解情况，工作也接地气，容易跟群众打成一片，但是他们的非正式身份使他们难以代表乡镇。那么，群众工作由有体制身份的事业编，带着编外用工一起做是比较合适的。

鉴于事业编在乡镇扮演的角色，乡镇会将事业编安排在不同的群众工作岗位上进行锻炼，比如在信访办、综治办和片区工作。事业编是驻村的主力军，即便是在专业科室的事业编，经过几个岗位的轮岗，也可以成为相对成熟的群众工作专家——驻村片区领导和主要的驻村干部普遍是事业编。年轻公务员一般不单独驻村，而是由事业编带着驻村，公务员协助做些工作，复杂的问题由经验丰富的事业编牵头处理——事业编是乡镇“传帮带”的主力。

事业编没有政治前途，乡镇在安排他们工作的时候就不需要考虑岗位或工作风险问题。即便被问责了，对事业编也没有多大的影响。乡镇工作中涉及复杂矛盾、重大利益的事情，都是经验丰富、手段老练的事业编在一线处理。

由于事业编不流动，而公务员是流动的，那么事业编之间在工作和生活中就会结成较为紧密的关系。他们不仅相互熟悉，而且有共同的工作经历、情感体验乃至情绪宣泄。有些事业编在“传帮带”的过程中会形成“师徒”关系，或者在长期工作配合中形成“盟兄关系”。他们在一起工作磨合得较好，工作起来较为轻松默契。有些长期担任中层正职的事业编，跟县级领导和各部门都有较好的私人关系或工作关系。这些关系的建立，一是他们负责的站办所需要与上面职能部门对接，时间长了工作关系就变成了私人关系；二是有些部门、科室领导是从他们手下上去的公务员；三是他们之前的领导担任了职能部门领导或县级领导。这些关系对于他们开展工作都有助益，所以有些事业编会成为乡村、乡镇和县里各类关系的“结点”，他们掌握着高质量的人际关系资源。

相对于公务员来说，事业编精通群众工作，是农村工作的专家，“有经验的同志，老百姓一张嘴就知道他要什么”。但他们缺乏层级性岗位锻炼，在视野、站位高度、对政策的理解上较公务员有差距。

在乡镇工作了十年以上的事业编，就能够成为农村工作经验丰富，各类社会关系网络广泛的“老乡镇”，他们是乡镇领导所仰赖的乡镇工作的主力，将他们的工作积极性调动起来是乡镇工作的关键。事业编的天花板是中层正职，对事业编最大的政治激励是将他们安排到中层正职的岗位上。与公务员不同，无论年龄多大的事业编，只要擢升为中层正职，就是对他们工作和个人的肯定，他们就会从中得到激励，将自己的一摊子事情做好。

事业编在晋升上完全没有期待，他们认为中层岗位、副科级岗位都是为公务员准备的，当他们没有得到晋升时，不会怪罪于领导、体制，而认为是自己身份使然。而当他们得到晋升的时候，会认为是“意外的惊喜”，从而能够激发他们工作的动力。

正式的中层岗位是有限的，乡镇需要制造一些中层岗位来安排、调动事业编“老乡镇”，比如划片区管理，片长一般安排事业编“老乡镇”担任，或者设立内设中层机构，如农村改厕工作很重要，设立改厕办，主任由老事业编担任；再如大气办、棚改办、治超办等，设立这些机构，既能满足工作需要，又能安排老事业编。虽然片长不为县委组织部红头文件承认，县委编办还要求整顿乡镇内设机构，但是这些片长、主任在乡镇地位很高，受到乡镇主要领导的重用、分管领导的重视，可以列席乡镇党政联席会议，能够高频次地接触乡镇主要领导。他们向乡镇主要领导提的一些工作或私人请求，主要领导能办到的都会尽量办到。获得领导重视，负责一摊子事情，会有更多人愿意跟他们交往，如此事业编交往的圈子会扩大许多。不愿意做事、能力又不行的事业编，在单位很少有朋友圈。

除了领导重视之外，对事业编的激励还包括人与事的结合、人与人的结合。人与事的结合就是将事业编的特长、性格、偏好与相关治理事务结合在一起，让他们做喜欢做、擅长做的事情，这样就可以发挥他们做事的积极性和主动性。譬如某事业编喜欢做不受约束的驻村工作而不是办公室工作，就可以将他调去驻村。

人与人的结合是指工作团队之间的有机搭配，相互熟悉或有过工作关系的人在一起工作配合起来会较为默契。有“师徒关系”或“盟兄关系”的团队成员，团队协作的组织成本非常低。乡镇就是要通过某种机制创新将事业编与治理事务、事业编之间有机搭配起来，以在工作中激发事业编的工作积极性。

对于年轻事业编，中层领导或分管领导会鼓励他们报考公务员，或者在县一级有事业编调转公务员的机会时，领导会帮他们争取。领导的关心是激励年轻事业编的重要方式。

如果没有很好的机制将事业编调动起来，事业编就可能成为乡镇中油滑、散漫、不把领导放在眼里的一个群体。年轻公务员有内在的进步动力，工作、成长的主动性强。事业编没有内在做事的动力，无论他们做不做事，能力增长与否，他们的工资不会涨，职位也不会晋升，所以需要乡镇创造机制给予激励。事业编抱怨最多的不是没有晋升空间，而是干同样的活，工资待遇却与公务员相差很大，这是对他们不公平的地方。

作为“体制外人”的编外用工

编外用工是乡镇在编制硬约束下的必然选择。乡镇公务员、事业编难以充分调动，同时又要完成上面不断加重、加压的任务，只能通过编外用工解决问题。乡镇编外用工经历了一个从不规范到逐步规范，从乡镇在财政允许的范围内随便招人到县编制办将其纳入编制管理的过程。京郊县的编外用工形式多样，既有条线自己的编外用工，花的是市财政的钱，也有县财政拨款的县直部门编外用工，还有乡镇自支财政支持的编外用工。京郊县L镇307个编外用工就属于乡镇自支编外用工。

该镇的编外用工是劳务派遣性质，这些编外用工在劳务上不与乡镇发生关系，乡镇只与他们所属公司签订相关协议，他们的薪资及五险一金等由所属公司发放和缴纳，乡镇每月只将总费用打给所属公司。编外用工的考核在乡镇，乡镇对工作表现进行定性评价，并发给所属公司。乡镇对工作不积极、考核不合格的编外人员，有开除、劝退和不再续聘的权力。编外人员的工资待遇根据工作性质不同有差异，实发工资一般在1600元到4000元不等，另每月有1600元左右的保险和120多元的公积金。

从调查来看，乡镇编外用工主要有两大类。一是普通类，主要是环境保洁员、环境综合巡察员、保安、消防安全巡查员、城管协管员、食药监察员、治安巡查等。该镇的环境保洁员就有110人，占全部编外用工的三分之一。二是专业类，主要是在各职能科室负责相关专业事务。如农经科会计4人、经发科文职2人、网格办文职5人、派出所流管员8人、社保所劳动保障协管员25人、民政办养老助残员8人。专业类事务较普通类事务专业性要强，要求的文化水平和电脑操作水平较高。普通类的最低学历是初中，保洁类没有学历要求，专业类要求中专、高中以上学历，专业类的工资待遇要高于普通类。

从年龄层次上看，除了巡逻类二三十岁的年轻人较多外，其余类别，尤其是在办公室上班的专业类编外用工，“70后”“80后”比较多，有一部分“60后”和“90后”，保洁类“60后”比较多。

从性别上看，巡逻类男性较多，保洁、专业类女性较多。总体来看，“70后”“80后”女性居多，与这个年龄段的女性有家庭需要照顾有关。她们二十多岁到北京等大城市打工，后恋爱、结婚和生育，到三十多岁、四十多岁，小孩读小学、中学，需要有人照顾和陪伴，同时有的家庭老人也需要有人照料，她们返回本地，她们的丈夫则继续在外打工。编外用工相对稳定，有正常上下班时间，是这一年龄段女性比较好的就业选择。在户籍上，本乡镇农业户籍的多，城镇户口较少，越是偏远乡镇，越少城镇户口。在城乡一体化程度较高的乡镇，编外用工农村和城镇户口达到了对半的程度，有不少在县城居住的编外用工驱车到乡镇上下班。

乡镇招收编外用工的一个重要原因是公务员、事业编难以调动起来，这一点在条线部门更为明显。条线部门的许多工作要下乡落地，就要调动乡镇和村里的力量推动工作。在京郊县，条线部门直接绕开乡村两级，通过在乡镇条线部门增加编外用工和在村一级设腿的形式，补充条线在乡镇的力量，将条线直接延伸至村一级。所谓“设腿”就是在村里招聘条线的固定协管员或信息员，由此人负责某个条线在村一级的职能。这样做，条线推动工作就不需要调动乡村两级组织的力量，省去了许多麻烦。

相对于公务员和事业编，编外用工要好管得多。一是乡镇掌握着对编外用工“生杀予夺”的大权，只要乡镇对编外用工不满意，就可以给予包括开除、不续聘等在内的各种处罚。公务员、事业编只要正常上下班，没有违法乱纪，乡镇就拿他们没办法。二是在乡镇工作，对于编外用工来说算是比较体面的工作。虽然工资待遇不高，但是相对稳定，而且在正规单位上班说出去有面子。三是既有工作，又能照顾家庭，在普通农村乡镇很难找到这样的工作。四是在乡镇工作，与乡镇领导干部共事，可以在乡镇一级构建自己的圈子，既能满足高层次交往的需求，也好办事。所以，一般编外用工都较为珍惜这份工作，工作积极性较高，自我满足感较强，调动起来较容易。

为了更好地调动编外用工的积极性，乡镇站办所领导还要花费一些功夫，包括构建相关工作机制和私人关系。工作机制包括对编外用工进行分工，一个人或几个人负责某一块工作。将工作包干给他们，发挥他们的主体性，让他们成为某一方面的专家。工作上的进步与专业化，能够激发他们的内在动力。

再一个是在编外用工内部构建类似科层制的层级，使他们有晋升流动的空间。这在沿海发达乡镇做得比较系统，编外用工可以在乡村两级流动，最高可以做到乡镇副股级干部。中间有四五级台阶，每级台阶的工作、待遇和地位都有差异。在一般的乡镇，如果负责某一块工作的编外用工有两三人，则可以在他们中间选配一个负责人，再在其内部进行分工。这样，在编外用工内部形成等级层次，有领导和职员之分，可激发他们向上流动的动力。

京郊县 L 镇的网格办是隶属于综治办的单位，调研时，网格办有 6 个人，都是编外用工，综治办主任直接对接他们 6 个人有点困难，他们内部也比较散漫，没有明确分工，无法形成协作。综治办主任便在他们中间选了一个主任和一个副主任，再对成员进行相对明确的分工。这样做的好处是将领导负责和分工负责结合起来，对积极分子和普通人员都给予激励。乡镇给站办所增加编外用工，既是对站办所主任的激励，也是对站办所编外用工的激励，这样就可以在站办所内部对编外用工进行工作分工和层级分立。

站办所正式人员比较少，有的站办所只有主任一个正式编制，有的站办所甚至没有公务员或事业编，由其他站办所主任或分管领导兼任主任，再由编外用工担任副主任。站办所长主要依赖编外用工来干活，站办所长虽然可以对编外用工人员进行评价，但是他们没有撵走编外人员的权力。为了更好地团结和调动编外人员，站办所长还得给他们争取相关的福利待遇。当编外用工过了一个聘期后，站办所长会为他们争取提高下一个聘期的工资。编外人员较公务员、事业编在机关食堂用餐费用要贵一些，或者没有用餐权利，站办所长会给他们争取平等的权利。编外人员也享受不到工会的福利，站办所长会从相关工作经费中给他们补齐这部分福利。站办所长还会给编外人员办一些力所能及的事情，为了拉近与编外人员的距离，站办所长私下里与手下的编外人员也有较密切的接触，包括聚餐垂钓等。有一定文化的年轻编外用工，站办所长还会鼓励他们报考公务员或事业编，适当给他们腾出备考时间。这些措施对于编外人员来讲都是额外的或是期待之外的，稍加施与就会构成激励。

在站办所内部，随着编外用工增多，公务员、事业编和编外用工的分工逐渐清晰化。公务员或事业编担任站办所正副职，负责领导协调工作，还负责业务内的群众工作。编外人员则各自负责一块业务工作，包括站办所行政、对接上面部门和服务群众。比如 L 镇土地科，原有科长 1 人是事业编，2 名编外用工，后增加 1 名编外人员。科长的主要工作是调解土地纠纷，3 名编外用工分别负责一块专业事务，对接国土所的不同科室。这种分工使公务员、事业编从具体的电脑、文案、材料、跑腿等业务中脱离出来，专注于领导和群众工作。这样一来，许多编外用工就成了熟练的办公和专业技术人员，站办所越来越离不开他们。负责外勤的编外用工，除保洁等之外，主要是担负执法、巡察等方面的辅助工作。

结论与讨论

公务员、事业编和编外用工构成了当前乡镇基本的人事结构（见表1）。三者的身份不同，在乡镇扮演的角色不同，承担的责任也有差异。公务员政治地位最高，属于稀缺品，乡镇对他们的培养有全面性和层级性的特点，培养方向和目标是党政领导。从乡镇公务员上来的党政领导熟悉农村工作，在乡镇多个科室和不同层级岗位干过，了解乡镇整体工作，有多层级行政管理和领导的经验，有较广的视野和较高的站位。事业编的政治地位远低于公务员，他们对乡村工作和乡村情况相当熟悉，在乡村拥有广泛的人脉资源，他们中的许多人是群众工作的行家里手。编外用工属于体制外的人，但他们在体制中的工作相对稳定，预期还算长远，他们长期负责某一块工作从而可以成为这块工作的专业技术人员。

公务员在乡镇扮演的是领导角色，其身份属于政治身份，他们的政治责任意识较强，主要工作是政治工作，代表党对乡镇进行政治、思想和组织领导。年轻公务员还要从事科室的行政管理工作。事业编长年在各科室转和与群众打交道，有很强的行政管理能力和群众工作能力，是党政领导决策的执行者，他们的工作主要是负责科室的行政管理和农村群众工作，中年事业编是农村群众工作的中坚力量。编外用工没有体制身份，不具备做群众工作的正式权威，他们主要从事辅助性工作和专业技术性工作。

表 1　乡镇人事管理三元结构

	特点	培养	激励	工作	流向
公务员	政治地位、文化水平高；流动性大	全方位，多层级；熟悉农村工作	政治激励、成长激励	政治工作，行政管理	党政领导
事业编	政治地位较低，流动性弱	全方位，精通群众工作	感情激励、岗位激励	行政管理，群众工作	老乡镇、群众工作专家
编外用工	无正式身份，流动性弱	辅助管理，技术岗位	感情激励、经济激励	辅助性工作，专业技术工作	辅助人员，专业技术人员

乡镇人事管理已形成了稳定的三元结构。这是一个权力地位结构，公务员、事业编和编外用工在乡镇的权力地位依次递减，三者之间界限分明，事责权利明确。虽然有编外用工向事业编、公务员转化，以及事业编向公务员转化的偶然现象，但它们之间的结构性区别是常态。

从官吏分途和层级分流角度来讲，公务员扮演的是“官”的角色，他们在乡镇层级中向体制“干流”集中并向上流动；事业编则被分流下来，成为驻留地方的“吏”；编外用工无所谓分流，他们相当于体制内的“役”。公务员的流动性最强，除了横向流动外，主要是纵向流动。事业编的流动性次之，他们有低层级的纵向流动，主要是岗位之间的横向流动。编外用工的流动性最弱，他们长期从事某一个岗位的工作。如此，该人事结构塑造了中央、地方和基层社会三者关系的结构性特征。公务员代表的是自上而下统一的政治权威，事业编是地方体制利益的代表，编外用工则代表的是基层社会。三者对立统一于体制内，既有利益一致性关系，也存在利益博弈关系，既有并存共生关系，也存在相互隔绝的关系。

事业编和编外用工在乡镇的地位不高，但是占据某些岗位，拥有较大权力。一些事业编“老乡镇”在乡村两级和当地社会拥有较大的非体制性权威，占据了非正式制度的核心位置。有些专业岗位上的编外用工，垄断了专业技术权力。事业编和编外用工的稳定性及与地方社会的亲和性，使他们获得了较公务员特别是班子成员的信息优势，进而可能操纵实质性权力，影响乡镇决策和政策执行。事业编和编外用工擅长用特殊主义逻辑和正式权力的非正式运行方式跟地方社会打交道，使乡镇政府更容易渗透到基层社会，增强了体制的灵活性和适应性。

人事结构服从于治理需要。乡镇人事管理三元结构，很好地将编制身份与治理事务结合起来，将人才培养寓于工作机制之中，发挥不同编制群体的优长和特色，最终实现人与事、人员配置与干部激励的有效对接，最大限度地调动乡镇体制资源，推动乡村社会的有效治理。

对于乡镇人事配备来说，公务员的人数不宜配备太多，以减少其内部竞争，增加他们向上流动的机会，激发他们的工作动力。

乡镇政治激励的空间小、措施少，如果过多的公务员无法向上流动，会成为乡镇运转的梗阻。事业编的编制配备应该比公务员多至少一倍，因为事业编既能做事，又不耗费太多政治和经济资源。乡镇越来越多的行政辅助性和专业性事务由编外用工来完成，在编制硬约束下，扩招编外用工有其必要性。如果一个乡镇有 60 或 70 名普通工作人员的规模，那么，公务员、事业编和编外用工比较合理的配置比例是 1:2:3 或 1:2:4，也就是公务员 10 人，事业编 20 人，编外用工 30 至 40 人。

公务员、乡村医生与乡村教师

乡镇公职人员的主要类型

乡镇公职人员主要包括三类，一是乡镇政府工作人员，二是中小学教师，三是乡村医卫人员。三类公职人员都很重要，乡镇工作人员负责乡村治理与乡村服务，中小学教师是农村子弟的启蒙老师和向上流动的阶梯，医卫人员保障农民最基本的身体健康与卫生状况。从调研来看，这三类公职人员存在一个普遍问题，那就是年龄结构老化，新鲜血液难以补充。不同地区都在想办法解决这个问题，有的地方已经取得了较好的成果，如乡村医卫人员和中小学教师问题已逐渐解决，但乡镇政府工作人员青黄不接的问题在中西部还比较突出。

公务员：要求高、留不住

X 县是 W 市的一个远郊区县，在农业税费很重的时候，县乡两级工作人员通过各种正规、非正规渠道大量补充，到 2000 年左右定编定岗改革时，发现 X 县两级政府大量超编，于是县里定的政策是未来若干年各单位原则上不再进人，以消化超编人员为主。在消化十几年后，当地政府发现自己的工作人员很快老去，而年轻人却没有填补进来。W 街道事业编和公务员编制人员共 100 人左右，35 岁以下人员只有三四个，45 岁以下的也只有几个，大部分在 50 岁以上，未来的三四年将退休一半以上的工作人员，而每年新增人员却不到两个。这几年新增了四五个大学毕业生，但是到岗的只有两个，其中有一个到街道一个小时就被县委组织部借调走了，有一个工作半年后被借调到了市信访局，还有一个工作几个月就辞职并考到其他地方去了。

W 街道看似一直在消化原有人员以至工作人员更替没有接上，但事实上跟其他中西部地区乡镇逻辑是一样的，那就是招不进年轻人。现在中西部地区的普遍情况是，年轻人通过公务员录取分配到乡镇后，难以安心在乡镇长待。有这么几种情况：一是把乡镇作为基层工作经历，待两三年后就考到省市单位；二是乡镇工作与自己的期待差距太大，抱怨太多，基本上属于身在乡镇、心不在乡镇，这部分人迟早要离开；三是觉得乡镇工作没有前途，工作一两年之后辞职不干；四是外籍考生入职之后，一般不会长待；五是外籍女性考生比男性考生入职后待的时间更短，在乡镇工作找男朋友是个困难；六是即便在乡镇有长待的打算，也只能在办公室干一些文字、服务类的工作，对于辛苦复杂的下乡工作避之唯恐不及，难以得到真正成长。

这样，许多乡镇面临的情况是，有五个年轻人考进来，三年走了两个，四年之后只剩下一个，人都配备不齐也无所谓阶梯培养了。一些“老乡镇”感慨，过几年他们退休之后，农村工作基本上没人干了。

为了解决人员断层的问题，X 县在公务员指标偏紧的情况下，为了使新招入的公务员能够长待下去，在面试中就倾向于录取本籍考生。本籍考生因为生活在本县，即便不在本乡镇，也可以照顾到家庭，入职后会更安心些。

还有个措施是从村干部中招录公务人员，条件是大专毕业，年龄在 45 岁以下，有十年的村干部工作经历。从村干部招录的公务人员有这么几个特点：一是年轻有学历，能够用电脑办公，能较快适应现代文案工作；二是有丰富的农村工作经验，不需要再培养就能够上岗工作；三是从村干部中招录公务员能够激励农村年轻人担任村干部，储备后村组干部；四是只要专科文凭，对学历的要求比较低，在农村高职高专及电大普及后，这部分村干部容易找。该措施的缺点是开的口子太小，招录少，不能满足乡镇工作和梯度培养的需要。

X 县招录公务员的上述两条措施效果较为明显，给我们的启示是，对于乡镇公务员来说，本乡本土更能够留住人才，大专学历就够了，而能够满足这两个条件的本土大学生很多。大专生能够到乡镇当公务员，有正式编制，已经很满足了。他们的眼光和心态与本科生不同，他们更能安于现职工作而不好高骛远。但是，国家在招考公务员时的硬性规定是本科及以上学历，这就阻断了专科生报考的路子，而本科及以上毕业生又不能安心于乡镇工作，还排斥农村一线工作，就造成了乡镇工作人员断层的现象。

乡村医生：村内选拔、学校培养

乡村医卫人员短缺也是同样的问题，十几年前，中西部地区也在讨论乡村医生代际更迭的问题，生怕乡村医生从乡村消失，乡村卫生工作没人做。目前乡村医生的年龄普遍在五六十岁，他们从医有三四十年的历史了，确实要考虑代际梯度培养的问题了。但是农村大量青壮年外出务工，留在农村的大部分是老人和小孩。要一个年轻人在农村跟一群老人、小孩待在一起不现实，也确实出现大量从卫校毕业的年轻乡村医生流失的现象。

过去有段时间，为了提高乡村医生的素质，上级卫生部门要求新进的乡村医生必须具备大专学历，也就是必须从正规的医专毕业，并拿到了相关从业资格证。但既然是大专毕业，又能够拿到乡村医生资格证，人家何不拿个医生从业资格证，到县市公立医院和私立医院去工作呢？在乡村工作，工资低，发展前景不大，对象还难找。只是专科学历的高门槛，就把那些学历较低、能够在农村待下去的相关专业毕业生挡在了门外。

鉴于这种情况，前几年湖南实施了乡村医生培养计划，给每个乡镇、村分配名额，凡是初中毕业的农村青年、四十岁以下有志于从事乡村卫生工作的，都可以由现任乡村医生推荐报名，到定点医学职业学校学习，学制三年，前一年半在学校学习文化课程，后一年半到县医院实习。学费由相关部门承担，生活费自理。毕业后拿中专文凭，到所在村担任乡村医生，这吸引了许多符合条件的年轻农民报名参与。调查了解到，报名参加学习的人竟然有一半以上年龄超过了30岁，且以女性居多。这些人在外闯荡过、有了家室，能有机会从事乡村卫生工作，获得不低于务工的工资性收入，还能照顾家庭、小孩，自然留得下来。

乡村教师：特岗政策、特殊补贴

乡村教师中年龄较大的都是本乡本土的人，要么是从民办教师转的，要么是师范毕业后分到本地的。这些人在本地安家，基本上没有要调走的想法。倒是后来通过教师招考分配到乡镇中小学的年轻人，从乡村学校流向市县学校的可能性更大。教师从乡村向城里流动，对乡村来说是损失，刚好培养成学校的中坚力量，有经验有水平之后就走了，而城里的学校则捡了大便宜，不用花精力去培养。乡村年轻教师的流动有这么几个原因：一是乡村学校发展空间小，城里学校空间大、待遇好；二是配偶在城里工作，或是跟配偶一同向城里考；三是外籍教师待不长久。

近几年乡村教师外流现象得到了一定遏制，一个重要原因是特岗政策的实行。所谓特岗就是直接针对特定学校、特定岗位的教师招考，特岗招考有如下特点，一是学校较为偏远，不在县城周边；二是对专业限制不强，美术专业可以报考数学岗位；三是考试分数要较统招低；四是学历要求也比统招的低；五是三年后待遇跟统招一致。这样，报名的人是在对自己的去向进行了深思熟虑之后作出的选择，就有长待的可能，而且本地报考并考取本地特招的现象较多。放低了学历和专业要求，可以更多地吸引本地专科毕业生。

除特岗之外，对乡村教师的特殊补贴也是留住年轻教师的一个原因。加上各种特殊补贴，乡村教师的工资待遇不会低于县城相应学校和级别的老师。留得住人的其他原因包括乡村基础设施的完善，特别是乡村通往县城的交通越来越方便，乡村教师大可驱车往返于城乡之间。

国家标准与乡土情境的张力

以上表明，国家想建立一个统一、标准化、适应现代化条件的公职人员队伍，并不符合农村的现实。乡村三类主要公职人员的短缺不是因为招不到人，而是国家现代化制度建设的要求太高，而农村的吸引力又不足，从而导致有人想进入乡村公职队伍而不得入，同时乡村公职队伍又出现人员流失和不足的现象，这是制度导致的问题。广大中西部地区的城乡一体化程度较低，学历越高者越青睐城市，反而是中等偏上学历者能够扎根乡土。所以，在国家现代化制度建设中要考虑农村的特殊性。

第五篇

县域治理事务与工作激励

县域治理中的政治任务与行政事务

事务性质：政治任务与行政事务

县域治理事务可从数量和性质两个方面进行分类，数量上是多少之分，性质上则是政治性和行政性之别。政治性较强的事务称作政治任务，行政性事务即称行政事务。所谓性质内涵，主要是视事务的重要程度而言，越是重要的事务，政治属性就越强，越是一般性事务、重要性不那么突出的事务，则行政属性较强。

区分治理事务是否重要的主体是党委政府主要领导和单位主要领导。就县域来说，哪些工作可列入重要事务，被称为政治任务，主要由县委书记、县长来决定。县级党委政府通过某些程序如会议、文件等，将某些治理事务列入重点事务行列，县级主要领导作的指示、批示和推动的工作都是重要事务。在单位内部，单位主要领导重视、关注、推动、交办的工作都是重要事务。这些事务的政治性较强，无论是推动工作的人，还是具体做事的人，都要给予重视，调动额外资源，加大工作力度予以完成。这些事务之外的治理事务，因为没有进入党委政府及其主要领导、单位主要领导的视野，或领导的注意力没有分配过来，其政治性就不那么强，是为一般性事务，承担者按一般规则、流程完成即可。

由于政治任务和行政事务的推动主体、资源投入、承担者重视程度都有差异，效果也不同。政治任务不仅可以达到既定效果，还可能“超标”完成，行政事务的结果更多的是“达标”，属于底线要求。

在工作激励上，不同的事务配套不同的激励，重要的事务配套重要激励，一般事务给予普通激励措施。在体制内，政治追求是主要动力，政治激励是最重要的激励。由于政治任务需要工作人员加倍付出、超额完成，在激励上选择的是政治激励，包括政治荣誉、提拔重用、晋升流动、领导重视等。对行政事务的配套激励是行政激励，包括培训、经济、项目、休假等，一般不涉及晋升流动、提拔重用。

在体制内要想获得政治上的进步，就要承担政治任务。具体来说，要有政治任务可干，在单位内部就得紧跟领导，多做单位领导交办的事情，在县域则要留在乡镇党委政府、县级党委政府，这是体制晋升的干流，干的活就是上级党委政府的政治任务。政府部门是支流，只有少数重要部门干的是政治任务的活，政治机会相对其他部门多、大。

在县域内，具有政治任务属性的工作包括党委政府的中心工作、条线部门的社会面事务、单位内部的交办事务及村级组织的群众工作，与之相对的行政事务有常规工作、专业性事务、岗位工作和部门业务。

党委政府：中心工作与常规工作

乡镇党委政府是一级政权，它接受县级党委政府的领导，承担县级党委政府布置的工作。这些工作对于乡镇来说是中心工作，与中心工作对应的是常规工作。

中心工作是指在某一段时间内，需要通过整合资源、攻坚克难、集中解决的重要治理事务。除了被赋予政治性外，中心工作一般还有综合性、全局性、影响大、时间紧、要求高的特点，也就是非专业性事务，涉及的工作部门较多，具有全域性、重大的影响，要求在某个时间段内高标准完成。

中心工作从时间维度可以分为阶段中心工作、年度中心工作、长期中心工作。阶段中心工作是指在一年的某个时间段内需要集中攻关的问题，如集中整治事务。年度中心工作是在工作年度内需要完成的重点事务，如十大民生事务、“创国（省市）卫”等。长期中心工作是某个长时间段内要求紧抓不放的重要工作，一般也是全国性的中心工作，如过去的计划生育、GDP、招商引资，以及当前的生态环保、基层党建、安全生产。

县域内中心工作的来源，有以下几个主要渠道。

一是中央、省市下达并纳入了上级党委政府对下级党委政府综合考核的工作任务。县级政府要将这类工作进行转化、分解后，以中心工作的名义布置给乡镇，同样纳入县级对乡镇的综合考核。这类事务在中央或省市越是重要，到县级要求就越严、越高。许多地方政府对国家疫情防控政策的层层加码，就是县乡对待中央、省市中心工作的态度，再如 GDP 目标的层层加码。

二是县级人大通过的政府工作报告所列的年度工作任务。作为县域最高权力机关，县级人大通过的政府工作报告具有较高权威性，所涉年度工作任务会在随后的县委县政府相关文件中重点体现，综合考核将其纳入目标管理，遂成为全县中心工作。

三是县域内一些涉及面广、影响较大、需要集中处理的治理事务，经县政府常务会、县委常委会讨论通过，形成正式文件，明确纳入综合考核，下文后成为中心工作。这类工作以整顿、改造类事务居多。

四是县级主要领导意志转化过来的治理事务。主要是与县委书记、县长执政理念、思路、注意力、政绩观、政治抱负相关的重大事务，由他们亲自推动而成为县委县政府的中心工作。比如，陇县县委书记推动的村史馆、议事堂建设；新邵县县委书记推动的公德教育、“创省”“创卫”工作；建始县县委书记推动的移风易俗工作；平谷区区长推动的“街乡吹哨，部门报到”机制创新。

五是进入县委某工作领导委员会或领导小组正式文件的事务。县里为推动某些工作而专门成立领导委员会或领导小组，视事务重要程度由不同的主要领导担任委员会主任或领导小组组长，相关部门领导为领导小组副职领导、成员，专设办公室，挂在牵头单位，由该单位领导任办公室主任。委员会有议事、咨询和决策的功能，能够以县委县政府的名义出台有权威性的文件。一些党政部门为了更有力地推动工作，就把自己的工作任务加进委员会或领导小组的文件之中，使之成为县委县政府的工作。

县级中心工作重要程度，由高到低分别是县委书记推动的工作、中央（省市）重视的工作、县委转化的治理事务、政府工作报告所涉事务、委员会文件中的事务。对于乡镇党委书记来说，县委书记力推的工作是重中之重的工作，必须亲自来抓，投入最大、最优质的资源。

常规工作是指通过常规方式、常规程序、常规资源在常规时间内就能解决的治理事务，它是长期性的、经常性的工作任务。常规工作与中心工作一样，是一种工作类别。中心工作虽然有长期、年度、阶段性之别，但它终归不是一种日常性的工作，而是日常工作之外，特别设定、特别安排的、打破常规的事务；它是间断性的事务，干完就完了，不具备连续性。常规工作是通过日常工作来体现的工作，日常做不好，该项工作就做不好。日常工作是常抓的工作，是抓在日常、抓在细节的工作。

常规工作具有连续性、不间断性、事务性的特点，它既可以是具体的工作，也可以是抽象的工作。比如扫码是疫情防控的常规工作，安全生产监督检查是常规工作，这是指具体的工作。抓作风、抓投入、抓观念转变等，是由具体工作组成的抽象的常规工作集群。

常规工作已经常态化，只要各种制度、资源投入到位，就会自我运行，不需要党委政府推出新的机制、新的制度。即便是需要多部门协调的工作，协调机制也已经常规化，无须主要领导出面。只要各部门、各单位、各岗位、各工作人员各安其位、各事其功，就能达到相互联系、相互配合的效果。常规工作状态是一种有机团结的状态。

常规工作要达到的是普遍化、一般化的效果，而中心工作则是要达到超出一般的合力效果。因为资源有限，不可能所有的工作都投放同等的资源，必须有所侧重。中心工作要投放更多的资源，在短时期内实现某些方面的质变；常规工作则按既定资源投入，达到缓慢量变到质变的效果。

常规工作可能在某个时候被设定为中心工作，中心工作完成之后，该工作所涉及的领域再转入常规化治理。

条线部门：社会面事务与专业性事务

条线部门主要有两块工作：一块是部门的业务工作，又称专业性事务；另一块是党委政府交办下来的事务，俗称社会面事务。

专业性事务是条线部门的主业，是其职责范畴内的工作，主要涵盖两个方面的内容。

一方面是上级对口部门的专项任务。在县一级，市级条线部门每年年初都会根据上级要求和本辖区内实际情况，向下一级对口部门下达本领域内的专项任务，一般以“十项”专项行动、“十五项”专项整治工作的名目下达，上级部门对下级的考核也以这些专项任务为依据。这是县级部门该年度要做的“规定动作”，完不成或完成得不好，被上级督查考核盯上了，轻则在条线内部被点名批评，重则被市级党委政府通报批评，后者县级党委政府会紧跟处罚。

另一方面是本部门制定的工作任务。这是县级部门根据本领域自身实际情况制定的相应工作目标，属于本单位“自选动作”。这些工作目标制定之后，在年初提交县级考核办审核通过，于年底由考核办及相关单位进行考核。无论是规定动作还是自选动作，都是部门的专业事务，需要专业人员、专业资质、专业知识、专业技术、专业设备等才能完成。

社会面事务不在部门的“规定动作”和“自选动作”范畴，它是同级党委政府布置的工作任务，这些工作任务与本部门的专业事务有相关性，但不是专业性事务，社会面事务主要包括以下几种情况。

一是协调性事务。县级相关工作成立协调机构，办公室设在某个部门，主任由该部门主要领导担任，该工作相应的协调工作，乃至主要工作由该部门来做。这些工作当中有一部分与专业相关，但主要工作与专业不相关，有综合、协调性质。

二是新生相关性事务。社会发展不断衍生新的治理事务，难以有对应的部门承担，县级领导将这些事务分配给相关或相近的部门。这些工作不仅要用到该部门的专业资源，还需要协调其他部门的相关资源方能解决。

三是中心工作属性事务。县级党委政府的中心工作，除了本部门的专业性工作要服务于中心工作之外，还有些非专业性中心工作也被分配给职能部门，如计划生育、招商引资、精准扶贫等。县级主要领导推动的一些重要工作，如公德教育、“创卫”工作、摩的整治、棚户区改造等，都会给各个单位布置相应的任务。如某单位职工住房正好在棚户区改造之列，该单位就要承担做通职工工作的任务；各单位在“创卫”中除了要负责本单位的“创卫”工作外，还要包干某些社区的“创卫”工作，也要出钱出力出主意。

专业性事务是条线部门的本职工作，做事的主体是占据具体职务、岗位的工作人员。而社会面事务是党委政府交办下来的非专业事务，没有专门的承接科室，部门领导需要安排工作人员来承担。有几种方式：一是从其他科室专门抽调人员成立临时机构，专门承接某项长期性的社会面事务；二是针对党委政府重要的协调事务成立专门机构，如大气办、煤改办、河长办等，并向编办要编招人；三是领导将某些阶段性的社会面事务交办给具体的工作人员，由工作人员在不耽误岗位工作的情况下完成。

每个部门都会承担社会面事务，有些部门承担的相对多些，这与辖区内经济社会发展、主要领导注意力、上级政策等相关。比如，县级主要领导关注农村移风易俗，那么与之相关的部门（宣传部、文明办、文体局、农业农村局等）所承担的社会面事务就相对较多；县级主要领导重视植树造林，林业局、国土局、农业农村局等的社会面事务就多；县级主要领导推动执法机构下沉，法制办主要承担职权梳理、组织协调的工作。承担社会面事务多的部门，相对于其他部门，受到的领导关注和重视就多，其主要领导就更容易获得县级领导的肯定和提拔重用。

单位内部：交办事务与岗位工作

单位内部的事务也可以根据性质差异分为两类，一是岗位工作，二是交办事务。岗位工作是指具体岗位规定的工作任务，交办事务是领导交办给工作人员的岗位工作之外的事务。

编制部门的“三定”方案包括定编、定岗、定职责，即根据单位、科室具体的工作事务，规定单位和科室的编制数量，然后根据编制确定具体的岗位，明确单位、科室和岗位的具体职责。岗位工作就是具有法定效应的岗位所须履行的职责，它是每一个占据某个岗位的人都必须做的事情，属于分内之事。县委书记有他的岗位工作，门卫保安也有他的岗位工作。

岗位工作有以下特点：一是法定性。“三定”方案既给予了岗位完成工作的职权、人员、技术、设备等资源，也规定了占据岗位的工作人员的职责、义务。

二是确定性。法定性决定了岗位工作的确定性。每一个岗位的工作都是在定岗之时根据当时的情况确定下来的，带有某个时期的特殊性，不会随意变化。工作人员清楚自己要做什么事，不要做什么事。

三是差异性。不同的岗位有不同的职责，职责规定下也就有不同的事务。一般来讲，单位内部不同岗位的工作不能交叉，更不能雷同，否则就会造成相互推诿和资源浪费现象。岗位工作的差异性使得不同岗位的工作难以进行比较，专业性越强，岗位工作的差异性就越大，也就越无法比较。环保岗位的工作与信访岗位的工作，无论是工作性质，还是工作数量，都不能拿到一块比较。

四是常规性。岗位工作属于日常化工作，如果不做就会积累下来，影响其他的工作。今天不做，明天也要做，其他岗位及人员无法代替做该项工作。

五是程序性。岗位工作规定了做好工作的流程，需要办事留痕。工作人员只需按照流程操作，按部就班地开展工作，无须在工作中发挥创造性。

六是中间性。许多岗位工作通常不具备独立性，是某项工作链条中的一环，该环没按时完成，会影响工作的整体进度。

七是科层性。从层级分立上讲，上一层级岗位有向下一级岗位布置并检查工作任务的权力，一般不会越级管理，也不会发生越级汇报的情况。从科室分割来讲，不同科室（部门）之间独立性较强，相互之间具有竞争性，一个科室的工作无法交给另一个科室去做。

交办事务就是“领导交办的事”，交办事务是岗位工作之外领导布置给下属工作人员的工作任务。相对于岗位工作而言，交办事务是领办人在做好岗位工作的基础上所做的额外事务，需要付出额外的时间、精力和资源。

交办事务的主体是单位或科室的领导，尤其是主要领导；领办事务的主体是单位或科室的工作人员，而不是特定的科室或岗位。交办事务主要包括单位创新的工作、领导推动的工作、领导的私事、需要保密的事以及上级领导布置的无法确定科室、岗位的工作。这些工作都无法交给具体的科室或岗位，因此只有交办给特定的工作人员。领办该事务的工作人员一般较为年轻，具有上进心，有一定的能力，办事靠谱，以及值得领导信赖。

交办事务具有以下几个特点：一是额外性。交办事务乃岗位工作之外的事务，是领导布置给工作人员的临时性任务。交办事务没有法定配套的完成任务的资源，需要领办人自行抽出时间、调动资源完成任务。

二是去科层性。交办事务不是交办给特定的科室或岗位，不是通过科层制来布置、传达、完成的任务，而是通过“领导—领办人”的方式给予布置和反馈，领导与领办人之间可以间隔多个层级。领导派了任务之后，一般不配套资源，也不管领办人如何完成任务，更不需要办事留痕，要的是办事结果。

三是无规律性。交办事务不像岗位工作那样在时间上有规律，在方法上有规范。在时间上，领导布置临时性任务是不定时的，不知道什么时候有，有的时候布置得多，有的时候少或没有，无规律可循。在方法上，领导交办的事务多且杂，没有既定的流程、方法，不同事务用不同的方法解决，需要领办人创造性地开展工作。

四是非均衡性。岗位工作是每一个占据工作岗位的人都需要做的事情，而交办事务则只是少部分人做的事情。单位里大部分人只承担岗位工作，而只有少部分人会二者兼顾之，在做岗位工作的同时也领办领导交办的事。

五是重要性。相对于岗位工作，交办事务是领导重视或关注的事情，具有较强的政治性，领办人需要额外重视。

六是完整性。交办事务不是某项工作的某个环节、程序，而多是独立事项。

村级组织：群众工作与部门业务

村一级的工作也可以大致分为两类，一类是群众工作，一类是部门业务。两类性质不同，工作的方式、方法也不同。

部门业务是指乡镇各站办所下到村一级的业务工作。这些业务工作中，有一些的工作主体是站办所工作人员，村干部做辅助工作，而有一些是需要由村干部来完成的。这些业务工作有两个特点，一是专业性强，需要专门的知识、技术及设备乃至人员，如果村干部不具备专业知识或相关资质，则难以胜任。二是技术性强，这些工作主要是在办公电脑上操作，需要办公人员懂电脑办公软件，需要在办公场所完成。

过去部门业务下乡较少，村干部能独立完成的就稍花点时间独立完成，无法独立完成的则协助上级工作人员完成，这些工作都不花费村干部太多时间。村干部有充足的时间做自己的事，或做群众工作。随着部门业务下乡增多，对村干部电脑技术的要求越来越高，也要求村干部坐班才能完成。村干部从过去非脱产干部变成脱产干部，待遇从拿误工补贴变成拿工资。

村干部坐班，虽然能够让他们很好地完成部门业务，坐等农民来办事，但也带来了一些问题。比如浪费村干部人力资源，村干部坐班大部分时间无所事事，因为部门业务并没有多到需要村干部都坐班的程度。再如村干部坐班拿工资，容易造成村干部脱离生产、脱离群众，许多该做的群众工作没做，造成群众不满，产生意见。

农民群众在生产、生活、交往中遇到自己不能解决的问题，需要村干部通过调动资源、组织动员群众去解决，在这个过程中村干部所需要做的事情就是群众工作。群众工作主要包括两个方面：一是组织动员群众，用群众的力量和资源去解决群众自己的问题；二是说服教育群众，转变和提高群众的思想和认识，使他们自觉地站在党委政府的立场思考问题。要做到这两点，就得深入群众之中，能够切身体验群众生产、生活和交往，进而才能干群一条心，想群众之所想，急群众之所急。

当前群众的许多问题，并没有纳入部门业务之中，许多问题由政府部门来解决成本很高、效果不好，而以村干部做群众工作的方式来解决则会起到事半功倍的效果。同时，农村正在快速发展变化，农民群众中会产生许多新生的问题和需求，政府部门对这些问题的发现和回应较为迟钝，而嵌入村庄社会的非脱产干部则可以及时予以回应和满足，这些都是群众工作的内容。

群众工作涉及党群干群关系和党在农村的执政基础问题，是相当重要的治理事务。部门工作则涉及能否为群众提供更好的服务，也不可或缺，因此二者不能偏废。

部门业务需要专业人员坐班来解决，而群众工作则需要村干部身在群众中有事才回应。鉴于当前部门业务下乡的事实，同时要看到群众工作依然重要，因此，可以从村干部中选择会计（文书）专职化，或者乡镇给每个村招聘一到两个临聘人员专门从事部门业务，而村干部则依然实行脱产化，专事群众工作。

政治任务与行政事务之差异

综上，政治任务与行政事务在事务类型、特点、主体、方法手段、监控方式、激励措施等方面，都存在较大的差异（见表2）。

表 2　政治任务与行政事务比较

性质	类型	特点	主体	方法	监控	激励
政治任务	中心工作	重要性、综合性	党委政府	运动式治理	结果管理	政治荣耀、提拔重用；自主性、主体性、创造性、成就感
	社会面事务	综合性、协调性	领导干部	综合协调	结果管理	政治荣耀、提拔重用；自主性、主体性、创造性
	交办事务	额外性、非均衡性	领办人	自主完成	结果管理	领导肯定、提拔重用；个人成长、创造性、成就感
	群众工作	偶发性、重要性	村干部	做群众工作	结果管理	政治荣誉、经济激励；自我实现、创造性、成就感
行政事务	常规工作	常规性、专业性	党政部门	常规解决	过程监控	行政激励；自主性弱
	专业性事务	专业性、技术性	专业人员	专业流程	过程监控	经济激励；自主性弱
	岗位工作	规律性、确定性	工作人员	按部就班	过程监控	个人表扬；自主性弱
	部门业务	规律性、专业性	专职人员	电脑操作	过程监控	经济激励；自主性弱

政治任务的主要承担主体是体制内的少数人。中心工作的承担者主要是乡镇党委政府主要领导，由他们调动资源予以完成，县级党委政府通过相关激励措施推动他们落实中心工作。交办事务主要是交办给能够承接事务的相关工作人员，也属于单位中的少数人。行政事务的承担主体是体制内所有的工作人员，无论职务、官阶大小。

从对工作完成的监管来看，对政治任务的监管主要是结果管理，布置任务的上级或领导只要结果，而一般不管方法手段，因此会给承担任务的主体很大的自主权和剩余索取权。对行政事务的监管则主要是过程监控，希望通过对过程的监控来达到预期的结果。过程监控给工作人员留下的自主空间较小，工作人员需要按部就班完成工作。

分类治理需要分类激励。给予不同的治理事务不同强度的激励，才能更好地配备激励资源，使多做事、做重要事情的人得到应有的激励。政治任务是重要的治理事务，在激励上理应配套政治激励，包括政治荣誉、领导肯定、提拔重用、个人成长、自我实现、成就感等。

行政事务是法定事务，有专门的资源配套，完成任务属于底线工作、分内之事、职责所在，只要占据岗位、拿了工资，就要做相应的事情，一般无需额外的政治激励。只有对表现尤其突出，比如成为技术骨干、工作特别认真负责等，可适当给予行政激励。

政治任务属于法定职责之外的事务，并没有专门的资源配套，承担的单位或个人需要发挥主观能动性，自行调动资源完成，俗话称“有条件要上，没条件创造条件也要上”。如此，做政治任务是在完成行政事务之外多做的事情，理应给予积极回应。

行政事务内部具有巨大的差别，即便同一科室不同岗位的工作也有较大差异，不同部门的专业事务之间的鸿沟就更大。因此，不同的行政事务无法拿到一块进行优劣差等比较，更无法对工作进行量化。都完成了不同行政事务的两个工作人员，无法对他们进行绩效比较，那么，要提拔重用谁？从行政事务上无法进行判断。

政治任务是重要的事情，也是额外的事情，有没有做政治任务，完成得如何，领导和单位其他人员都有一笔账。行政事务是大家都做的事情，但只有少数人做了政治任务，那么，通过有没有做政治任务、政治任务完成情况如何来判别工作人员工作业绩的优劣，就成了基层体制内比较公平、有效、普遍认可的方法。所以，晋升流动、提拔重用等政治激励应该用在推动政治任务的完成上，也应该用政治任务的完成情况来判定谁应该获得何种政治激励。

领导交办的事

岗位工作与领导交办的事

在京郊县调查，受访人小沈谈到他这两年的工作经历。他说两年时间差不多做了五年的工作量，其中岗位工作花三分力气，另外七分用于完成领导派的活。正是领导派的活让他的工作量大增，也让他得到了快速成长。

在体制内，工作内容除了有岗位工作之外，还有一类是领导派的活，也就是“领导交办的事”。岗位工作是每个在体制内工作的人都要做的事情，包括机关食堂的师傅、办公大楼的保洁员、门卫保安等，他们都有自己的岗位工作。领导交办的事是岗位工作之外的事情，是在做好岗位工作的基础上额外要做的事情，要花费额外的时间和精力。领导交办的事情不是单位的每个人都要做，而是只由少部分人来承担。

那么，在岗位工作与领导交办的事情之间，就存在一个较大的弹性空间，有的人会在这个空间里来回穿梭，既做岗位工作，也承担领导交办的事，有的人则不越过这个空间，只做岗位工作。这个弹性空间就会把单位里的人区分成两类，一类是只做好岗位工作的人，一类是既做好岗位工作又做好领导交办的事情的人。从调查来看，两类事情的运作机制就是体制运作的明暗两条线，而这两类人在单位的活跃程度、认可程度和晋升空间都存在较大差异。

岗位工作的特点

"三定"方案中有一个是定岗位职责，就是确定在具体岗位上需要做的事情。岗位工作具有法定性，包括三方面内涵。一是工作内容的法定性。岗位工作属于法定职责，有制度或法定条文明确规定该做什么、不能做什么。二是工作程序的法定性。在专业性比较强的岗位，权力行使、政策执行的具体流程都有较为明确的规定，工作人员只需按部就班地操作，而无须创造性地工作。三是工作评价的法定性。对工作过程和结果的监督考核，有较为客观的技术手段和标准，一般不以个人意志为转移。

岗位工作具有规律性。在基层政府部门，除了一线群众工作外，岗位工作都属于有规律性的重复性工作。即便是新手，通过培训之后经过不长时间的实践就可以熟悉业务工作。当然，如果要成为业务能手、行家里手，工作人员除了要懂得基本的操作之外，还要花时间去钻研以至精通，探索业务运作的机制与逻辑。

岗位工作具有固定性。在"三定"之后，岗位工作的内容、对象、程序、手段、结果等就较少变化。工作人员只要熟悉了业务，就得经年累月地重复干同一类事务。如果不是自己探索和创新工作手段，或者着力使自己更精通业务工作的话，他们在一段时间后就会成为本业务的“老油条”，工作变得枯燥乏味了，容易滋生官僚主义作风。

岗位工作具有差异性。有的岗位的工作量要多些，花费的精力也就多些，有的岗位工作则要轻松些。有的岗位工作复杂，有的岗位工作简单，有的岗位工作风险程度高，有的岗位工作风险程度低。岗位的性质不同，岗位的工作量、工作压力就不同。同样都完成了各自的岗位工作职责，可工作人员的工作付出是有差异的。岗位工作性质不同，难以量化工作人员的付出，因而难以把不同的岗位工作放到一起进行比较评判。

岗位工作具有一贯性。工作人员按部就班、中规中矩就能完成工作任务，不需要更多地发挥他们的积极性、主动性和创造性。除了需要部门间、岗位间相互配合的事情，一般岗位工作都是各干各的，一个岗位的工作程序走完之后交给另一个岗位。基层工作人员一般都能够将岗位工作干好，即便是被单位领导说成是“不积极”“佛系”的工作人员，他们也会干好自己岗位上的事情。

“领导交办的事”的类型

只有那些承担了和愿意承担“领导交办的事”的工作人员，才被视为积极的、主动的、上进的工作人员。所谓积极性，就是能够被领导调动起来做岗位工作之外的额外事情的能力属性。在一个单位里，能够被领导调动起来做额外事情的工作人员相对较少，大部分是秉持着“做好岗位工作就行”想法的人。所以，在单位里，真正有积极性的人并不多。

“领导交办的事”不是附着在岗位上的事务，不具备法定性和制度性。这些事务出自领导个人的分配和布置，与领导个人的施政理念、注意力、利益、偏好、经验、习惯、认识、性格等相关，具有独特性、多样性、弥散性、偶然性的特点，很难像岗位工作那样找到规律性。对“领导交办的事”，只能进行大致分类。

第一类是创新的事情。领导要对单位进行改革，或作出新的业绩，就需要在工作上有所创新，或对之前的工作进行调整。领导新出的点子需要有人贯彻下去，包括事前的调研、撰写调研报告、方案设计、可行性报告、向上级领导汇报等，都需要有人参与和协助。在做事的过程中，也要有人积极配合、鼓动和总结经验等。总之，领导创新的想法，无论是在酝酿形成阶段，还是在实施发展阶段，都需要有具体的人来操作和“盯着”。而这些创新、改革的措施，并不是某一个科室、岗位的具体职责，因而没有法定的责任承担人，单位主要领导就要将这些工作交办给某些能够完成的人来承担。

第二类是上级交办给单位领导的事情。就政府部门来说，上级部门和同级党委政府会交办一些任务给下级部门领导，有许多是与专业沾边但综合性强的社会面事务。这些事情一般都难以明确科室岗位职责，难以具体分配到某个科室或岗位，有时候同级党委政府交办下来的任务甚至难以确定是哪个部门的事情，只是县级领导“硬派”给某部门的。部门领导领办了任务，就得交办下去，让下面的人完成。因为是上面派下来的任务，领导还要交差，就得重视。如果是本级党委政府一把手交办的任务，政治性较强，部门领导不仅要交办给下面得力的人去干，甚至要亲自盯着或亲自领着干。一般来说，同级党委政府越重视某领域的工作，与该领域沾边的单位领导领办的任务就越多，他们就得再将这些任务交办下去。

第三类是新出现的事情。社会在发展，新生的治理事务在增多，而承接这些事务的职责单位却没有及时增设，或没有及时将这些治理事务划归到某些科室或岗位。结果是这些事情没有具体的单位、岗位负责。但这些事情又不得不做，那么领导就会以相似、相近的原则派给某些单位、科室；实在派不下去的，就“硬派”给某些个人，让他们牵头完成。比如农村猪粪堆放在村旁地头，在过去不是问题，但是现在住在旁边的人打“12345”市长热线，镇村就得去解决。但是这个事情国土所、环保所、大气办、农办都说不在自己的职责范畴，乡镇党委书记就以环境污染为由硬派给了环保所主任，由他牵头解决。

第四类是需要保密的事情。领导交办的事情有些是暂时还不便公开的，或处在酝酿阶段的事情，但又必须得先做前期工作，因此得交办给某些个人非公开进行。比如，单位领导要对单位内部人员和岗位进行调整，需要先调查摸底。由于涉及个人利益，如果公开进行可能会引发躁动和不安定现象，或是有人会找关系、走夜路等。为此，就需要交办给某些信得过的人暗中开展，等到方案成形、时机成熟再拿到班子会上公开讨论。再如，纪委办案必须是铁案，在公开办某人之前必须掌握足够的证据，也就需要在不走调查程序的前提下开展对某人的调查，那么纪委领导就需要将这个事情交办给有调查职权、技术手段的人。

第五类是领导的私事，包括领导个人和家庭的私事。如让单位下属去接送孩子、送老人上医院、陪老人下象棋、帮忙购置或搬运家具电器，以及处理一些社会交往的事情。之所以让下属去办，一是领导比较忙，难以抽出时间去做；二是一些事情领导出面去做不方便，下属出面则既可以代表领导，又能避免引人注意。

领导个人的私事如撰写年终个人总结、汇报材料、“两学一做”学习体会等，这些在制度规定上都需要领导亲自撰写，但是领导没工夫琢磨这些事情，又不能以“公事”的方式交办给秘书科、办公室，就直接交办给具体的个人。再如，领导有朋友来拜访，不能以单位的名义去接待，但是又需要有人接待，这个时候就得把这个事情交代给某个下属去办。

“领导交办的事”的特点

与岗位工作相比，“领导交办的事”有以下显著特点。

一是具有综合性。岗位工作一般是专门性的工作，在法定范围内运用职权、相关资源、专业技术手段予以处理。而“领导交办的事”一般是综合性事务，难以具体分配到某个部门或科室、岗位。领办这些事务的人也一般具有综合性素质、多专业方向的能力。领办任务的人除了可以调动本科室、岗位的资源之外，没有专门给他配备完成该任务的职权和资源，他必须充分调动个人的积极性将任务完成，包括个人的劳动力、各项素质、社会关系资源等。

二是额外的工作。这是最明显的特征，单位内部并没有专门设置岗位来承接“领导交办的事”。单位所有的工作人员都是“人随编走”，编则随事走，每个人都有自己的岗位职责，即便是混编混岗使用的人，也有自己的岗位工作。被领导派活的人既要把岗位工作干完干好，还要承担领导交办的任务。普遍的情况是，领导派的活比岗位工作还要重要、还要多。仅从工作量上来说，承担了领导派的活，就等于多干了几份工作。这些工作要占用工作人员额外的时间和精力，包括休息的时间。跟岗位工作相比，领导派的活不在法定范围之内，也不在绩效考核范围之内，工作人员可以不接受，也可以应付了事，或想办法“推出去”。识趣的领导一般不会给不愿意承接“领导交办的事”的工作人员“硬派活”。

三是重、多、杂。“领导交办的事”本身就是重要的事务，更何况是领导直接交办的，承担责任的人要承受很大的压力，生怕办不好、办砸了，给领导不好的印象。领导也不是只交办一件事情给某个人，一般的规律是只要下属办好了一件事情，紧接着就会有很多事情等着他。因此“领导交办的事”非常多，而承接这些事情的却只是单位里的少数人。少数人承担较多的任务，自然就有忙不过来的感觉。如果说岗位工作有规律性，可以依葫芦画瓢的话，那么“领导交办的事”则都是杂事，每件事都可能是新事、特例，没有规律可言，没有前例可循。领办人对每件事都可能要探索新的解决思路和办法，每件事都要从零开始学起、做起。如此，领办人会被培养成多面手、万金油。

四是交办的对象不是科室，而是个人。岗位工作是由单位、科室和岗位来承担，比如上级部门下达的年度环保行动，主要是交给环保局及其相关科室。而“领导交办的事”交给的是具体可以承担该事项的个人，由个人想办法完成。因此，岗位工作是单位事务，承担者对单位负责。而“领导交办的事”是领导的事务，承担者直接对领导负责。两个事务的性质不同，承担者所承受的责任也不同。岗位工作承担的是行政责任，承担“领导交办的事”的人承担的是政治责任。

五是去科层化。岗位工作是典型的科层制事务，下级只对上一级负责，上级也只管到下一级，各层级科室的权责较为明确，单位主要领导不会管到某个科室的具体事务。而领导交办事情，则完全可以打破体制内的科层设置，单位主要领导可以越过分管副职、科室主任直接给普通工作人员派活。甚至在笔者调查的省厅，厅长也可以直接交办任务给某个处室的普通科员。领办厅长交办的任务后，该科员直接对厅长负责，无须逐级向上请示汇报。而从科层制的角度看，科员跟厅长中间还隔了副科长、科长、副处长、处长、分管副厅长等多个级别。当然，在现实政治实践中，如果不是不便公开的事情，科员在领办领导的任务之后，一般会向他们的直属领导汇报此事。一方面是表示尊重，让直属领导知道此事；另一方面是告知直属领导自己在做“大领导”交办的事情，那么直属领导还可能会给予方便，如给予充足的时间保障，或提供其他的帮助。

科层化的一个重要表现是“做事留痕”，做领导交办的事情则不需要刻意留痕。领导交办事情之后，不会监控领办人做事的过程，他们要的是任务完成情况。在这个意义上，领导交办事情的机制是典型的“包干制”，领办人具有较大的完成任务的自主性和剩余索取权。领办人只要把事情办好了，就是对领导负责任。也因此，领导要把事情交给那些能够把事情办好的人。

“领导交办的事”的领办人

单位内部各个科室都已定编定岗定职责，大家都想只干岗位规定的分内工作，而不愿意多干活、干额外的活。“领导交办的事”是岗位工作之外的非法定事务，不愿意领办这些事务的人，领导也不会“硬派”，否则“强扭的瓜不甜”，工作也做不好。同时，“领导交办的事”对工作能力要求很高，有些工作人员“心有余而力不足”，领导也不会交办重要的事情给他们。只有那些既有意愿又有能力的人才会被领导相中并委以重任。

一个新来单位的领导会通过查看资料、调查询问、侧面观察的方式了解中层干部和普通工作人员的基本情况，他们会把那些有一定学历、业务能力强、有上进心、在单位口碑较好的人找出来，然后主动找他们谈话，了解个人、家庭、思想状况。最后遴选几个人出来，交办一些事情给他们做，看他们做事的能力和态度。被遴选出来的人一般能力都不差，最关键的是给领导干活的态度。如果一个人对领导交办的事情不上心，难以按时保质地完成，领导给了几次机会都没有让领导满意，说明态度不行，那么领导就不会再信任此人。对于年轻人，领导出于对他们成长的关心，会做他们的思想工作，多给几次机会。而对于工作时间比较长，对体制运转很熟悉的“老人”来说，最多给两次机会。稍微把握不住，就会被领导打入另册。

那些头一两次做“领导交办的事”做得不一定让领导十分满意，但是态度很端正的人，或者积极为领导分忧解难、主动寻求上进的人，最终会入领导“法眼”，成为领导交办事情的对象。这些人一般也是领导着重培养的对象，他们在与领导的互动中，不仅可以得到领导的信任，也可以增长自己的才干，领导有什么好事和机会都会首先想到他们。

被领导交办事情的人有以下特点：一是年轻人居多。基层单位级别低、岗位少，只有年轻人有成长、进步的空间，他们也主动追求进步，希望得到领导的认可和赏识。受到领导关注，并接受领导交办的工作，对于单位工作人员来说既是领导对其工作能力的认可，也是对其个人的重视，这本身就是一种较为重要的正向政治激励。这些人在乡镇一般是二十多岁到三十岁出头的年轻公务员，在政府部门则是二十多岁到四十岁之间的年轻人。他们或有较大的上升、成长空间，或还有希望占据某些重要的、关键的岗位。

二是他们身上“某某的人”的痕迹不重。他们没有被明确贴上是上一任领导的人，或是书记的人，或是某位资深副局长的人的标签。如果有这样的或明或暗的标签，新任领导一般都难以再起用，除非他个人表现积极、主动。从调查来看，新任领导遴选起用的人，一般是在单位有口碑但是没有被重用的人，或被遗忘在某个角落的人，或是近年新进的公务人员。那些在上一任领导任期内应该提拔重用而没有提拔重用的人，新任领导会很快将他们提上来，他们会成为“铁杆的”领办任务的人。

三是有一技之长。这些人中有一部分是有特殊才能的，所以领导离不开他们，不得不把某些事情交办给他们。比如某些人擅长写“大材料”，包括领导的讲话稿、调查报告、汇报材料、文件规章等，只要出自这些人之手材料就会妙笔生花。领导的讲话或报告，或单位的大材料要想出彩，就得让他们捉刀。这些人就会成为被领导交办事情较多的人，他们就会从有一技之长成长为综合能力较强的人。再如，领导要推行某项政策措施，某些人刚好有相应的专业才干，那么他们就会从单位的旮旯角落里被找出来，成为领办事情的人。所以，对于单位工作人员来说，不仅要将自己培养成业务能手，还要把自己打造成领导离不开的人、领导有事就会想到的人。

四是值得领导信赖。除了要有意愿、有能力、有态度之外，办事还要牢靠，会办事、办成事、不出事。领导之所以交办事情，要的是办事结果。如果办事不牢靠，即便积极主动，领导也不会把重要的事情交给他们做。

“领导交办的事”中的激励

被领导看中，成为领办任务的人，对于体制内的工作人员来说，是一种较为重要的正向激励，可以获得以下积极回馈。

第一，得到更多的认可。在体制内，领导的关注、认可和赏识是最重要的激励之一。每个单位都有一定的人数，但是能被领导选中、成为领办事情的人是少数，因此被遴选本身就意味着领导的认可，既是对自己态度、能力、为人处事的认可，也是对过往工作的认可。小沈就说，“领导关注就多干，不关注就干岗位工作”。在领办事情之后，也会经常获得领导直接的表扬和肯定。相比于评优、评奖等，领导的认可是直接的、面对面的、多频次的，它会给予工作人员更多的工作动力。一些在体制内已没有上升机会的人，也可能因为领导的认可和重视而焕发出新的动力，从而积极响应领导交办的事情。

比如，京郊县司法局38岁的李科长，过去很长时间在乡镇司法所工作，对晋升流动的追求已不那么热心，平时就是正常上下班，最大的爱好是垂钓。新领导上任后将他调回司法局，委以重用。尽管没考虑过升职，还要做大量“领导交办的事”，又不再有时间垂钓，但是他仍然很卖力地干活。用他的话来说就是，“领导很关键，安排你在这个位置，就要做好”。

第二，获得更多的成长。领办事情非常锻炼人，首先是领导直接交办事情，既要聆听领导的思路，办的过程中和办好之后，还要向领导汇报，再听领导的反馈意见。这样一来一往，办事本身就成了聆听领导的教诲和接受领导指导的过程。

其次是跟领导亲近了，领导不仅会在具体工作上给予指导，还会把做人、为官、处事的经验传授给领办事情的人。领办事情多了，聆听教诲的次数多了，也就受到了领导的言传身教，甚至工作风格都会潜移默化地受到领导的影响。领导还会专门找领办人谈话，掌握他们的思想动态，把脉他们现在存在的问题，讨论解决的办法，这对于有成长焦虑和困惑的年轻公务员来说大有裨益。

再次是领导交办的事的本身属性决定了将每一件事情办完都是一次成长。领导交办事情时，只会把想法说个大概，不会手把手地教你怎么把事情做好，这就必须由领办人自己领会和把握领导的意思、意图，然后按照领导想要的结果把事情办好。每做一件事情都是对思维方式和工作方法的一次锤炼。

又次是有机会跟着领导向上级领导学习。小沈就介绍说，他们法制办主任只要上政府开讨论问题的会，就会带上他们办里的三个年轻人。开始在接触县领导的时候，几个人还十分胆怯。讨论问题的时候，县领导还会点他们几个年轻人发言。这样胆量和发言都练出来了，自信心提升了。更大的领导站位不同，思考问题的层次就不同，这也需要他们站在领导的位置去琢磨体会。这种机会多了，他们思考问题的层次也提高了。

最后是领办的事情多，工作量就大，每次做不重复的事情，需要的不仅是体力，更重要的是脑力，要翻阅资料和推敲问题。即事情做多了，能力就提高了。

第三，拥有更多的机会。在单位里，同事的评价是一部分，单位领导的评价最重要。做了领导交办的事，领导会给较多锻炼机会。一方面是，领办人给领导干了额外的活，有功劳也有苦劳。与其他没有领办的人相比，他们干活的量要多些，多劳多得。如果与只干岗位工作的人得到的是一样的，就不会有人干额外的活了。另一方面，跟领导近距离、多频次接触，更容易受到领导的关注、关心，也便于领导掌握其家庭情况、工作状况、能力状况、思想状况、胜任什么工作等，当有干部调整机会或适合的岗位时，领导就会更容易想到这些人。

如果领导经常带着他们一起干活、开会的话，他们也容易受到其他单位或领导的关注。京郊县的小沈在这年九月份被县委组织部相中，要借调他一年时间。相对于法制办来说，组织部的平台和机会更大。早在四月份，小沈的领导杨科长就被县长看中，很快调到了县政府办工作，直接服务于县级领导。

当然，领办事情的人也有他们的苦恼，那就是工作量太大了，挤占了他们休息和社交的时间。尽管他们对领导交办的事情很积极，也很受用，但有时候私下里也会抱怨，也有情绪要排解，他们也会想要是只干分内的事就好了。有些事情，领导交办下来，如果有明确指向是哪个部门、科室的，他们就尽量推出去，不揽下来自己干。如果指向不明确，他们最多向领导反映一下，领导不表态的话，最终还是会老实领活去干。

1982 年出生的小李被领导重用之后，职责范围之外的工作多了。他说以前在司法所的时候，周末用来陪孩子和父母，给家人做饭，其余空闲时间钓鱼。现在没有那么多自己支配的时间，几乎不再垂钓了。以前早上七点起床，现在五点半就得起床了。他爱人为此也抱怨，说官没升高、钱没多挣，尽力而为就行了。

在基层单位工作，考勤制度执行得较为宽松、人性化，不强行加班。对于那些只从事岗位工作的工作人员来说，这样可以更多地照顾家庭。他们如果有小孩接送，可以推迟上班、提早下班。

京郊县司法局有个“80 后”女科长，之前在上海某大型外企法务部上班，十几年前月薪就达到两万元了。后来回老家考了公务员，做岗位工作尽职尽责，业务水平很高。2018 年县法制办借调她一段时间，法制办领导看中了她，想把她留下来。但是因为法制办领导交办的事情太多，工作太忙，要天天加班，使她无暇照顾家庭。因此尽管法制办机会多，她还是选择回司法局做她的业务工作。

结论与讨论

在政府体制内，岗位工作的业绩难以量化，不同单位、岗位之间的工作也难以用来比较，因此以做好岗位工作为标准很难分出工作业绩的优劣。岗位工作是一定要做的，但是领导交办的事不一定每个人都要做。在做与不做“领导交办的事”之间，存在一个弹性空间，工作人员既可以只做岗位工作，对领导交办的事不热心，也可以二者兼顾，这个弹性空间就可以用来评判体制内工作人员的优劣差等。

做了领导交办事情的人，比没做领导交办事情的人，存在以下优势：一是所做事在量上更大，二是在能力上得到单位公认，三是获得了领导的认可。那么，他们既有群众基础，又有领导支持，对他们的提拔重用就没有异议。

“领导交办的事”作为一个常见的政治社会现象，其蕴含的道理可以解释以下事情：在体制内，什么叫积极上进？积极主动领办“领导交办的事”的人，是积极上进的人。不积极上进的人，是那些只做好岗位工作，对领导交办的事不上心的人。在单位里，什么样的人会被提拔重用？为什么领导身边的人容易被提拔？外界普遍认为是近水楼台先得月的缘故，却不会想到领导身边的人做了多少“领导交办的事”，也想象不到他们的能力得到了多少锻炼。中国的政府体制内，存在两条线索，一条是由“上级—下级”构成的科层制的明线，一条是“领导—领办者”构成的包干制的暗线。

基层治理事务的区域差异

东中西部地区的治理差别

苏州当地村干部基本上已经职业化，每天都要坐班，在村部服务窗口上班的有计生专干、民政专干和社保专干。就社保来说，当地农民基本上都买了相关的社保项目，社保事务相对较多，大厅里还设有一台专门查询社保信息的机器。苏州是发达地区，民政救助除了国家相关政策之外，还有县市的一些救助名目，民政事务相当繁忙。民政专干除了要接受申请、填写相关表格外，还要下村调查。计生专干的事务由过去的罚没转变为对育龄妇女、婴幼儿的服务，工作量较过去还要大。苏州农村的网格化管理下沉到农村，乡镇网格中心按照行政村规模给每个村配备三到五名综合网格员，在有工厂的村还配备环保、安全等专业网格员。

东部地区基层治理正在快速科层化，技术治理凸显。中西部地区也在向东部地区学习，力图通过科层化、技术化来实现村级治理的现代化转型。但是，两个地区的治理事务在数量和性质上尚有较大差别，同样推行科层化、技术治理，在效果上会有差异。

中西部农村治理事务的数量：没有规律、不成规模

中西部地区的治理事务都是个别性、偶发性的，在数量上不成规模，在规律上无迹可循，每一个事件的处理不能因循旧例，多半是特事特办。

中西部农村的治理事务之所以较少，一方面是中西部农村还属于传统农村，还较多地遵循传统的生活规则，按照城市的标准来看其正规化程度不高。因此，农民的许多事务都还是自己的分内事务，农民自己就可以解决。许多农民家庭之间的事务，也要么是自发化解，要么是由其家族、小组的“明白人”出面解决，而不会上升到村镇层面。小组是一级很重要的设置，只要设有小组，小组长就会将小组内的事情当作分内工作来做，只有他处理不了了才交到村里去。闹到村里来解决的，一般被认为是较大的事情。村干部会视事情的类型和严重程度，把事情分配给不同的村干部去处理。能够突破村一级到更上一级政府的事情属个别现象，多数事情在家族、小组、行政村里就处理掉了。

另一方面，分田到户尤其是取消农业税后，农民家庭的个体化程度非常高，大部分青壮年外出务工，由于相互交往、共同生产而产生的摩擦和纠纷大幅减少，同时农民的私有观念增强，农民家庭之间共有的财产越来越少，因财产界限模糊而相互争夺、倾轧的情况大量减少。这样，需要村干部介入这方面的事情就减

少了。

再一方面，国家对中西部农村的资源输入相对较少。中西部农民普遍没有购买社会养老保险，新农合与新农保也已经制度化和规范化，上缴相关费用所花费村干部的时间和精力较少。民政工作主要是低保，其他救助较少。这几年因实行大数据比对和应保尽保政策，低保政策也已经规范化，需要村干部做的工作减少。村干部目前做得最多的是精准扶贫，主要是填表和入户调查、带领扶贫干部入户工作，但这也是阶段性的，而且许多填表、录入电脑的工作都由驻村干部代劳了。其他中心工作和政策任务也一般是阶段性的，不需要村干部付出所有的时间和精力。

中西部农村工作的规模不大，不是每天都有，几天才接到几个农民的电话，在电话里说清楚就行了，不需要在村部坐等农民上门。一个星期可能就一个农民找上门来，他们到家里或打电话来找都行，村干部也不一定到村部处理农民的事情，而是到村民家里，或者村干部家里处理就行了。有个别村民要办证件，要么是在村干部的指点下自己上乡镇去办，要么是村干部上乡镇开会时顺带给办了。

农村的许多偶发性事情没有规律可循，不可能在办公室通过具体的流程来办理，而是需要视不同事情、不同对象“因地制宜”地解决。村干部解决这些事情不需要固定时间和地点，他们可以找合适的时间到村民家里去解决，也可以在自己不忙的时候找双方当事人到自己家里来谈心。解决事情的方式也千差万别，不因循具体规范和范例，哪种方式最便捷又不溢出外部性他们就用哪种方式解决。他们看菜吃饭、视人来解决问题，有的人吼两句就老实了，有的人则要软硬兼施，有的人要千磨万缠。

如果在农村完全推行科层化、技术治理，就会产生水土不服的问题。比如，要求本来是兼职的村干部坐班化，这样就得给村干部提高待遇，将他们的待遇提高到当地公务人员的水平，否则就会耽搁村干部做其他事情。因为事情本来就少，一个星期碰不到一两件，坐班不仅浪费了村干部的人力资源，还浪费了办公资源。

按流程处理事情，会限制村干部具体问题具体解决，使原本很简单的事情变得复杂。流程化很重要的表现就是“办事留痕”，要求事前有规划、事中有签名、事后有报告，对于一些原本很简单的事务，这样要求就会增加办事的成本。

技术治理的主要表现是网格化，网格化不仅成本高，而且由于中西部农村事务少，带有偶发性质，因此无法进行量化管理。网格化治理要求的是同类事务的流程化处理，这样才能够提高治理效率。偶发性、个性化的事情以网格化方式来处理的话，就会大材小用，极大地浪费治理资源。

东部农村治理事务的数量：成规模、有规律

与中西部农村不同，东部农村的治理事务在数量上具有一定的规模化和规律性。

一是治理事务数量较多。在东部农村，国家公共服务职能下沉，不同资源、任务从条线部门下去，最终都得由村组干部来落

地完成，这极大地增加了村干部的工作量。国家还对农村进行类似于城市的精细化治理，对道路、环境、安全等方面进行高标准改造和投入，这不仅增加了村干部的工作，还要聘用大量工作人员进行后续管理。东部地区有大量外来人口流入，因此有外来人口的录入、居住、卫生、计生、流向、安全等大量的管理工作。本地农民在民政、社保、土地、房屋、纠纷调解等方面的需求都依赖村干部给予满足。这些事情集中起来在数量上就具有一定的规模性，不再是一周解决一两件事情，而是不同的村干部每天都有四五件事情要处理。这些事情也不是季节性的，而是长期性的。这样一来，村干部坐班、职业化就有了必要。村干部只能全职在村里工作，不能兼职做其他事情，否则村里就无法运转。村干部全职就得拿全职的工资，而不再是误工补贴。

二是治理事务可分类化和有规律性。专业性较强的如民政、社保、环保、安全、计生、农民工、出租房管理等事务都已经普遍化，各专业部门也逐渐延伸到村一级，村里要么聘用专业技术人员专门处理，要么在村两委委员中进行专门分工。除此之外，农民之间的纠纷或上访也主要集中在征地拆迁、建房等事情上，也有一定的规律可循，可以通过相关的法律、法规来做调解工作，农业管理也主要是负责水利、机耕、道硬化等事项。这些事情在很大程度上能够通过分类给予专业化治理，可以按照一定的规范和程序进行流程化处理，这样网格、电脑等技术治理就有了用武之地。专业化、流程化和技术化处理的好处是有效率，针对性强，处理的结果较为客观，流程有据可查。

嵌入性治理事务及其治理

治理事务的性质是指该事务是嵌入熟人社会，还是脱嵌于熟人社会。嵌入村庄的治理事务是在较为传统的农业型村庄中发生的，治理事务主要牵涉农民与农民、农民与村集体的关系。脱嵌于村庄的治理事务则发生在工业较为发达的地区，它主要涉及农民与市场、农民与国家的关系。

中西部农村的治理事务是嵌入式的，主要体现如下。

一是它的治理对象是人，通过对人的治理来达到对事务的治理。中西部农村的事务是嵌入到村庄人际关系中的，事务本身的属性同人与人之间的关系有关，解决事情就是在处理人与人之间的关系，解决的结果也会影响人与人之间的关系。不同的人，不仅个性不同，在村庄社会关系结构中的位置也不同，超社区关系也有差异，因此在处理问题时要“看菜吃饭、量体裁衣”，不同的人用不同的策略和手段。

二是它的治理手段是总体性的，通过各种手段综合性地解决问题。因为治理的对象是人，治理事务就会因人而异。在不同的人那里，同一治理事务会有不同的表现，在有的人那里治理事务很简单，在另一些人那里治理事务会十分复杂。之所以会变得复杂，是因为人的社会关系具有延展性和历史性。所以，针对农村事务的这些特点，治理手段就不可能是单一性的，而必须是综合性的；治理也不是针对某一确定事务的专门性治理，而是针对治理对象的一系列事情的总体性治理。

三是它的治理过程就是动员群众、做群众工作的过程。因为是总体性治理，乡村干部就要动员所有能够动员的力量去做治理对象的工作，这个过程既有体制内的动员，也有群众动员。群众动员首先是动员与之有关系的村组干部、党员代表去做工作，然后才动员与之有密切联系、他又很在意的社会关系去做工作。群众动员和群众工作的过程，是私人关系和资源转化为公共治理资源、治理工具的过程，也是群众领会、内化党委政府意图的过程，还是公共规则彰显的过程。

四是它的治理结果容易生成或复制钉子户。在进行群众动员、做群众工作的过程中，乡村干部与治理对象会产生密集的互动，互动结果可能会使治理对象中的某一方不满意，产生对乡村干部的怨恨情绪，从而使得村民与村民之间的一阶矛盾，转化为村民与乡村干部的二阶矛盾，进而产生上访事件，问题和怨恨在上访的过程中不断积累。只要是牵涉人与人之间的问题，就可能产生负面情绪，并因此制造老上访户。人与人之间的关系很难调整，即便事情得到解决，但是对人的怨气很难化解，因此，老上访户在嵌入式治理中就一定会产生。

脱嵌式治理事务及其治理

东部农村的治理主要是脱嵌式的，有以下特点。

一是它的治理对象是“事”而不是“人”，它通过对治理事务本身的治理来达到治理效果。它不管治理对象的个性特征，亦不论治理对象所处的社会关系结构，它只讲求“就事论事”，把事情处理掉。脱嵌式治理将治理事务抽离具体的时空条件，剥离治理对象的社会关系，对治理事务进行抽象化、形式化的治理，比如对流动人口的治理。

二是它的治理手段是专业化、技术化的，它将不同的治理事务分门别类交给不同的部门进行专业治理，现代化技术手段是其基本的治理工具。专业化本身需要大量的机构设置和人员安排，这意味着科层机构下沉是脱嵌式治理的必然选择。由于需要大量的人员、机构、技术设备的投入，而不是通过动员群众，那么脱嵌式治理的成本就非常高。比如网格化治理，一个村按三个网格员计算，一个乡镇二十个村的话就需要六十个网格员，每个网格员一年工资六万元，那么仅工资一项每年就要三百六十万元，其他如技术平台的打造花费就更巨。

三是它的治理机制可调整性强。技术和规则对于制定者、使用者来说，可以依据实践的具体情形和经验进行调整，使之更符合实际情况，从而使效果更好，产生的问题更少。

四是它的治理结果不影响村庄社会关系，也不产生村民与乡村干部的恩怨。因为脱嵌式治理不是针对人的治理，乡村干部即便要与人打交道，也都是程序化的交往，而不是动员工作，他们只要按照规则将事情处理好，任务就算完成了。如果群众不服气，可以申请行政复议，也可以将事情重现上传相关平台，相关平台再对该事情进行处理。无论他投诉多少件事，平台只对事不对人。即便村民不满意，他生发的怨恨也不会上升到上级政府。

农村基层治理现代化

农村基层治理现代化应根据不同地区治理事务的数量和性质，而有不同的重点和方向，不能盲目地追求机构人员的科层化和治理手段的技术化。在中西部农村，基层治理事务的总体数量少，又多涉及复杂的村庄社会关系，难以用现代科层制的规则和技术加以统一规范。在中西部农村强行推进科层化和技术治理，既没有必要，造成资源浪费，还起不到应有效果。在该地区推行治理现代化重点应该着眼于传统群众工作和群众动员机制的现代化转向，以使其适应快速变化、加速流动和农民城镇化的农村社会的治理。

同时，也不能排斥科层化和技术治理，对某些成规模、有规律并带有一定脱嵌性质的治理事务则可以进行科层化、技术化的治理。比如，基层党委政府通过微信群、手机 App、网络平台等现代即时通信设备，对相关工作进行布置、督导和检查，省去了大量中间环节，节省了时间，强化了工作力度。

在东部农村，由于治理事务的数量较多、有规律可循，某些治理事务的发生已经常规化，大量治理事务脱嵌于熟人社会，那么就可以对其进行规则之治和技术治理，科层化、技术化就不可避免。而东部地区政府财政充裕，能够支撑起科层化、技术化程度较高的治理。即便如此，也带来一些问题：治理成本太高，其经验难以复制到其他地方；承担了大量之前农民自己完成的事务，加重了治理任务；弱化了群众工作和群众动员。

办好涉及农民利益的四类事务

“大事要抓，小事不放”

建始县雪岩顶村的第一书记是长江航务管理局（简称长航局）的一名副处级干部。长航局到雪岩顶村精准扶贫已经五年了，他是第二驻村扶贫工作队的队长，2017 年下半年到任。长航局这几年陆续向该村投资了 2000 多万元，光修路就花了 800 多万元，还采购了 200 多万元的扶贫物资，改造了一所百年老屋用于办公和展览，修建了一千多平方米的水池，建造了四十米通信铁塔，打造了一条旅游线路和多个旅游景点。

雪岩顶是一个只有四五百人的小村，共两名村干部。村书记是中青年干部，“75 后”，已经考到县乡当公务员了，另一名是上了年纪的老干部，村里的运转主要由长航局的驻村工作队维持。第一书记和另一名干部带着我们走村串户，村民对他们都很熟悉、很热情，走到哪儿第一书记都大哥、大嫂、大叔、大娘叫得很自然，农户也赶紧拿出凳子让大家坐着晒太阳、嗑瓜子、吃烤土豆。

外出回来的年轻人说驻村工作队比自己还了解村里和各家各户的情况。

第一书记介绍说，当好第一书记的经验只有一条，那就是“大事要抓，小事不放”。他所谓的“大事”，就是要给村里办公益事业、修公共工程等，“小事”则是村民个人的事情。把这两件事办好了，村民信任了，工作局面就打开了，后面的事情就都好办了。

从对第一书记的访谈中，了解到涉及农民利益的事务有四大类，分别是公共事务、共同事务、农民私事和农村公事。这四类事务的性质不同，办事的主体也不同，如果混淆了办事主体，不仅事情办不好，还可能惹来农民的怨气。

公共事务：政府主导，农民参与

第一书记要给村里办大事，这是乡村干部的期待，也是农民的期待。“手里没有米，唤鸡都不来。”乡村两级都希望在自己辖区内驻村扶贫的单位是有钱或有权的单位，最好是省直有钱有权的单位。有钱的单位，能够直接拨付村里发展的经费或扶贫款项，有权的单位可以向其他单位要项目、要政策。乡村很现实，必须来些实际的。

长航局是交通运输部下属管理长江航道的行政单位，不仅本部门有充足的经费，而且直属、下属单位一大堆，匀出一些经费来扶贫一点问题都没有。其上级单位就是交通运输部，向交通运输部或省交通厅要修路、建桥等项目，就相对更容易一些。所以，雪岩顶村在三五年内村容村貌换新颜、硬件设施上档次，与工作队的单位有极大关系。

农村的工程建设是大的公共事务，投入的成本太高，农民和村集体都难以支付，因此更多应由政府来承担，但并不代表村民可以或应该置身事外。将农民调动起来参与村内公共事务，发挥农民的主体性，农民对村庄、对公共事务就会更有主人翁精神，如农民可以在公共建设中投入义务劳动、扮演监工角色等。同样修成一条路，有没有农民参与，农民对修路的态度、对路的感情和态度是不一样的。有参与，农民会把修路当作自己的事来对待，没有则公事公办，还可能做钉子户从中谋取好处。

共同事务：农民主体，政府组织

在建始县，第一书记的一个重要工作是移风易俗，新乡贤是他们要着重调动的一类人。雪岩顶村的某民办老师是一位很重要的新乡贤，他六十多岁了，身体健朗，有两个女儿，一个女儿嫁在本县其他乡镇，一个女儿招了女婿回家。老师虽然上学只上到小学四年级，但是当过老师，教出过大学生，在家族、村落里有一定威望，也爱管闲事，经常帮忙调解家庭矛盾；爱学习，能够使用智能手机，经常在短视频平台上传自己录制的正能量小视频，他还给我们看过一则他组织村民在村级公路扫雪的小视频。第一书记推介说，组织农民是新乡贤很重要的功能，也是新时代文明实践的重要表现。

公共道路上扫雪，是农村事务的另一种类型，称作共同事务。这种院外村内的事务属于农民自己的事务，但农民个体却不能自行承担，必须组织起来共同解决。这种事务若由政府来做，会有几个弊端：一是这类事情太多，政府没有那么多的人力物力来承担；二是没有规律，时间不定，政府出面解决可能延误时间；三是政府来解决成本太高，解决起来不划算。但这类事情不解决又会影响农民的生产、生活及社会交往。

通村公路上积雪，阻碍农民进村出行，一家一户去扫雪，最多扫的是门前雪，很难达到效果。如果政府组织人来扫，一个乡镇二三十个行政村、上百个自然村，难以应付得过来；上报、走程序、雇人等要花费较长时间，没等派人下来扫雪，雪早就化了。将村民组织起来一起去扫雪，既省时又省力。

所以，农民的共同事务，解决主体应该是农民自身，政府或村集体主要做的是通过某种方式将农民组织起来，提供组织载体、行动方案及相关支持。农村家庭、邻里纠纷属于共同事务，农村移风易俗、文化娱乐活动等也是农民的共同事务。

如果政府在这些事务上介入过深，将农民完全排除在外，农民就不会有主体感受，对政府形成“等靠要”思想，进而把这些事情当作政府必须做的事情，没有做好还会对政府不满。建始县的宣传部部长说，这些事情，政府包办和发动农民做，效果都一样，但是农民的感受不一样。农民的主体性发挥了，在其中投了时间、出了力，有的还捐钱了，他们还感觉是在做自己的事情，认真负责，无怨无悔。如果只是政府做，很可能是做了好事还挨骂，典型的“出力不讨好”。

对于农村的共同事务，政府不能包办代替，要发动群众自己做。建始县的乡风文明建设之所以做得好，没有成为形式主义，也不构成基层负担，关键就在于把农民组织动员了起来。

农民私事：自己办，市场买

农民的私事是农民在生产、生活及社会交往中遇到的私人事务，这类事务不涉及其他人，也不是公共事务，需要由农民个体或家庭承担。农民私事具有个性化、多样化、多变性的特征，需要一事一议地解决，而无法用统一的方式给予解决。政府不是好的解决主体。

农民私事的解决办法有以下三种：一是自己解决，调动家庭劳动力自己动手；二是找人帮忙解决，与他人进行人情交换；三是在市场上购买，市场对需求是最灵敏的，农民私人的大部分需求都可以在市场上获得满足。

问题在于，有些地方政府过于积极有为，在为农村提供了通村通组等基础设施之后，还把手伸进农民的院落、大厅，乃至卧室，想通过解决农民私事的方式体现为群众服务。比如，有些基层政府通过购买社工服务，为农村老年人理发，办书法培训班、绘画班等，这些个性化服务，只有少数人有需求，通过政府提供对没有需求的人不公平。

农村公事：农民难办，政府帮忙

农村还有一类事务是第一书记所说的“小事不放”的“小事”。这类事务本来也属于农民私事，农民自己可以解决。之所以会上升到由政府或村集体来解决的高度，是因为农村社会出现了较大变化，使得农村中某些家庭或群体无法解决之前他们自己能解决的问题。

农村青壮年大量外出，或城镇化之后，村庄有了“三留守”现象，过去青壮年劳动力能解决的问题，现在变成了难题。如夜间有人生病要送医院，自家没车，邻居家的年轻人也外出了，低龄老人夜间开车危险大，农户只有找驻村工作队的人帮忙；农村老年人要取钱，没车跑不到城镇，把存折、密码一并交给第一书记，让工作队的人代办；农民家中有些重活、技术活，妇女、老人、小孩都做不了，也找驻村工作队；家里用上煤气的老年人遇到用气问题，邻里解决不了也来找工作队；还有一些老人用智能手机、聊天软件卡壳了，第一书记也会第一时间出现。第一书记说他们的工作用车是集工程车、救护车、消防车于一体的多功能车。

再如，农村幼儿园、小学放学早，学生的父母又还没下班，村委会就可能成为农村的“四点半课堂”。这些事情因为农民自己解决不了，但又必须解决，因此就成了政府要帮忙解决的“公事”。

第一书记说这些事务必须做，做了之后，就能跟农民拉近心理距离，成为他们能够接受和亲近的人。之所以如此，是因为这些私事农民办不了又拖不得，对于农户来说是急事、重要的事。谁给帮忙了，都要记上恩情。政府帮忙了就要记政府的恩情、感激政府。

与之相反，农民自己能够解决的私事，如果政府以服务的名义介入，农民不仅不会感激，反而会形成依赖，一旦没解决好，不仅不满意，还会心有怨气。

村级治理事务增多与村干部坐班化

村干部坐班普遍化

河南济源花石村是一个先进典型村，在基层党建上自创了八条简明易行的规定，中央领导视察时予以肯定，命名为“土八条”。由此，花石村在河南一带名声大振，成为党建示范基地，建有专门展厅。此后，各级政府的资源不断往村里投，小村旧貌换新颜。该村的支书之前是一个企业年产值逾千万，在当地小有名气的老板，20 世纪 90 年代任过书记，中途中断一段时间，10 年前政府再度请他出山。书记头脑灵活，有政治眼光，有干劲，肯动脑筋，不仅创造了“土八条”，还在土地入股、集体经济发展上创造了经验，因此，该村成为各类典型示范学习的基地。就党建来说，该村每天都要接待三五拨人参观学习，每拨人每次缴纳 500 元的学习费用，讲解员由村干部充任。

花石村共有 5 名村干部，分别是支书、主任、监委主任、治保主任和文书，他们在职务上有不同的分工。另外，还聘用了几名非两委干部，包括党建员、报账员、民政干事、卫生员等。民政干事和党建员的工资由乡镇支付，其余人员工资由村里支付，他们各自有工作重点，但是忙起来时村里可以统筹协调。党建员是一个老党员、老退休教师，不忙的时候他也干卫生员的活。济源市之前对村干部有值班的要求，每个村干部轮流值班一天，新冠疫情过后，就变成了坐班制，村干部每天都要签到。

由于花石村还在快速发展之中，不仅村庄还在继续建设，还投资了几个游乐场，调研时正在筹划兴建老年人康养中心，每个村干部都肩负多个发展事务。支书规定，每天早上七点半村干部集中起来开早会，总结前一天的工作，布置新一天的工作。会议长度在一个小时到两个小时，会后各自去忙。乡镇对花石村实行特殊对待，不监管村干部坐班。但是对待其他行政村，则要求签到，乡镇纪委还会突发检查、通报批评。不管有事没事，村干部都得在办公室待着。

村级治理事务在增多

之所以要坐班，乡镇干部的意思是便于村民有事能够找到村干部，利于村干部一心一意为民办事。从村干部个人来说，他们是非脱产干部，主要身份是农民，村干部是兼职业务。如果不强制坐班、值班，他们就会去办自己的事情，要么耕种中等规模土地，主要时间是待在地里；要么在附近工地或工厂务工，之外的时间才能处理村务；要么承包工地当包工头；有的则可能丢下村务外出务工，不一而足。乡镇干部认为，村干部不务正业，会耽搁工作，必须对其工作时间进行规范。

从治理事务来说，乡镇干部认为，现在从上到下各条线给村里下达的事务越来越多，这些事情通过分工分配给了不同的村干部。比如社保、医保、救助、优抚五保等事务，还有诸如计生服务事务、国土办证事务、退伍军人事务、残疾人事务、精准扶贫事务等，各类事务都在增多，许多都是为民服务的事务。虽然这些事情不是每天都有，但是说不定哪天就有，如果村干部不在办公室，村民来找多次都找不到人，就会有意见，影响干群关系。

不仅如此，村民有许多需要到县乡相关部门办理的事情，如办证。县乡干部认为农民要出一趟远门不容易，尤其是山区农村，特别是老年人，他们去了县乡，很可能分不清门道，找不到办事的地方，到了办事的地方，工作人员还可能对他们爱搭不理。

无论是农民出门办事不方便，还是办事“门难进、脸难看”，都会引发农民对政府的不满。在服务型政府理念下，就要避免这些情况出现，于是很多地方要求村干部或驻村干部搜集村民办事信息，等积攒到一定数量，或每天下午，由乡镇干部拿到县乡相关部门去办理，农民脚不出村就能把事情办好。

事实确实是，村民找村干部的频率提高了，要办的事情越来越多了。2020 年上半年疫情过后，各种证明、盖章都要村干部出具，如果找不到人就会耽搁村民的事情。如某个外地返乡人员在微信群中问村干部何时验收核酸检测单子，村干部告知下午两点半在村委会。等到下午两点半，返乡人员到村委会，没见着村干部人，又在群里问相关情况。如果这样的事情多了，村民不理解，就会造成误会，引发不满。所以，从村级治理事务增多来说，村干部值班化、坐班化有了需求。

村级行政化弊端严重

调查也发现，将村干部束缚在办公室，会带来诸多弊病。

一是浪费村干部人力资源。虽然说这些事务增多了，每天都有村民来办理，但数量仍不多，不成规模，分配不到每个村干部头上。如果每个村干部都坐班，就会将村干部都耗在办公室，大部分村干部大部分时间无所事事，极大地浪费了村干部的人力物力资源。久之，村干部就会没事找事干，打牌、看报纸、撕报纸、整理文件等。村民每次从村部门口经过见到这些不做事的干部，都会不屑地丢下一句“一群懒人”，村干部颜面扫地、权威尽失。

二是增加基层组织负担。村干部本来是拿误工补贴的非脱产干部，他的主要收入不来源于村干部补贴，而来自务农、务工、经商的收入。现在将他们限制在村办公室，他们就无法去做创收的事情。既然不能创收，就相当于全职村干部，基层组织就得给他们发放全职工资，再买五险一金。做不到这些的时候，村干部就觉得自己做村干部划不来，做的事情不比乡镇干部少，待遇却有天壤之别，他们就会吵着要待遇。普遍情况是，村干部的工资标准至少不得低于当地中等收入水平，也就是外出务工的收入。

三是窄化村干部来源。农村空心化、城镇化是必然趋势，青壮年农民外出使得村治主体难以寻找。本来在农村还有一定利益空间的小老板、小包工头、中农群体等，他们四五十岁，尚年富力强，又有经营、管理、跟群众打交道的能力，完全可以吸收他们做村干部。但村级坐班化之后，他们就必须丢掉主业，这会使他们的家庭收入大幅降低，自然不愿意进到村干部队伍中来。调查中，有的村支书是中小老板，有较大的产业，乡镇请他们来建设村庄，他们家乡情结浓也就来了，来后发现老板当不成了，大失所望。那么，此时，村治主体就只剩下两类人，一类是有子女成家立业、负担不重的中老年人，一类是可以把产业交给妻子打理的中小老板。后一类人很少，前一类人相对较多，但他们能力欠缺、体力不支、精力跟不上，只能维持基本秩序，许多任务难以承担。

四是降低回应群众需求能力。农村问题不像行政事务那样有规律性、分门别类，多数是偶发性、个性化、不定时的，难以用统一的标准和专门的部门来解决，同时许多事情还嵌入农村社会关系之中，牵一发而动全身，需要熟悉内情、掌握当事人秉性的人去解决。那么，要解决这些问题，就不能在办公室坐等群众来找，而是在正确的时间、正确的地点去做正确的人的思想工作，也就是群众工作。做群众工作需要村干部能想群众之所想、急群众之所急，也就是要站在群众立场思考问题，要求村干部能够跟群众打成一片，深入群众之中。这样，村干部就必须是非脱产化、非全职化的，他们要嵌入群众社会关系、生产、生活之中，才能对群众主要利益、关系、关切有切身体会。也就是说，村干部必须是群众的一员。如果村干部脱产化、全职化，那么他们在生产、生活上就会脱离群众，与群众的关系就会隔一层，群众急什么他们就不会有真切体验，也就难以准确、及时地回应群众需求。比如种大棚蔬菜的村支书最了解菜农群众的急难问题，什么时候迫切需要解决什么问题，坐班的村干部就不可能在半夜去解决群众的家庭纠纷。

五是抬高国家与群众打交道的成本。坐班后，村干部就成了体制的一部分，体制的代理人，按照体制的时间、规则作息、上下班，也按照体制规范与群众打交道。这也就意味着国家要与千家万户的小农直接打交道，直接回应他们的需求。在非脱产化的时候，国家并不与村民直接打交道，而是与村干部对接，再通过村干部与村民联系起来。国家与少数村干部对接，方式较为单一，成本相对低廉，而村干部则在熟人社会的条件下通过走群众路线，做群众工作跟群众对接，成本也较低，效果也较好。而一旦国家直接与千家万户的小农打交道，要回应千差万别的群众需求，成本就会大幅度增加，效果还不一定很好，因为国家体制最有效的供给对象是统一的、专业化的需求。

村级事务要分类

一方面，在村干部坐班化、村级行政化上，乡镇有乡镇的道理，因为村级治理事务确实大幅增加了，村干部不坐班，就不能很好地、及时地为群众服务。另一方面，村级治理事务没有增加到要村干部坐班化的程度，村干部坐班后还会带来严重的后果，村干部有保持脱产化的理由。

两种现象都存在，两种道理都说得过去，那么，怎么解决这对矛盾？实际上，可以通过村级事务的分类来解决。按照性质，村级事务可以分成两大类。

一类是部门业务。部门业务是条线部门下来的行政性事务，是典型的部门业务工作。这部分工作专业性、规律性、程序性很强，按部就班就可以解决。比如农民要办不动产证，只要提供相应的材料，就可以通过走程序办理，不牵涉群众之间、群众与村干部的关系问题。这类事务应由掌握专业知识，熟悉程序操作的专业人士来承担。

另一类是群众工作。群众事务是指回应群众需求，解决群众问题的事务，这类事务个性化十足，解决起来没有规律可循，解决的方式主要是做群众的思想工作，解决的主体应该是有群众工作经验的村干部。这类工作会牵涉群众之间的关系、群众与干部的关系，处理不好会引发群众矛盾、干群矛盾，因而具有很强的政治性。

这两类事情都很重要，但是这两类事情对治理主体的要求是有冲突的，前者要求职业化、专业化，后者要求融入群众、非脱产化。鉴于此，就应该将村级治理主体划分为两大类，一类是脱产化的干部，一类是非脱产化的干部。

在实际操作中，可以将村支书专职化，让其成为脱产干部，专门处理条线下来的部门业务，由他坐班等群众来办事。或者由乡镇招聘相关专职人员，工作日坐班，周末轮流值班，像花石村的党建员、民政干事一样，由他们来处理专业事务。在性质上，他们属于脱产的事务干部。

主要的村干部则仍然保持非专职化、非脱产化、非坐班化，允许他们有自己的主业，有大量的时间融入群众之中，跟群众打交道，并在群众真正有需求的时候，抽出时间做群众工作，解决群众问题。相对于事务干部，村干部就是不脱产的政务干部。

将村级事务一分类，就可以明确哪些人应该专职化，哪些人要保持非脱产化。现在村干部职业化、村级行政化的趋势，问题就在于上级政府没有对村级事务进行分类，只认识到村级部门业务增多的事实，便开出村干部坐班化的药方，而没有注意到农村还有大量群众工作要做，忽略了村干部非脱产化的必要性。

乡镇干部视野下的富人治村

出自浙江的富人治村和乡贤文化

“富人治村”及与之相伴的“双强双带”党建经验，最早是从浙江发展起来的，其基本出发点是通过动员本村富人担任村干部，既能利用富人的经济和社会资源治好村庄，又能起到带领、带动其他村民致富的作用。这个经验后来被推广为全国性党建措施。

浙江的富裕农民有两类，一类是在本村办厂经商致富，虽然在城市有房产但是在村时间比较长，一类是在外边经商致富，并在产业所在地定居安家。对于前一类，基层干部动员他们参与村级选举，以便担任书记或主任，后来他们自己参选。后一类则要基层干部上门做工作才能把他们请进村里来做村主职干部。实践中以第二种情况为主，这种情况还被内陆基层学习、效仿。最近几年，浙江省又大力提倡乡贤文化，鼓励在外的本村能人回村贡献力量，其中一项也是引乡贤进村担任村干部。

无论是先前通过政策鼓励富人治村，还是现在的乡贤文化政策，都是浙江地区率先出来的经验，然后为全国所知晓。问题是，为什么浙江农村要引富人进村担任村干部？

前提当然是浙江农村民营经济发达，产生了大量自主创业成功的农民企业家，他们不仅有管理企业的经验，还拥有大量可以用于治村的经济和社会资源。

项目下乡与竞争选举的张力

浙江农村治理中有一个巨大的张力：一方面，各级党委政府积极有为，各级都有许多项目要在农村落地，需要动员农民和消除钉子户，因而也就需要一个强有力的村级组织；另一方面，浙江村委会选举完全按照组织法来操作，县乡两级政府基本上不去控制和驾驭，有的地方村党支部选举也完全放开。其结果是，选举必然导致派系竞争，一方上台，另一方“在野”便成为反对派和钉子户，很容易导致村级组织涣散。

在张力下，一般的村庄不接受上面的项目，呈现出无治理或维持基本秩序的状态，有的村则派系斗争激烈，难有治理秩序，只有少数村庄会治理得相对较好。

也就是说，在放开选举的状态下，村庄治理不好是常态，治理较好则成了偶然现象。如偶然碰到了一个有魄力、有能力的村支书，他将派系给摆平了，还争取了上面的资源，使村庄政治社会面貌焕然一新。基层政府为了将偶然的善治变成必然的、常态化的善治，就需要通过制度设计，引入其他的治理力量，以平衡、消解、缓和上述治理张力。措施之一就是鼓励富人治村，倡导乡贤文化。

普惠式项目如何落地

浙江省是中国的财税大省，以工补农、城市反哺乡村的资源非常雄厚，表现为项目经费充足，种类繁多。2000 年以来，项目资源下乡大致经历了两个阶段：前一个阶段是竞争性项目阶段，项目资源需要县乡村向上争取；后一个阶段是从 2014 年至今，普惠式的项目大量下乡，竞争性项目也依然不少。

在竞争性项目阶段，就行政村一级而言，其向乡镇、县市争取到的资源越多，这个村庄发展得就越好。能够争取到上级的项目资源需要有两个条件，一个是村支书社会关系的质量和广度。如果村支书与县市相关部门有私人关系，就容易将项目资源引到村里来，与上级没有关系或关系较少的村庄，项目资源就较少。

另一个是行政村要有项目落地的基础，包括物质基础和社会基础。物质基础就是之前发展得如何，项目资源具有天然的“嫌贫爱富”的偏好，它们只做锦上添花的事。哪个村庄搞得好，公共建设有基础，项目资源落地就更有显示度，便于上级部门的考核检查。社会基础是指村两委是否能够摆平派系和钉子户，项目落地最怕的就是因为派系斗争、钉子户等而被拖延或夭折，谁也不会冒风险将项目投到一个派系林立的村庄去。所以，项目落地要选择那些最容易摆平派系和钉子户的村庄。

对于乡镇干部来说，他们希望所有的村庄都得到发展，项目资源都能够平稳落地。因此，他们希望那些能够向上争取资源，又能够摆平村民使资源安全落地的人来担任村干部。

所谓普惠式项目，就是浙江省近年向农村投入了大量改造农村的资源。这些资源既有改造农村基础设施的，也有改造人居环境的，还有改造农民生活、生产习惯的。具体的诸如省一级的“五水共治”“三改一拆”“劣V类水整治”等，市区一级的“八大战役”、垃圾分类处理、小城镇环境阵地战、“全域旅游”、“立面亮化工程”等。

这些改造工程都需要对农民进行动员，需要农民参与其中，尤其是涉及农民的土地、房屋及生活、生产等方面切身利益的项目，必须一方面全面调动农民的积极性，争取农民的理解和支持，另一方面确保不出现钉子户、不和谐的声音，即使出现也必须在第一时间拔除。

这些普惠式项目都是省、市、区等党委政府的中心工作，对乡镇党委政府来说政治性很强，完不成或完成得不好很可能被一票否决。那么，乡镇党委政府在这个时候就最希望两委班子有强有力的领导，能够团结班子成员，调动党员代表、小组长的积极性；能够协调班子不同意见，压制党员代表、小组长的反对情绪，确保他们不成为钉子户和消极因素。在村庄中，只要能够把这些人团结起来，村民的工作就好做。村民本身是一盘散沙，他们盯着村庄中的党员、代表和小组长，这些人有一定的威望，他们下去做村民工作相对容易，若他们带头成为对立面，也会带动不少人做钉子户。所谓村民动员，主要是调动这些农民精英的积极因素，然后由他们去带动普通村民。如果村里派系林立，党员、代表和小组长分属不同的派系，就会给村两委的动员工作带来难度。那么，能否摆平派系，调动村庄政治精英的积极性，关键要看村级党组织的战斗力和村支书的威望。

随着需要直接与农民打交道的中心工作、项目资源增多，基层党委政府完成任务、项目落地的压力就越大，就越需要有相关的制度安排进入农村。

竞争性选举带来派性斗争

1998 年之后，浙江村委会选举全面放开，县乡两级党委政府对村委会选举不设障碍，更不会千方百计控制选举。随着村委会选举的放开，二十世纪八九十年代的老式村干部被新兴的有一定经济能力的小老板取而代之，完成村庄精英的替代。新一代村干部有以下几个特点：一是他们是村庄中的小老板，有公司或建筑队，有一定经济实力和群众基础；二是他们普遍在三四十岁，对村庄政治有一定的想象，认为担任村干部可以与政府建立联系，获得更多项目建设机会，或可以瓜分村庄公共资源；三是这样的老板在浙江农村还有不少，因而一个村会有多个竞选人和竞选团队出现；四是这些人斗争性、竞争心很强，不甘失败。

参与村庄竞选，关系到利益、面子，付出了努力，就会有期待。一旦竞选失败，就会失去利益、面子，失败者就很可能对竞选成功者形成利益张力，生发不满和怨恨情绪，成为成功者施政的障碍、反对派系。他们还可能纠集支持自己的一拨人将对方告倒，或在下次竞选中将对方选下去。

只要是实行完全竞选的村庄，就一定会形成派性或派系。形成派系的村庄，村庄治理就会变得复杂，很多工作难以开展，工程项目也难以落地，严重的村会被乡镇挂号为“软弱涣散村”“后进村”。上访上告的人一般出自这些村庄，给这些村项目也做不了。村庄长期处于不发展、拖后腿的状态，在竞争性项目时代还好点，因为当时乡镇干部最重要的工作是信访维稳。但是，在普惠式项目时代，这些村庄也要搞改造和开发，如果它们的工作做不好，就会拖累全乡镇、全县。

以浙江上虞新村为例，新村在 2005 年左右有一批三十多岁的建筑小包工头想竞选村主任，他们的主要想法是村镇建设项目多，当村主任能够搞到项目。到 2009 年这一届选举有三个候选人，每个候选人背后都有一拨年轻人支持，这些人去动员他们的亲戚和朋友。其中有两个候选人是表兄弟关系，一个是舅舅的儿子，一个是姑妈的儿子，都在三十岁左右，平常两人、两家关系很好。舅舅的儿子劝姑妈的儿子不要参与，但是姑妈的儿子背后也有一拨人支持，不好放弃，他自己也希望当选后捞到好处，所以还是参选了。第一轮选举的结果是三个候选人的票数都没有过半，姑妈的儿子票数最高，舅舅的儿子得票第三，没有参加第二轮选举的资格。在第二轮选举中姑妈的儿子当选为新一届村主任，从此，舅舅的儿子成了反对派，一直抓住姑妈儿子的把柄上访上告，在姑妈的儿子当选为书记后，对立情绪更加激烈，以至于闹得村里无法召集村组、代表会议。村庄治理一落千丈，从之前的明星村迅速颓废为软弱涣散村，乡镇干部都不想到这个村来担任联村干部。直到2014年乡镇将之前的老书记、本村一个大老板再次邀请回来担任支书，村里的面貌才又起了新变化。

富人治村：摆平派性与项目落地

跑项目资源，需要有关系的村干部，项目资源落地需要有能力的村干部摆平村庄派系和钉子户，而竞争性选举则必然会产生对立面、反对派和钉子户，这与国家资源下乡构成了一对激烈的矛盾。

国家资源越多、越是普惠性，竞争性选举越正规，它们之间的张力就越大，县乡就越有压力和动力来缓解这对矛盾，以使越来越多的项目资源安全落地。其中一个制度安排是变偶然性的富人治村为必然性的富人治村，即通过出台鼓励政策、做工作等方式邀请富人回村担任村主职干部，将他们的资源转变为村庄治理资源。

农民富人的资源在村庄治理中能够做什么？

一是向上跑要资源，将竞争性的资源拉到其村庄来成为村庄治理的资源。对于乡镇干部来说，这些资源虽然不是为自己所分配，但是只要是落地在本乡镇辖地内的项目资源，到年终时就要算到乡镇的项目建设资金总量上去。同时，村干部拉资源将村庄治理好了，乡镇干部就省事多了，因而他们乐于引进富人治村。

二是利用其威望摆平下面的反对派和钉子户。这些富人是村里通过自己能力致富的，其经济实力、个人能力为村民所佩服，村民也相信他们能管理一个企业、一个建筑队，也就能够管理好一个村子。富人担任村干部后，一方面要做出牺牲，将一部分精力和时间放在村务上，另一方面在村里不拿一分钱工资，他应得的那部分工资放入村庄成为村集体资金，同时他们还自己拿出钱来搞建设、给老年人发福利等，从而在村庄里得到很高的声誉。村民认为富人村干部就不是为了贪钱，这样他们就能笼络大量村民。

对于村庄政治精英，富人村干部也有办法搞定，把他们拉到自己一边来。除了办事公道之外，更重要的是经济激励，比如只要召开党员、代表和小组长会议，就自掏腰包按照市场工价给予务工补贴，这样不仅参会、议事和动员能够搞起来，在经济上也能起到刺激作用。还有就是介绍村两委干部及其他政治精英到自己的企业或建筑队干活，帮助解决生活、生产等问题，如村支书给某党员解决了子女在城区公立小学就学的问题。这样富人村支书任职之后，他既可以驾驭通过竞选上台的村主任，也可以安排自己属意的人竞选村主任。还有，一旦有了富人村支书，村里其他小老板就会主动放弃竞选村主任，因为竞选成功也捞不到好处。

在上虞某镇，由乡镇做工作回来担任村支书的行政村超过三分之一。镇组织委员很头疼的是，他们想让所有的村都配备富人村干部，但是富人在外边有自己的事业，一般不会回来做村干部。

除富人治村之外，浙江基层政府在项目落地与竞争性选举的张力上，还坐实了另一项制度安排，那就是联村制度。

县级农业政策的大农偏好

组织体系差异决定技术改造成败

在陕西某县调查苹果种植培育技术推广情况，发现在二十世纪八九十年代和2000年初，政府的产业结构调整政策起到了很好的效果，但是其后数次由政府推动、高校技术专家介入的“间伐”“矮化”技术改造都归于失败。

观察者很奇怪，为什么在同一地方会出现两种不同的现象。给出的解释是第一轮政府的动员契合了农民对生活改善的需求，他们顺应了政府的政策目标，将粮食作物改为苹果种植，收入提高，家庭经济状况得到了明显好转。而第二轮政府的技术改造目标却与农民务工收入、家庭即时性消费等带来的保守型家庭投入相冲突，因此农民对政府动员和专家规劝无动于衷。政府在与一家一户小农打交道时严重受挫，随后便调整方向，将技术改造的政策目标和扶持对象转向规模经营农户，进而在规模经营农户的示范和带动下，将小农户也纳入了其供销一体化的发展模式之中。

这样，政府达到了自己的政策目标，规模经营户在低成本下实现了技术改造，小农户则借助规模经营户的技术实现了产量和收益的增长。

那么，为什么第二轮政府改造会失败，以及政府何以会偏好资本农业？这其实是一个问题，政府只有在与小农打交道失败后才会转向规模经营的资本农业。

普遍的解释是政府与分散的小农户打交道成本太高，每个小农户都有各式各样的理由不听从政府的号召，而规模经营户少，且以扩大生产、提高资本收益为目标，其目标与政府的技术改造目标相契合，二者一拍即合，实现了有效对接。但问题是，为什么第一轮推广经济作物的目标会成功，而第二轮技术改造则不成功？

按道理来说这两轮目标结果都会对农户产生积极影响，小农户受损失也都是在前一两年时间，后面则会长期受益。如果说第二轮改造与农民的保守性有关的话，那第一轮改造时农民也有保守性，他们也会认为不种小麦改种苹果，这期间会有损失和市场风险，这样他们就不会接受政府的号召。第二轮改造失败后，规模经营户的示范效应让农户看到了实实在在的收益，使他们乐意搭上规模经营户的便车。这说明小农户不是不愿意进行技术改造，而是他们固有的保守性会让他们在未看到收益之前裹足不前。这种特性在过去和当下都是如此，为什么第一轮改造却成功了呢？

这其实涉及两轮改造的组织体系的差别，第一轮改造时的组织体系是党政体制，第二轮改造时的组织体系是条线部门，二者在组织性质、组织资源、组织强度、组织渗透力、组织惰性等方面都有显著差别。

作为政治任务的技术改造

第一轮改造是县委县政府动员起来的全县的中心工作，它的动员体系是党政体系。县委县政府作为主抓工作的动力引擎，在县一级设立“苹果基地建设领导小组”，下设办公室管理日常事务。各乡镇也专门设立相关组织，并在班子成员中设一名苹果专干下乡蹲点，到村一级村干部主抓落实。这样就组成了从县委书记、县长到村支书、主任的完整组织体系，主体责任人是乡镇党委书记、乡镇长与村支书、主任。在政策方面，出台一系列优惠政策、奖惩措施，开办技术培训班，使新产业和新技术能在农村很快落地生根。由于是县委县政府的中心工作，在县一级就动员了相关的政策、资金和技术，到了乡村两级则所有的乡村干部都被动员了起来，召开各级动员会，层层签订责任书，级级落实目标任务。

譬如2002年的苹果套袋运动就是这么安排的：

县委、县政府紧紧抓住苹果套袋这一关键技术环节……从2000年起把大规模实施苹果套袋作为一场硬仗来打……县上每年还作出《干部职工回乡下村实施套袋的决定》，要求干部、教师、学生放疏花疏果、苹果套袋假。每年有千余名干部和万余名师生进村入园套袋。县级领导深入乡镇指导，乡镇领导分工包村，机关干部驻村抓点，县包联部门搞好服务。力争做到园不漏村，树不漏果，果不漏袋。

2002年3月，县委、县政府决定在全县推广“巧施肥、强拉枝、大改形、无公害”四大技术，各乡镇分别召开了乡、村、组三级干部会议，层层宣传动员，级级落实任务……县委、县政府主要领导与各乡镇党委书记、乡镇长签订了目标责任书……各乡镇也与包村领导、驻村干部、村干部层层签订了“四大技术”推广目标责任书，并将任务分解到户、到园。领导包片，乡镇机关与县级部门包村干部全部下驻村、组，入户包园……

通过县乡党委政府强有力的政治动员，这项工作具有这么几个特点：相关政策得到了有效的宣传；相关扶持政策资金到位，对农户有一定吸引力；“运动式治理”带有广泛性、普遍性和强制性，小农户的接受度较高。党政体制高强度的政治动员有效地解决了与农民打交道的组织成本问题，突破了个体农户的保守性，降低了农户讨价还价的能力，使县委县政府的政策目标较容易达成。

技术部门如何完成业务工作

到第二轮改造的时候，苹果产业已经成为当地农业的支柱产业，各方面都已较为成熟，不需要再通过运动式的方式进行政策推动和宣传，不论是“间伐”还是“矮化”改造都已经不再是县委县政府的中心工作，而是农技部门的专门事务。名义上的县校合作，事实上是部门与学校部门的合作，在乡镇也就是乡镇农技推广站与学校部门的合作，而没有将乡镇、村的党政体系动员起来。那么，此时的农技推广就得农技部门和学校部门自己去做群众工作，镇村只是配合部校进村入户，而不会调动和整合资源进行组织动员工作。农技部门和学校部门的主要资源是专业技术，他们的人力、物力、组织、强制、合法性等资源都十分匮乏，他们的推广工作只能是挨家挨户地做工作，苦口婆心地将技术改造的好处讲给小农户听，那么多农户，每户去一个单位时间，都得耗费他们巨大的人力、时间和精力。更何况一户不可能去一次就做得通工作，得反复去做工作。反复做工作，部校又没有那么多的人力、时间和精力。

这样，部校在相关资源有限的条件下就无法实现他们对小农户的动员，但是部门的工作又得做，他们也需要向县委县政府及上级部门交代。部门任务的压力要求他们选择能够在有限资源条件下完成任务的途径，规模经营的大户就成了他们的必然选择。

规模经营大户本身有技术改造的动力，他们要实现资本的边际效益递增。但是由他们每个个体来进行技术改造又将增加他们的成本，政府来提供则可以降低他们的成本。对于政府来说，规模经营大户的第二个好处是户数少，动员和对接起来成本低。第三个好处是效果来得快。如果是动员小农户，不可能在一两年之内将所有的小农户都动员起来，只能是少数农户被说动，那么由这少数几户来做实验，从可展示性上来说没有冲击力。这对于学校部门来说是没有成绩，对于农技推广站来说就是没有政绩。但是与大农户合作，他们可以在一年内就有足够大的数据向上汇报，两年后就可以邀请领导下乡视察。这样，部校不仅将自己的技术和理念贯彻下去了，还将上面的项目完成了，他们的工作就圆满完成了。

科层制逻辑必然导致“大户效应”

从上文苹果技术改造案例可以看出，党政体制与科层体制是两套有联系又有区别的组织体系。它们在理念上存在较大差别，党政体制的一个基本理念是改造社会。在技术改造案例中，县委县政府有发展产业、带领农民致富的使命感，他们就会将技术改造当作政治任务发布下去，动员党政体系的相关力量集中完成，其结果是要呈现出对社会的整体性改造状态。而条线的科层体制的主要理念是完成上面的任务、对上有交代，至于任务完成之后是否达到了政策目标，则不在其考虑之列。第一轮改造通过政治动员的方式要达到的是小麦改苹果的社会效果，整体推动当地经济社会的发展。第二轮改造则只是农技站本身完成上级部门任务的一种形式，它就会选择最节省成本、最容易完成任务的形式去推动政策执行。至于完成任务后对大户有利、对小农户不利，就不是农技站考虑的问题了。

从两种组织体系的角度，去看当前各种项目落地过程中的“大户效应”“资本效应”“富人效应”等，就可以很好地理解这些不同“效应”背后有着相同的逻辑，那就是科层部门只在乎项目落地和对上有交代，不太关注社会效果。只有大户、资本、富人等才有能力承接项目，使项目能在短时间内低成本落地，且有较为明显的效果。项目制落地后的关键在于项目验收，验收之后政府部门一般不会再关注项目的后续效果。

不少学者批判政府不关注小农户的利益，认为中国农业发展的关键在于小农或者中等规模的家庭农场，但是在政策话语中更多的还是规模经营、资本下乡、大户补贴等。这正是部门从自身利益出发制定政策的结果，它们首先要考虑的是项目如何更快更好地落地的问题。那么，他们就必须考虑部门自身所能够调动的资源量，有多少资源就做多少事情。所以，部门在制定扶持政策时，都会有一个规模限制，比如大棚面积和数量达到某个层级就享受某个政策，而不会撒胡椒面。

后记

在2017年之前，华中村治研究团队主要从事农村研究，较少对县乡做专门调研。我本人的博士论文讨论的是农村妇女的人生归属与生命意义，毕业后关注较多的是农村社会分层问题。一次受邀参与欧阳静主持的县域治理课题调研，发现县乡研究不仅调查入场没有想象的那么困难，而且还是没有被充分挖掘的学术富矿。此时华中村治研究团队也正好向不同经验领域进军，于是从2018年开始我将研究重点转向了县乡治理和县乡教育研究，参与了两个研究分队的调研和讨论。

由于没有前期的阅读和经验，我们像过去农村调查一样不带主题、不带问题、不带理论，空着脑袋进到了县乡治理的经验现场，一切从最基础的工作开始。按照访谈对象的职务、经历及其熟悉的情况开展访谈，能了解到什么就了解什么，并对调查到的大部分现象进行大胆思考、讨论和提炼。调研结束后在短时间内将思考变成随笔，以记录、理解和积累经验。随笔撰写不受文体限制，也无需查阅文献资料，关键是要在经验内部提问题，现象之间找关联。调研多了，掌握的情况多了，思考就丰富了，每一次调研都囊括了以往经验的复杂性和丰富性，对前面的调研都有所推进，逐渐地就有了对县乡治理或深或浅的理解。

每年有不低于三个月的时间在县乡调研，到2021年年初，不知不觉积累了百余篇县乡治理随笔。经贺雪峰教授提醒、督促和推荐，先编撰《大国县治》一书，给了东方出版社；下半年再编撰《县乡中国》一书，交中国人民大学出版社。《县乡中国》于2022年4月先期出版，影响还溢出了学界。这是始料未及的。

我们的调研是开放的，对县乡治理的经验积累较为总体和全面，囊括了人事、财政、权力、事务、政策、体制、机制、组织、机构等内容。《县乡中国》集中讨论的是政策在县域制定、转化、落地的场景及其机理，《大国县治》更多的则是呈现县域治理体制内部运行的实态，剖析其机制和逻辑。对县域治理体制及其运行的理解是理解县域治理、政策落地的前提。县域治理体制极其庞杂，要知其然已相当困难了，更何况知其所以然。对于体制外的人来说，体制充满了想象的“神秘”，这是典型的“不知其然”；对于体制内的人来说，他们是身在其中，日用而不自知，属于知其然而不问其所以然。调查研究就是要掀开覆盖在事物表面的面纱，让日常展示其背后的道理，以知其然而知其所以然。本书聚焦县域治理体制机制运行，就是希望一点一滴地去探索、揭示、总结它的一般规律。

当然，由于刚开始进入县乡体制调研，观察和思考不可避免地还很窄很浅很零碎，对规律和机制的把握还很粗糙，经验中的许多重要现象和问题还不能学术化和学理化。但是我们相信，随着我们研究队伍的不断壮大，调研广度和深度的不断提高，经验积累的不断丰富，我们对县乡治理体制的理解会有质的飞跃。在这个意义上，本书的出版不是设计的结果，而是研究过程的产物。

与之前的研究一样，本书亦属于集体学术。它的出版，要感谢武汉大学中国乡村治理研究中心的贺雪峰老师和吕德文、桂华、桂晓伟、刘燕舞、王德福、夏柱智、仇叶等同人，他们毫无保留的支持、鼓舞、包容、分享给予我重要的研究动力；感谢走访过的各地县乡的领导干部，他们的理解、开放、智慧、经验构筑了这本书的基础底座；感谢一起参与县乡调研和讨论的田先红、欧阳静、陈辉、张世勇、郭亮、朱静辉、龚春霞、贺海波、袁松、李元珍、杜鹏、褚明浩、史源渊、张丹丹、卢青青、易卓、陈伟、王文杰、侯彤佳等人；感谢武汉大学社会学院的领导和老师们，他们在学院营造了一个积极、进取、自由、创新的学术氛围。最后，本书得以出版，需要特别感谢在背后默默做了许多工作的东方出版社的老师们。

县乡治理是国家治理的基石，对它的理解需要大量深入的调查研究。期待有更多的人关注县乡治理，加入县乡治理的研究中来。

2023 年 11 月 8 日

于武汉大学社会学院

图书在版编目（CIP）数据

大国县治 / 杨华 著 . — 北京：东方出版社，2024.8
ISBN 978-7-5207-2370-1

Ⅰ. ①大…　Ⅱ. ①杨…　Ⅲ. ①县—地方政府—行政管理—研究—中国　Ⅳ. ① D625

中国版本图书馆 CIP 数据核字（2021）第 180403 号

大国县治
（DAGUO XIANZHI）

作　　者： 杨　华
责任编辑： 江丹丹
出　　版： 东方出版社
发　　行： 人民东方出版传媒有限公司
地　　址： 北京市东城区朝阳门内大街 166 号
邮　　编： 100010
印　　刷： 北京联兴盛业印刷股份有限公司
版　　次： 2024 年 8 月第 1 版
印　　次： 2025 年 1 月第 6 次印刷
开　　本： 880 毫米 ×1230 毫米　1/32
印　　张： 12
字　　数： 270 千字
书　　号： ISBN 978-7-5207-2370-1
定　　价： 69.00 元
发行电话：（010）85924663　85924644　85924641